# 네 살,

## 우리 아이 어떻게 키울까?

# 네 살,
## 우리 아이 어떻게 키울까?

오사카보육연구소 씀 ㅣ 이학선 옮김

보리

# 우리 보육을 비추어 볼 성실한 이웃의 거울

"토닥토닥 해 줘." 낮잠을 자려고 눈을 감고 누워 있던 한 녀석이 내 손을 붙잡고 졸랐다. 그러자 나란히 누워 있던 아이들이 여기저기에서 "나도 토닥토닥." "나도 나도." 아우성들이다. 20년 전, 일본의 한 어린 이집에서 일하면서 연구를 할 때 거의 날마다 낮잠 시간에 겪은 일이다. 오른손, 왼손으로 양쪽에 있는 한 녀석씩 토닥거려 주자 그 옆에 있는 아이들이 자기도 해 달라고 한다. 한 손으로 두 아이씩 번갈아 토닥거리 고 있자니 앞뒤 줄 아이들도 반쯤 실눈을 뜨고 "토닥토닥." "토닥토닥." 하고 속삭인다. 문득 천수보살상에 달려 있는 천 개나 되는 손이 떠올랐 다. 그 이상하도록 많은 손들이 부러웠다.

어린이집에서 여러 아이들을 함께 키우는 일은 자기 집에서 아이 한 둘을 돌보는 것과는 아주 다른 일이다. 그러나 어린이집은 한 집 한 집 에서 아이를 키우는 것보다 아이들을 더 잘 돌보고 키울 수 있는 곳이기 도 하다. 사회와 떨어진 곳에서 한 어머니가 한두 아이를 종일 돌보는 것보다 두세 어른들이 여러 아이를 함께 돌보면 아이들을 더욱 밝고 건 강하게 키울 수도 있다. 내가 일한 일본 어린이집에서는 늘 웃음소리가 그치지 않았고, 경험 많은 교사가 새내기 교사들을 늘 격려하고 안심시

켜 주었다. 그 때 널리 쓰고 있던 일회용 종이 기저귀가 아기들 피부에
도 안 좋고 환경 문제를 일으킨다는 사실을 알고서는 어린이집에서부터
면 기저귀 쓰는 운동을 펼치기도 했다.

어린이집은 아이들이 먹고, 입고, 자고, 놀고, 멍하니 앉아 있고, 골똘
하게 생각하고, 또는 그냥 돌아다니면서 '삶의 방식(문화)'을 익히는 곳
이다. 남자인 내가 어린이집에 갔을 때, 선생님들이 반가워하며 동네 목
욕탕에 아이들을 데리고 가 달라고 했다. 그 동안 여탕만 다녔는데 남탕
도 구경시켜 주고 싶다는 것이다. 아이들은 물론 아주 흥분하고 좋아했
다. 오랜만에 동네 남탕이 시끄러웠지만, 그것도 지역 어린이들의 존재
를 주민들에게 알리는 계기가 되므로 중요하다고 했다.

한국 사회에서 1980년대는 '보육'이란 개념조차 억압되었다. 개인 발
달과 가정 육아를 중요하게 생각하는 영미식 유아 교육관이 지배하고
있었고, '보육'은 '탁아'라고 하여 식구들과 어머니한테서 어린아이들
을 떼어 내려 한다고 의심을 받았다. 그러나 이 시기에 일본에서는 집단
보육과 사회 성장을 중시하는 사회주의권에서 연구, 실천한 사례를 소
개하는 출판물도 많이 나오고, 그러한 보육 운동을 실천하는 곳도 많이
있었다.

왜 지금 우리는 20년 전에 일본에서 만든 보육 책을 읽는가? 이 책 속
에 바로 지금 한국 보육 현장에 필요한 진지한 연구와 치밀한 기록과 보
육 운동의 열정이 녹아 있기 때문이다. 1980년대 일본 사회는 여성 노동
력을 쓰기 위해 보육 예산을 늘리고, 여전히 강한 가부장 가족 문화 속
에서도 어린이집을 늘려 갔다. 바로 오늘의 한국 사회를 떠올리게 한다.
이 책은 그 때 일본 보육 현장에서 어린아이들이 자라는 것을 어떻게 뒷
받침해야 할 것인가를 진지하게 고민하며 만든 것이다. 우리보다 한 세
대 전에 사회 보육 제도를 세운, 일본 보육 운동의 여러 실천 경험과 연
구의 결정체라고도 할 수 있다.

이 책은 다른 어떤 보육 책보다 교사와 부모가 서로 도와 아이를 돌보는 것에 대해 자세하게 다루었다. 또한 어린이집 안에서 아이들과 함께 하는 일상 생활을 언제나 새롭게 관찰하고 기록하는 연구자로서, 그리고 부모들과 만나고 이야기를 나누면서 바람직한 육아 문화를 이끌어 가는 활동가로서 보육 교사가 해야 할 일을 그리고 있다.

물론 하루하루 새로운 지식과 정보가 넘쳐나는 오늘날, 한 세대 전에 다른 사회에서 실천한 육아법을 읽는다는 것은 불안한 일이다. 그런 점에서 이 책은 교과서가 아니라 참고서로 읽어야 한다. 꼼꼼히 읽되 거리를 두고 보아야 한다. 시대 차이만 아니라 문화 차이도 늘 생각하면서 읽어야 한다. 예를 들어, 일본의 기후와 주거 환경에서 비롯된 생활 습관은 깨끗한 몸과 위생을 강조하는 것으로 나타나고, 보육 현장에서는 똥오줌 가리는 훈련을 빨리 하거나, 옷을 자주 갈아입히거나, 추위를 이기는 피부 단련법을 열심히 고민하거나 하는 것으로 나타난다. '남에 대한 배려'나 '집단 만들기' 같은 섬세한 훈련도 집단주의 일본 문화와 연결된 보육 방식이다. 우리는 그러한 문화 특성을 배워야 할 것이 아니라, 우리 자신은 어떻게 하고 있는지, 또는 어떻게 해야 하는지를 돌이켜보아야 한다. 다시 말하면 우리 나름대로 보육 방법을 정리하고 만들어 가기 위해 토론하는 출발점으로 삼아야 한다는 것이다.

이 책은 치밀한 관찰 기록과 섬세한 글쓰기, 집단의 지식 수렴 방식 같은 일본 문화의 특질을 잘 드러내어 만든 책이다. 다른 문화에서는 찾아보기 힘들 만큼 정말 '자세한' 집단 육아법 교과서다. 우리 사회에서는 아직 제대로 경험하지 못한 한 살 어린이 보육에 대해서도 눈에 보일 듯이 그리고 있다. 허둥지둥 필요한 부분만 찾아 읽기보다는 먼저 쭉 한번 진지하게 읽어 보기를 권한다. 사람을 키우는 일은 기나긴 삶과 성장 과정을 생각한 문화적 맥락 속에서 이루어지기 때문이다.

이 책을 번역한 이학선 씨는 과천에 있는 공동육아 어린이집에서 아이들에게 옛날 이야기를 들려주는 '이야기 할머니'로 활동하고 있다. 늘 만나고 있는 어린이집의 교사와 부모들이 일본에서 실천한 보육 내용을 읽어 보았으면 좋겠다고 생각하여 10년 전부터 이 책들을 번역해 왔다. 모두 여섯 권이나 되는 전집을 대학 공책에 볼펜으로 꼭꼭 눌러써 가면서 전부 번역해 내었다. 한 할머니의 노력과 시장 논리를 넘어선 보리출판사의 결단으로, 척박한 우리 보육 현장에 아주 구체적인 보육 방법론을 소개할 수 있게 된 것을 감사드린다.

이 책을 만드는 데 참여한 일본 보육 교사와 연구자 들은 서구 보육 이론과 방법론을 공부하고 참고하면서도 자신들이 만드는 이 책이 "빌려 온 수입품이 되지 않도록, 우리가 실천한 것을 우리 눈으로, 귀로, 손으로 함께 확인해 나가자."고 되풀이해서 다짐했다고 한다. 이 책이 한국 보육 현장에서 우리가 경험한 것을 우리 스스로 책으로 만들어 나가는 디딤돌이 되기를 바란다.

2007년 7월
정병호(한양대학교 교수, 공동육아와 공동체교육 공동 대표)

# 책을 펴내면서

### 아이가 태어나는 것

아이가 태어나는 것은 세상에서 가장 감동 깊은 사건입니다. 태어난 아이는 날마다 새로운 몸짓과 표정, 새로운 감정과 말을 익히고, 사람다운 능력과 자질을 배우고 익히며 창조해 갑니다. 부모들은 아이가 자라면 그 아이가 태어날 때 자신이 얼마나 불안해하고 긴장하며, 또 얼마나 기뻐하고 감동했는지 이야기할 것입니다.

### 오늘날 아이의 세계

아이는 태어난 지 석 달이 지나면 얼러 줄 때 소리 내어 웃습니다. 다섯 달째 들어가면 낯익은 사람을 알아보고 방긋 웃기도 합니다. 아홉 달째는 힘차고 개성 넘치는 소리로 엄마, 아빠 같은 옹알이를 합니다. 그러다 첫돌 무렵에는 두 다리로 일어서고, 걸음마를 합니다. 사람으로 살아가면서 꼭 거쳐 가야 하는 첫 번째 문을 지나가는 것이지요. 그러면서 앞 시기와 뚜렷하게 나뉠 만큼 시야와 활동 범위를 넓혀 갑니다. 또 부모에게 보호받고 기대던 데서 조금씩 벗어나 한 발 한 발 자립해 나가고, 자기 세계를 넓혀 갑니다.

그러나 아이가 한 발 한 발 자립해 간다고 해서 부모가 아이를 편하게 키울 수 있는 것만은 아닙니다. 아이가 조금씩 자립하면 할수록, 아이의 세계가 넓어지면 넓어질수록 부모는 한결 책임이 무거워집니다. 더욱 복잡하면서도 여러 방법으로 아이를 보살펴야 하고, 마음써야 할 부분도 늘어납니다. 아이가 부모에게 '보호받고 기대던 관계'도 새로운 모습을 띠어 때로는 부모 힘만으로는 어쩔 수 없는 일이 생깁니다. 부모들은 아이들이 자라면 이 시기에 자신이 어떤 일을 겪고, 얼마나 마음고생을 했는지 예를 들어 가며 이야기할 것입니다.

부모가 아이를 키우는 방법은 지난날과 오늘날에 걸쳐 셀 수 없이 많이 이어져 왔습니다. 이것이 쌓이고 쌓여 '아이 키우는 슬기'가 되고, 우리가 살아가는 데 크나큰 유산이 되고 있습니다. 그러나 '아이 키우는 슬기'는 개인에게서 개인에게로 이어져 왔기 때문에 오늘날 부모들이 유아기 아이를 키우는 데 도움이 많이 못 됩니다.

오늘날은 격동의 시대로 배가 지도 없이 바다를 떠다니는 것처럼 모든 게 확실하지 않다고 합니다. 위기에 빠진 시대를 반영하는 말이겠지요. 아이를 돌보고 키우는 분야에서도 그 영향을 받아 여러 가지 어렵고 힘든 부분들이 나타나고 있습니다. 아이들 세계도 폭넓게 바뀌어 가고 있습니다. 복잡한 원인들이 뒤엉켜 아이들을 둘러싼 사람 관계는 엷어지고, 집단은 흩어지고, 연대감은 약해지고 있습니다. 또 식생활도 바람직하지 않게 바뀌어 가고, 지역과 집단마다 놀이 방법이 빈약해지고, 상품화한 퇴폐 문화가 넘쳐나 아이들 감성에 영향을 주고, 어린이 세계를 무너뜨리고 있습니다. 유아기에는 인격을 갖추는 바탕을 만들어야 하는데, 이 시기부터 어린이 세대는 허물어지고 있습니다.

오늘날 어린이 세계를 풍요롭게 하려면 단순히 '아이 키우는 슬기'를 이어받는 데서만 그치지 않아야 합니다. 아이를 둘러싼 집단과 환경 속에서, 아이가 살아가면서 발달하는 모습을 더욱 정확하고 뚜렷하게 잡아 내야 합니다. 그리고 아이가 발달하는 것을 도우려면 과학에 바탕을 두고 아이를 키워야 합니다.

## 과학에 바탕을 두고 아이 키우기

과학에 바탕을 두고 아이를 키우려면 부모들이 저마다 실천한 것을 쌓아 가는 것만으로 그쳐서는 안 됩니다. 수많은 경험에서 나온 아이 키우는 슬기가 과학에 바탕을 두고 아이를 키우는 힘으로 발전하려면 준비를 해야 합니다. 아이를 키우는 일은 어머니가 하는 일이며 개인이 책임져야 할 일이라고 생각하는 데서 벗어나, 사회가 함께 책임지고 펼쳐 나가야 할 일이라고 생각해야 합니다. 다시 말해, 사회에서 아이를 돌보고 키워야 합니다.

## 사회에서 아이를 돌보고 키우기

사회에서 아이를 돌보고 키우는 범위는 맞벌이하는 부모들과 앞으로 맞벌이를 해야 하는 부모들이 절실하게 운동을 펼치면서 넓어졌습니다. 사회에서 아이를 돌보고 키우는 운동이 발전하면서 아이 키우는 분야에서 함께하거나, 나누어 해야 할 일이 생겼습니다. 무엇보다도 집단 교육을 맡는 전문 교사를 많이 키워 냈습니다. 이것은 아이들을 날마다 있는 그대로 관찰하고, 맞벌이 부모가 바라는 대로 아이들을 성장 과정에 맞춰 개성 넘치고 사람다운 모습으로 키우려고 실천하는 교사가 많이 생겨났다는 뜻입니다.

부모들이 저마다 아이를 키우면서 쌓아올린 슬기를 바탕 삼아 집단에서 아이를 돌보고 키운 실천이 쌓이고, 이것은 '과학에 바탕을 두고 아이를 키우는' 밑바탕이 되었습니다. 더구나 맞벌이 부모들은 아이를 집단 전문 교사에게 맡겨 키우면 웬만큼 거리를 두고 자기 아이를 살펴볼 수 있다는 것을 깨달았습니다. 또한 교사에게 지도와 도움을 받으며 집단 속에서 자라는 아이들을 보면서, 아이들을 돌보고 키우는 일은 아이들이 생존하고 성장하는 권리를 보장하는 일이라는 것도 깨달았습니다. 그리하여 맞벌이 부모들이 오늘날 아이들에게 모자라는 것이 무엇인지, 아이를 왜 사회에서 돌보고 키워야 하는지를 주장하게 되었고, 스스로 짊어지던 책임도 개인으로나 공동으로 이루어 내려고 노력해 왔습니다.

부모들이 아이를 돌보고 키우는 것을 자신의 권리로 여기고, 부모와 교사가 위험한 현실에서 아이들을 지키려는 운동을 함께 펼쳐 나간 것도, 과학에 바탕을 두고 아이를 키우는 운동을 발전시키는 힘이 되었습니다. 또한 사회에서 아이를 돌보고 키우는 일은 보육 실천, 보육 시설, 보육 조건에 관계하는 보육학자, 심리학자, 교육학자뿐만 아니라 의사, 건축가, 법률가, 경제학자, 영양사, 조리사와 체육, 미술, 음악, 문화 분야의 전문가를 많이 낳았고, 과학에 바탕을 두고 아이를 키우는 일을 풍성하게 만들었습니다.

이러한 일들이 과학에 바탕을 두고 아이 키우는 일을 발전시켜 가는 바탕이며, 여러 분야의 전문가들은 아이를 한결 차원 높게 돌보고 키우려고 크게 움직이고 있습니다. 오사카 보육 운동이 국제 어린이의 해(1979년)를 기념하여 오사카보육연구소를 세운 것도, 이와 같이 객관화한 관점과 실천 속에서 나온 요구와 주장에 발맞추려고 한 것입니다.

### 오사카 보육 운동

오사카에서는 1970년부터 보육 학교를 중심으로 학습 운동을 펼쳐 왔습니다. 보육 학교는 1984년 7월까지 강좌를 157회 열었는데, 여기에는 모두 2만 명 남짓한 교사와 부모들이 참가했습니다. 이 학습 운동은 나이에 꼭 맞는 보육을 중심 내용으로 삼고 있습니다. 교사와 부모들이 이제껏 저마다 절실하게 필요해서 실천해 온 경험을 나누고, 분석하고, 연구자가 정리해 가는 형태로 공부를 해 왔습니다. 이 학습 운동은 실천 사례를 아주 많이 모았습니다.

그 동안 재단법인 오사카보육운동센터(오사카보육운동연락회, 오사카아동보육연락협의회, 오사카보육문제연구소)는 1983년에 10주년을 맞이했습니다. 오사카 보육 운동을 중심에서 끌고 가는 오사카보육운동연락회는 1984년에 20주년이 되었습니다. 이를 기념하여 오사카보육연구소에서 그 동안 공부하면서 모아 온 내용을 묶어 어린이 세계를 풍성하게하기 위해 이 책을 펴냈습니다.

국제 어린이의 해를 기념하여 오사카 보육 운동 단체들이 세운 오사카보육연구소는 현재 일흔 명이나 되는 연구원들이 참가하고 있으며, 부회 활동과 연구위원회 활동을 하고 있습니다. 그러면서 오사카 여러지역에서 쌓아 온 보육 실천 경험과 그에 따르는 과제를 검토, 분석하여그 가운데 몇 가지를 책으로 펴냈습니다.

### 이 책의 짜임

우리가 이 책을 만들 때는 지금 이 책에서 바라는 것이 무엇인지 설명하는 것부터 했습니다. 오늘날 아이를 돌보고 키우는 활동에는 여러 경향들이 있습니다. 첫째, 아이의 발달을 강조하면서, 발달의 주체인 아이의 생활, 생각, 관심, 능력을 무시하고 무조건 '발달 과제'를 주장하는관리주의와 훈련주의 경향입니다. 둘째, 위와 반대로 아이의 자주성을중요하게 생각하는 경향입니다. 이는 아이가 발달하는 데 토대가 되는것과 문화 현상에서 과제를 찾아 내려고 하지 않고 교사가 그저 환경과조건을 준비하여 돕기만 하고, 지도도 계획도 하지 않는 자유주의 경향입니다. 셋째, 자유주의 경향에서 나온 생각인데, 아이에게 나타나는 문제를 나이별 집단을 없애야만 해결할 수 있다고 생각하는 경향입니다.여기에서는 집단 보육을 할 때 나이에 따라 반을 나누지 않고, 아이에게활동을 자유롭게 하면서 하루를 보내게 하는 문제도 나타나고 있습니다. 넷째, 아이의 발달 과정을 무시하고 젖먹이 시기부터 영어나 한자 같은 외국어를 가르쳐야 지적 능력이 발달한다고 생각하는 조기 교육 경향입니다.

이러한 경향들은 저마다 넘어서야 할 문제들을 안고 있습니다. 우리는 이런 문제들을 넘어서기 위해서 단순히 이론에 담긴 문제뿐만 아니라 실천에 담긴 문제를 밝혀 나가야 한다고 생각했습니다. 현장에 따라 아이를 돌보고 키우는 조건이 다릅니다. 교사 한 사람 한 사람은 저마다 다른 현장에서 여러 조건을 생각하면서 어린이를 돌보고 키워야 합니다. 그래서 우리는 교사들이 저마다 자기 자리에서 실천한 것을 되돌아보고 그것을 주인 정신으로 발전시켜 나갈 수 있도록 보육 원리와 원칙을 이 책에서 보여 주어야 한다고 생각했습니다. 또한 이 책은 부모, 더구나 맞벌이 부모가 아이를 키우는 데 필요한 기본 지식을 풍부하게 갖추어 가는 데 도움이 되어야 한다고 생각했습니다. 그래서 다음과 같은 관점을 세웠습니다. 이러한 것들은 이 책에 나타나는 특징입니다.

### 이 책의 특징

첫째, 이 책은 나이마다 한 권씩 편집하여 한 살부터 여섯 살까지를 다루었습니다. 그러나 다음 나이에 계속 실천을 이어 갈 수 있도록, 권마다 다음 나이를 내다보며 글을 썼습니다. 또한 내용이 겹치거나, 그 나이에 해야 할 과제가 흐려지지 않게 하려고 나이마다 해야 할 과제와, 그 나이에서 다음 나이로 이어지는 시기에 해야 할 과제도 또렷하게 보이도록 편집했습니다. 그리고 유아기의 보육과, 학교 교육으로 이어지는 활동도 중요하게 다루었습니다. 권마다 계속해서 다음 나이를 내다보며 글을 쓴 것도 이 때문입니다.

둘째, 이를 위해서 편집 회의에서는 나이에 따른 발달 과제와 보육 과제 표를 간결하게 정리하여 '어린이 세계를 풍성하게'라는 표를 만들었습니다. 권마다 1장 뒷부분에 붙인 이 표는 편집 회의를 몇 번이나 하고, 나이별, 항목별 모임에서 토론하고, 각 권 책임자로 이루어진 편집 회의에서 다시 토론하여 간결하게 정리한 것입니다. 한 살부터 여섯 살까지 표를 만들어 연구자와 교사가 보기 쉽게 하고, 가로세로 이쪽 저쪽을 관련시켜 긴 시간에 걸쳐 내용을 고쳐 가면서 만들었습니다. 물론 이 표는 이것으로 완결된 것은 아닙니다. 기계처럼 끼워 맞추어야 할 것도 아닙니다. 실천해 보고 검증하면서, 실제에 맞게 한결 다듬고 완성해 나가야 합니다. 그러나 실천으로 검토하고 연구한다고 할 때 이 표는 아이를 돌보고 키우는 활동을 발전시키는 데 분명 큰 도움이 될 것입니다. 표는 간결하게 만들었지만, 이것을 기본으로 하여 책 내용을 자세하게 썼습니다. 책 전체를 읽으면 이 표를 바탕으로 해서 실천해야 할 내용이 자세하게 나타나 있습니다. 이러한 관점에서 권마다 나이별 중점 과제를 기본으로 하면서 장을 구성했습니다.

셋째, 표에도 잘 나타나 있듯이 먼저 나이마다 핵심이 되는 발달 과제를 실천 사례로 밝혀 놓았습니다. 그러나 가장 중점을 둔 것은 아이마다 발달 과제를 이룰 수 있게 아이들이 주인이 되어 활동하는 내용을 담은 부분입니다. 그 밖에 단계마다 교사가 실천해야 할 과제, 말하자면 교사가 아이를 돌보고 키울 때 아이를 소중하게 여기는 활동이 무엇인지도 밝히고 있습니다. 아이의 발달 과제, 아이가 주인이 되는 활동, 교사의 보육 과제, 이 세 가지를 서로 연결시켜 실천해야 할 내용과 구조를 뚜렷하게 밝혔습니다.

이 책은 오사카 여러 지역에서 널리 실천하고 있는 보육 내용을 바탕으로 하고, 오사카보육연구소에서 연구한 성과를 덧붙여서 만들었습니다. 함께 토의하고 연구해서 나온 결과입니다. 쓴 사람은 교사, 부모, 연구자 들로 모두 예순 명이 넘으며, 토론에 참가한 사람들은 그 몇 배나 됩니다. 모자라는 곳이 있기도 하지만, 아직은 역사가 짧은 집단 보육에서 기본 목표로 삼아야 할 것을 뚜렷이 보여 주고 있습니다.

이 책에는 대부분 실천해 본 내용과 사례가 나오기 때문에 부모나 교사가 아이를 키울 때 실제로 도움이 되는 내용이 많이 들어 있습니다. 그러나 앞으로도 교사나 부모들이 이 책을 읽고 검토하고 비판하면서 점점 내용을 풍성하게 만들어 가야 합니다. 오사카보육연구소는 이 운동을 해야 한다는 것을 일러 주었는데, 그 곳에서 이 책을 책임지고 편집하여 정말 기쁩니다. 유아기는 한 사람의 인생에서 중요한 출발점입니다. 많은 사람들이 이 책을 지지해 주면 좋겠습니다.

1984년 8월

오사카보육연구소

다카하마 스케지, 아키바 히데노리, 요고다 마사코

# 차례

# 2장 | 네 살 어린이 보육 계획

# 3장 | 네 살 어린이를 돌볼 때

# 4장 | 어린이집 교사와 부모가 할 일

# 5장 | 궁금해요

일러두기

■ 이 책은 1984년에 일본에서 처음 나왔습니다. 그래서 지금 우리 현실과
  조금 다른 부분이 있습니다.

■ 이 책에 나오는 네 살은 37개월부터 48개월까지이고, 어린이 반 1년은
  일본 새 학기가 시작하는 4월부터 다음 해 3월까지입니다.

# 1

# 네 살, 유아독존의 시기

# 네 살 어린이의 발달 모습

## 온몸 운동과 손 운동

세 살 어린이는 어른이 행동하는 것을 흉내내고, 어른이 되었다고 생각하며 모든 것에 도전해 왔습니다. 또 어른에게 기대면서도 자립하려고 해서 계속 "싫어." 하고 말하면서 자아가 싹터 왔습니다.

네 살 어린이는 "내가 ……한다." 하며 자기 힘에 자신감을 가지고 그것을 중요하게 여기면서 동무들 사이에서 계속 자아를 주장합니다. 유아독존의 시기라고 해도 좋겠지요. 이 시기에는 자기를 표현하려고 하는 힘이 생깁니다. 그러므로 그 힘을 몸에 익혀 두어야 합니다. 어른은 이런 아이들을 보며 제멋대로 되는 것은 아닌가 하고 걱정할 수 있지만, 아이는 점점 더 다른 사람에게서 빠져 나와 자기를 갈고 닦습니다. 이것은 나중에 모든 일을 스스로 해낼 수 있는 힘이 됩니다.

그러면 이 유아독존의 시기를 위해서는 어떠한 점을 배려해야 할까요?

발달이라는 관점에서 생각해 보도록 합시다. 우리는 기능 하나하나가 따로 따로 차원이 높아지면서 발달한다고만 생각하지 않고, 여러 기능이 서로 연관되어 발달한다고 생각합니다. 온몸 운동을 토대로 손과 손가락 운동을 해야 말을 잘 할 수 있고, 말이 풍부해지면서 생각이나 행동을 조절하는 힘이 생긴다는 점을 중요하게 생각합니다. 그리고 발달 연관을 감싸고 있는 인격 발달을 중요하게 생각합니다. 그러면 어린이들은 네 살 시기에 어떻게 발달할까요?

먼저 온몸 운동을 생각해 봅시다. 네 살 어린이가 온몸 운동을 할 때는 한쪽 발을 들고 한쪽 발로만 뛰며, 두 손을 머리에 얹고 깡충깡충 뛰고, 팔을 흔들면서 달립니다. 이것이 가장 먼저 나타나는 특징입니다. 네 살 어린이는 이 시기에 이 움직임을 자기 것으로 만들어 나갑니다. 세 살 어린이는 두 발을 모아 깡충깡충 뛸 수는 있지만, 두 손을 머리에 얹고 뛰지는 못합니다. 그러나 네 살 어린이는 여기에서 눈부시게 발전하여 "……하면서 ……한다."는 두 가지 서로 다른 움직임을 하나로 모아 움직일 수 있습니다.

또한 이 시기에는 한쪽 발을 들고 한쪽 발로만 뛰는 앙감질이나 토끼 뜀에서 끝나지 않고 리듬에 맞춰서 움직이려고 하거나, 대여섯 살 어린이들이 움직이는 것을 보고 그렇게 하고 싶어 도전합니다. 세 살 어린이는 부분만 흉내내고 그것을 하고 있는 것으로 생각합니다. 그래서 똑같이 못 해도 아무렇지도 않은 것입니다. 하지만 네 살 어린이는 큰 아이들과 거의 똑같이 하고 싶어합니다. 그러나 아직 운동 기능이 제대로 발달하지 않았기 때문에 좀처럼 잘 하지 못합니다.

네 살 어린이는 이것도 해야 하고, 저것도 해야 한다는 마음이 앞서기 때문에 몸이 잘 따라가지 못합니다. 그래서 금방 "싫어! 이제 안 해." 하고 토라지거나, 시무룩해집니다. 그런 만큼 교사가 도와 주고 용기를 북돋워 주어야 합니다.

말하자면 네 살 어린이에게 두 번째로 나타나는 특징은 자기가 해야만 할 새로운 것이 보이고, 그것을 해 보고 싶어하는 마음이 앞 시기보다 배로 높아지는 것입니다. 그리고 자기 능력에도 자신감을 가집니다. 이러한 특징을 바탕에 두고 네 살 어린이가 좀 더 쉽게, 온몸으로 풍부하게 운동할 수 있는 것들을 만들어 주어야 합니다.

네 살 시기에 나타나는 세 번째 특징은 신경 활동을 조절하는 힘이 한 단계 높아지는 것입니다. 이것은 말이 발달하는 것과 깊은 관계가 있습니다. 말을 조절하는 기능은 신경 활동을 조절하는 힘을 끌어올립니다. 다시 말하면 다른 사람이 말하는 데 맞춰 행동을 빨리 하거나 늦게 할 수 있고, 잠깐 동안 기다리거나, 마음을 조절할 수 있습니다. 그래서 움직이면서 행동을 바꿀 수 있는데, 예를 들어 "준비 땅." 하면 바로 달리고, 온 힘을 다해 달리다가 멈추고, 멈췄다가 다시 달릴 수 있습니다.

네 번째 특징은 "뛰어." 하고 말해도 금세 뛰는 것이 아니라, 멀리 뛰려면 어떻게 해야 할까, 높이 뛰려면 어떻게 해야 할까, 하고 생각하면서 머리와 몸을 조화시켜 움직이려는 모습이 나타나는 것입니다.

걷거나, 밑으로 빠져 나오거나, 달리거나, 뛰어오를 때 눈에 띌 만큼 몸이 섬세하게 움직입니다. 예를 들면 아이가 이제 막 걸음마를 할 때는 손으로 균형을 잡지만, 두 살 중반에서 세 살 중반쯤에는 손이 점점 아래로 내려오고, 손으로 균형을 잡지 않더라도 걸을 수 있습니다. 네 살 어린이는 발뒤꿈치나 발끝으로 걸을 수 있습니다. 이것은 네 살쯤부터 발바닥 가운데, 즉 장심이 제대로 만들어지는 것과 관련이 있습니다. 그렇기 때문에 섬세하게 멋있게 걷고, 소리 나지 않게 살금살금 걸을 수도 있습니다. 그래서 네 살 어린이는 자신의 힘을 끝없이 믿고, "이런 것도 할 수 있어." 하고 말이라도 하듯 둘레 사물에 하나하나 손을 대어 장난감으로 만들어 버립니다. 바야흐로 손이 장난꾸러기가 되어 자유롭게 움직이고 재주도 더해 갑니다.

네 살 시기에는 손으로 사물을 다루는 능력도 많이 발달합니다. 새끼손가락에서 엄지손가락 쪽으로 손가락이 발달하고, 사람만이 할 수 있는 손놀림을 배워 갑니다. 엄지손가락과 집게손가락을 마주 보게 한 다음 손가락에 힘을 주고 더욱 정교하고 자연스럽게 물건을 집거나 쥘 수 있습니다.

손가락이 발달하면서 오른손과 왼손도 한결 더 정교하게 어우러집니다. 병뚜껑을 돌리거나 걸레를 짤 수 있습니다. 그렇게 되면 도구도 잘 다룰 수 있습니다. 가위로 선을 따라 자르거나 모양을 오릴 수 있고, 오른손으로 젓가락을 잡고 왼손으로는 밥그릇을 들 수 있습니다.

네 살 어린이는 온몸 운동을 하면서 '……하면서 ……하는' 힘이나, 말로 기분을 조절하면서 온몸을 움직일 수 있는 힘을 기르면, 손이나 손가락도 그렇게 움직일 수 있습니다. 이렇게 손과 손가락의 솜씨가 정교해지면서 "내가 할게." 하는 자신감이 생기고, 목적을 세워서 활동을 계속 할 수 있습니다. 네 살 어린이는 이러한 자신감이 생기면 도구를 잘 다루면서 바깥세상에 다가갑니다.

어찌 보면 네 살 어린이는 손으로 도구를 이리저리 만지작거리는 것처럼 보이지만 마음 속에서는 "이게 뭘까? 나도 해 보고 싶은데." 하는 의문과 호기심, 도전하고 싶은 생각이 소용돌이치고 있습니다. 그리고 동무들이나 어른을 느끼고 때로는 말로 확인하면서 손으로 여러 활동을 해 나갑니다. 이렇게 활동하면서 눈에 띄게 말을 많이 배워 갑니다.


## 말과 생각의 발달


네 살 때는 말이 두드러지게 발달합니다. 세 살 때는 두 낱말로 이루어진 문장에서 여러 낱말로 이루어진 문장을 쓰고, 네 살 후반기부터는 조사와 접속사를 써서 긴 문장으로 말합니다. 어휘는 8백 개에서 1천 개쯤 씁니다. 다섯 살이 되면 1천5백 개에서 2천5백 개쯤 씁니다.

네 살 어린이는 자신이 말할 수 있는 어휘보다 세 배쯤 많은 낱말을 이해할 수 있지만, 말을 이해해도 말로 하지 못하는 것이 많습니다. 또 말을 한다고 해도 이해하지 못하고 말하는 경우가 많습니다. 그렇기 때문에 알고 있는 것인지 모르고 있는 것인지 확실하지 않습니다.

네 살 어린이는 말을 어떻게 배워 갈까요? 가장 먼저 어른이 말하는 것을 듣고 그것을 흉내내면서 배워 갑니다. 그렇기 때문에 어른들이 어린이들에게 말을 많이 해 주는 것이 좋습니다. 그리고 어린이들끼리도 서로 말을 흉내내면서 배워 갑니다.

네 살 시기에는 말을 듣고 이해만 하던 시기에서 스스로 말을 하는 시기로 나아가기 때문에 "……가 아니라 ……다."고 이해하면서 말을 배워 갑니다. 그리고 말을 할 때도 대상을 좀 더 자세하게 표현하거나, 시간을 표현할 수 있는 능력을 익혀 갑니다. 크다는 것을 먼저 이해하고 '크지 않은 것', 즉 '작은 것'을 알아 갑니다. 처음에는 물고기를 모두 '동생'이라고 표현하다가, "동생이 아니야, 물고기야." 하고 표현합니다. 이제는 유아어를 쓰지 않고 어른처럼 말하는 것입니다. 게다가 "물고기 아니야, 금붕어야." 하고 물고기에서 금붕어라는 개체를 구별해 내고, 동무들이 틀리게 말하면 바로잡아 줍니다.

어디, 누구, 언제, 어떤 것, 무엇 같은 말도 구별해서 씁니다. 장소를 물을 때는 '어디'를 쓰고, 사람을 물을 때는 '누구'를 쓰지만, 배우는 시기이기 때문에 잘못 쓸 때도 많습니다. 예를 들면, 사람을 묻는데도 "저 사람 뭐야?" 하고 말하기도 합니다. 아직 경험으로 배워 가는 시기이기 때문입니다.

네 살 어린이는 발음이 뚜렷하지 않아서 열심히 말은 하지만 어른이 알아듣기 힘들 때도 많이 있습니다. 그렇기 때문에 될 수 있는 대로 어른과 함께 겪은 일을 이야기해야 말이 잘 풀립니다. 그리고 어른과 말을 많이 하면 할수록 말은 늘어 갑니다. 그와 함께 실물을 보면서 상상력이 여물어 갑니다.

이처럼 말 기능 가운데서 전달하는 기능을 처음으로 배워 갑니다. 그리고 다섯 살이 되어서야 제대로 말을 할 수 있습니다. 네 살 시기는 그것을 준비하는 시기라고 할 수 있습니다.

네 살 어린이가 말이 발달할 때는 행동을 조절할 때 그 특징이 가장 두드러지게 나타납니다. 두 살 중반쯤부터 세 살까지는 "저것을 가져다 주세요." 하고 어른이 말할 때 앞을 내다보고 행동할 수 있습니다. 네 살 어린이는 자기가 하는 말로 어느 정도 자기 자신을 조절할 수 있는데, 아직 잘 하지는 못합니다. 이것은 루리야가 '밸브 누르기 실험'으로 증명하였습니다.

루리야는 소노하라 타로가 엮은 책《인지의 발달》에서 "세 살 8개월에서 10개월 된 어린이는 빛이 비치는 동안에만 밸브를 누르도록 하면 빛에 반응하는데, 한 번 반응하면 멈추지는 못한다. 네 살에서 네 살 중반이 되면 처음과 다른 빛이 비칠 때 밸브를 누르게 하면 말은 이해하는데도 행동을 하지 못하고, 누르지 못하게 신호해도 누르고 만다. 하지만 실험자가 "눌러." "누르지 마." 하고 말로 지시하면 할 수 있다. 이 나이 어린이에게 행동을 하지 못하게 하려면 말을 해야 한다는 것을 알 수 있다."고 했습니다.

말하자면 이 시기에는 어른이 말하지 않아도 행동은 할 수 있지만, 아직 운동을 잘 멈추지는 못합니다. 네 살 어린이에게 "눌러." "누르지 마." 하고 말하게 하고 행동하게 해 보면 "누르지 마." 하고 말하면서도 밸브를 눌러 버리고 맙니다. 다섯 살에서 다섯 살 중반이 되면 이것을 제대로 할 수 있습니다. 그러나 네 살 무렵에는 어른이 말해야 행동을 조절할 수 있습니다.

네 살 시기는 어른이 말하면 자기 행동을 조절할 수 있고, 스스로 자기에게 말을 하면서 어떻게든 자기를 조절하려고 하는 중단 단계입니다.

세 살 무렵까지는 어른이 아이에게 말을 걸지만, 네 살 무렵부터는 반대로 아이가 어른에게 말을 걸려고 온 힘을 다해 노력합니다.

그러면 네 살 어린이는 어른이나 동무들에게 어떻게 말을 걸고 있을까요? 어린이는 네 살까지 익힌 낱말과 접속사를 써서 어떻게든 마음 속에 담긴 생각을 조리 있게 전하려고 합니다. 그래서 어른에게도 조리 있게 설명해 달라고 합니다. 열심히 놀고 있는데 어른이 "밖에 나갈 테니까 빨리 옷 갈아입어." 하면 옷을 갈아입으려고 하지 않습니다. 그 때 어른이 무심코 옷을 입혀 주면 애기 다루듯 하는 것은 싫다고 말하듯이 입은 옷을 벗어 버리고 다시 놉니다. 어른이 한 발 양보하여 "이것만 하고 그만 노는 거야." 하고 말하면 놀이를 끝내고, 스스로 옷을 입고 "빨리 가자." 하고 말합니다.

자기 생각이 있고, 자기 손으로 할 수 있다는 것을 고집스럽게 주장하고, 어른이 까닭이나 구실을 대면 그것을 자기 주장처럼 만들어 스스로 자기 행동을 마무리 짓고 싶어합니다. 네 살 시기는 이렇게 유아독존의 시기이고 자신감이 넘치는 시기입니다.

네 살 어린이는 생각이 발달하기 때문에 자신감을 가질 수 있습니다. 네 살 어린이는 자세하고 뚜렷한 이미지를 실마리로 삼아 생각합니다. 실제 행동이나 실물 그 자체를 마음 속에 그리며 생각합니다. "어머니." 라는 말을 들으면 어린이들은 자기 어머니를 저마다 마음 속에 그립니다. 동무의 어머니를 생각하거나 어머니 일반을 생각하지는 못합니다. 다섯 살 시기가 되어야 어머니 일반을 마음 속에 그릴 수 있습니다. 그리고 역할놀이는 어린이가 자기 어머니에서 어머니 일반의 이미지를 그릴 수 있게 해 줍니다.

형과 동생, 언니와 여동생도 제대로 이해합니다. 자기가 자라면 '형, 오빠, 누나, 언니'가 된다고 생각하고 있습니다. 그러나 자기 형은 자기가 어른이 되어도 자기 동생이 될 수 없다는 것을 압니다.

크고 작음을 이해하지 못하고 '크다.'는 말을 쓰기도 합니다. 네 살 어린이는 두 개를 놓고는 크고 작음을 이해하지만, 셋 사이에서는 잘 이해하지 못합니다. 견주는 대상에 따라 한 가지 사물이 클 때도 있고, 작을 때도 있습니다. 다섯 살 중반을 넘어야 셋을 견주어 크고 작은 것을 이해할 수 있습니다. 그 이전에는 셋을 큰 차례대로 물어 보면 "코끼리는 크다, 돼지는 작다, 토끼도 작다."고 대답합니다. 중간 크기가 없습니다. '차례'라는 말을 틀리지 않게 쓸 수 있어도 크기를 이해할 때는 쓰지 못합니다. 무게도 자기가 들 수 없는 것은 무겁다, 들 수 있는 것은 가볍다고 말합니다. 더구나 크기와 길이, 무게와 단단함을 혼동하기도 합니다.

시간을 생각할 때도 어제, 오늘, 내일이라는 말을 쓸 수 있지만, 네 살 어린이에게 내일은 앞날 전체를 뜻합니다. 어제는 지난 날이고, 오늘은 바로 지금이며, 내일은 앞날이라고 생각합니다. 어른처럼 시간을 이해하지 못합니다. 게다가 네 살 어린이는 내일이라는 말부터 합니다. 오늘, 어제라는 것을 좀처럼 이해하지 못합니다.

말하자면 네 살 어린이는 자세하고 뚜렷한 이미지를 실마리로 해서 실제 행동과 실물 그 자체를 마음 속에 그리면서 자기를 중심에 놓고 생각하는 것이 특징입니다.

네 살 어린이는 말로 자기 행동을 조정하는 힘이 생기면서 세 살 어린이하고는 견줄 수 없을 만큼 대담하게 행동합니다. 네 살 어린이는 때때로 경험을 토대로 해서 어른들 행동을 흉내내고, "……하면, ……된다."고 생각하면서 앞을 내다보며 겁도 없이 알 수 없는 세계에 부딪쳐 나갑니다. 때로는 실패할 때도 있습니다. 하지만 실패해도 얽매이지 않고 계속해서 알지 못하는 세계를 찾아서 자기가 알고 있는 지식을 모두 끌어모아 관계를 맺거나, 까닭을 갖다 붙입니다. 어른에게도 도움을 구합니다. 실패한 것보다 성공한 것을 먼저 생각하고 실패를 괴로워하지 않습니다. 자기 힘과 현실이 어긋나도 오랫동안 힘이 빠져 있거나 낙담하지 않고, 그것을 한때 일로 생각하고 잊어버립니다.

네 살 어린이는 지난 날에 집착하지 않고 앞날을 생각하며 삽니다. '지난 날은 안녕, 앞날은 희망', 바로 네 살 어린이는 다가올 앞날을 생각합니다. 이것이 네 살 어린이에게 나타나는 또 다른 특징입니다.

# 자립으로 가는 길

## 고집과 억지는 자립의 표현

네 살 어린이는 어른이 명령하는 것을 아주 싫어합니다. 무엇이든 "싫어." 하며 거부해 보고 싶어하는 충동에 사로잡혀 있는 것 같습니다. 하지만 곧 "내가 할게." 하고 자기를 주장하고 싶어합니다. "싫어." 하고 말해도 그것은 자기가 해 보고 싶다는 것을 달리 표현하는 말입니다. "다른 사람이 생각하는 대로 움직이는 것은 싫어요. 나는 내 뜻대로 하고 싶어요." 하고 말하는 것입니다. "내 뜻과 인격과 생각을 존중해 줘." 하고 말하듯 "싫어." 하고 계속 외치고, 어찌 보면 어른에게 반발하는 것처럼 "내가 할게." 하고 자기 마음을 드러냅니다. 그런 만큼 자기 생각을 고집합니다. 좋은 장난감을 가지고 싶으면 그것은 정말 자신이 양보할 수 없는 소중한 것이라고 마음 속에서 그 생각을 크게 키워 갑니다. 이런 생각은 그렇게 간단하게 사라지지 않습니다. 그 생각을 계속 이어 갈 뿐입니다.

네 살 어린이는 기억력도 어느 정도 좋아지고, 말도 어느 정도 잘 하기 때문에 자기가 바라는 것을 동무들에게 전하면서 다시 생각하고, 자신에게 타이르기도 합니다. 그렇기 때문에 그 생각은 사라지지 않고 계속 마음 속에 웅크리고 있습니다. 따라서 끈질기게 자기가 바라는 것을 주장해 나갑니다. 세 살 어린이처럼 한순간 관심을 딴 방향으로 돌리려고 눈가림을 해서는 네 살 어린이 마음을 돌릴 수 없습니다. 그러면 바로 고집을 피우고 억지를 부립니다.

네 살 어린이가 고집과 억지를 부리는 것은 생각하는 힘이 발달하고, 행동이 순간에 그치지 않고 목표와 전망이 세워져 있어서 그 목표에 다다를 수 있는 수단을 발견했기 때문입니다. 이것은 문제가 있는 행동이라기보다 오히려 다음 단계로 발달해 가는 힘이라고 할 수 있습니다.

하고 싶고, 이렇게 하려고 생각했는데 어른이 그것을 하지 못하게 하거나 막아 버리면 자기 생각대로 되지 않기 때문에 고집과 억지를 부립니다. 고집과 억지는 어린이가 자립하고 싶은 마음을 표현하는 것이며, 자라고 있다는 증거입니다.

네 살 어린이는 하고 싶은 것과 하지 못하는 것 사이에서 싸우면서 '이럴 때는 참아야 한다.' 며 자기를 조절하는 힘을 몸에 익혀 갑니다. 다섯 살 시기에 "지금 ……이니까 ……한다."고 생각할 수 있는 능력을 익히기 위해 나아가고 있는 것입니다.


## 허전해하는 심술쟁이

자기를 주장하고 자기 이미지 속에 살고 있는 네 살 어린이는 쓸쓸함을 사랑하는 존재일까요? 천만에요. 그렇지 않습니다. 네 살 어린이가 노는 모습을 상상해 보십시오. 어린이집 마당 이 쪽에서는 모래놀이를 하기도 하고, 저 쪽에서는 나무 토막으로 자동차놀이를 하기도 하면서 저마다 자기 이미지에 취해 놀고 있습니다. 그렇지만 잘 관찰해 보십시오. 전혀 다른 것을 하고 있으면서도 자기 장난감을 다른 아이가 가져가거나 하면 싸움이 일어나지만, 그 아이가 어디로 가 버려서, 놀다가 문득 자기 둘레에 아무도 없다는 것을 알아차리면 시들해져서 그만두고 맙니다. 그리고 같은 네 살 동무가 있는 곳으로 가서 자기 이미지에 빠져 다시 놉니다. 이런 일들은 아이를 키우면서 흔히 볼 수 있습니다.

네 살 어린이는 어찌 보면 저마다 제멋대로 놀고 있는 것처럼 보이지만, 결코 동무들에게서 떨어져 행동하지 않습니다. 자기 둘레에 또래 동무들이 있기 때문에 그것에 기대어 자기 이미지에 빠져 안심하고 놀 수 있는 것입니다.

네 살 어린이는 자신과 다른 사람이 나뉘어지지 않은 상태에서 자신과 다른 사람을 나눠 생각하면서 서로 어울려 갑니다. 그러므로 다른 사람을 늘 생각하면서 다른 사람을 알아차리고, 자기 세계를 주장하고, 자신을 생각합니다. 네 살 어린이는 동무가 없으면 아주 쓸쓸해합니다. 그래서 계속 동무를 찾지만, 동무가 자기 세계에 들어오면 싫어합니다. 네 살 어린이는 동무가 있고 나서 자기가 있습니다.


## 역할놀이가 꽃피는 시기

네 살 어린이는 자기 이미지를 고집하면서도 동무들이 뒷받침해 주기를 바라는데, 그것을 역할놀이의 세계 속에서 찾습니다. 네 살 어린이는 세 살 때 익힌 상상 능력을 펼쳐서 어른이 하는 것처럼 하려고 합니다. 그러나 어른이 하는 것처럼 할 수는 없습니다. 아직 능력이 모자라기 때문입니다. 그것을 네 살 어린이는 역할놀이에서 이루어 내려고 합니다. 네 살 시기에는 아빠놀이, 엄마놀이, 교사놀이 같은 역할놀이의 세계가 꽃핍니다.

역할놀이의 세계는 어린이 한 사람 한 사람이 갖고 있는 자세하고 뚜렷한 이미지가 만나서 만들어집니다. 한 사람 한 사람이 갖고 있는 이미지를 중요하게 여기고, 동무가 갖고 있는 이미지를 뒷받침해서 활동을 펼쳐 갑니다. 한 사람 한 사람이 주인공이 되려고 하는 세계입니다.

역할놀이를 할 때는 한 사람 한 사람이 주인공이 된다고 하지만 어린이들끼리 자주 부딪칩니다. 자동차놀이를 할 때 힘센 아이만 운전사를 하고 양보하지 않으면 그것을 보고 "혼자 하면 나빠요!" 하며 자기 생각을 강하게 표현하기 때문에 자주 부딪칩니다. 그럴 때, 교사는 한 사람 한 사람이 주장하는 것을 받아들이고 잘 놀 수 있도록 정리해 주어야 합니다. 그 속에서 "하고 싶다. 하지만 차례대로 해야지." 하고 자제하는 마음이 자랍니다. 네 살 어린이는 역할놀이를 하면서 교사를 중재자로 하여 '나'라는 자신을 바라보고, 상대방 처지도 배려해야 한다는 것을 조금씩 알아 갑니다.

역할놀이는 즐거움을 끝없이 창조해 내어 하고 싶어하는 마음을 불러일으키고, 상상력을 풍부하게 하고, 자제심을 기르고, 차례대로 한다는 규칙을 발견하게 합니다.

네 살 어린이가 유아독존의 세계를 역할놀이의 세계에서 풍부하게 경험할 수 있도록 계획을 세워 뒷받침해 줍시다.

# 네 살 어린이 보육표

　그러면, 지금까지 살펴본 어린이의 발달과 보육의 관계를 알기 쉽게 나타내 보겠습니다.

　다음에 나오는 표 '네 살 어린이의 세계를 풍성하게'는 보육 방법을 쉽게 알아볼 수 있도록 정리한 것입니다. 우리는 이것을 정리하기 위해서 여러 가지 실천을 많이 하고 부모, 보육 기관, 어린이집과 유치원 교사, 연구자들이 모여 셀 수 없이 토의를 해 왔습니다. 그리고 다음과 같은 목표를 세울 수 있었습니다.

　첫째, 아이의 발달 절차를 확실하게 세우자.

　둘째, 아이를 발달시키기 위한 활동을 확실하게 정하자.

　셋째, 아이들의 일상 생활을 풍요롭게 하자.

　넷째, 아이도 부모도 교사도 모두 힘을 모아 조금씩 노력하면 풍요로워질 수 있고, 안심할 수 있도록 실천 지침을 마련하자.

　다섯째, 한 사람 한 사람이 실천해 온 경험을 소중히 하면서, 더 확실하게 보육 내용을 창조하는 것을 목표로 하여 보육 실천에 과학의 빛을 비추자.

　이러한 목표를 세우고 실천을 분석하면서 우리는 보육 구조를 더욱 깊이 이해해야 한다고 생각했습니다. 어린이 집단을 기본으로 하면서, 내용을 어떻게 구성해야 아이 하나하나가 잘 발달할 수 있고, 계획과 전망을 갖춘 보육 구조를 만들어 낼 수 있을까 고민해 왔습니다.

우리는 아이들이 진정으로 생명과 건강을 지킬 수 있는 사회 조건을 만들기 위하여 다음과 같은 보육 구조를 이끌어 냈습니다.

첫째, 적어도 한 살 때부터 학교에 들어갈 때까지 아이들 한 사람 한 사람에게 맞는 개인 발달 단계를 다루고, 온몸 운동, 손과 손가락의 조작, 표현과 말로 대표되는 이해 단계와 집단의 발달을 서로 비교, 연구하며 그 발달 절차를 다루는 것입니다. 발달 절차에 따른 내용에서는 '할 수 있더라도 시켜서 안 되는 것은 시키지 않지만, 할 수 없더라도 시켜야 하는 것은 시킨다.'는 점을 중요하게 생각했습니다.

둘째, 아이마다 발달 상황을 짚어 나가면서 아이들이 스스로 움직여야 하는 중심 활동을 분명히 하고, 그것을 일상 생활에서 나타낼 수 있도록 하는 것입니다.

셋째, 위 두 가지를 늘 생활의 관점에서 확실하게 이해하고, 아이들이 아주 당연한 일상 생활 속에서 소중하게 하고 싶은 일을 할 수 있게 하는 것입니다.

굳이 이러한 생각을 도표로 만들면 다음과 같이 될 것입니다. 화살표는 발달 연관에 근거를 두고 중요하게 생각해야 할 방향을 나타낸 것입니다.

## 그림 1 개인 발달 단계

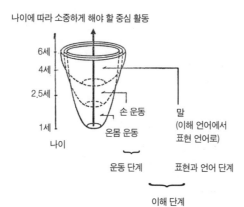

나이에 따라 소중하게 해야 할 중심 활동

6세
4세
2.5세
1세
나이

손 운동
온몸 운동

말
(이해 언어에서
표현 언어로)

운동 단계    표현과 언어 단계

이해 단계

## 그림 2 개인과 집단 발달 단계

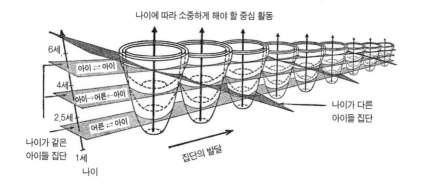

나이에 따라 소중하게 해야 할 중심 활동

6세
아이 ⇌ 아이
4세
아이→어른←아이
2.5세
어른 ⇌ 아이

나이가 같은
아이들 집단
1세
나이

집단의 발달

나이가 다른
아이들 집단

## 표 1 네 살 어린이 세계를 풍성하게

<table>
<tr><td rowspan="2">온몸 운동</td><td>〈달리기〉<br>• 달릴 수 있다.<br>〈뛰기〉<br>• 한 발로 뛸 수 있다.<br>• 줄넘기를 한다.<br>• 토끼뜀을 한다.<br>• 일어선 채로 그네를 탈 수 있다.<br>〈차기〉</td><td>• 공을 발로 찰 수 있다.<br>• 세발자전거를 탈 수 있다.<br>〈균형〉<br>• 평균대 위에 올라가서 균형을 잡을 수 있다.<br>〈헤엄치기〉<br>• 물에 얼굴을 대고 숨을 들이마실 수 있다.</td></tr>
<tr><td colspan="2"></td></tr>
<tr><td>손 운동</td><td>〈팽이돌리기〉<br>• 손가락으로 팽이를 돌릴 수 있다.<br>• 끈을 돌려 감아 팽이를 돌리려고 하나 아직 잘 돌리지 못한다.<br>〈가위질〉<br>• 직선을 자를 수 있다<br>〈종이접기〉<br>• 간단하게 마주 접을 수 있다.</td><td>• 종이 공을 만들 수 있다.<br>• 목표를 정해 놓고 그 쪽으로 종이 공을 던지려고 한다.<br>• 찰흙을 두 손바닥으로 뭉친다.<br>• 웃도리 위에 붙은 단추까지 채울 수 있다<br>• 회전 손잡이를 돌려서 밀고 밖으로 나간다.<br>• 옆으로 줄을 세우고 나무 토막 장난감을 쌓아올릴 수 있다.</td></tr>
<tr><td rowspan="4">말하기</td><td>이름<br>붙이기</td><td colspan="2">• 가까운 사람들 이름을 제대로 말할 수 있다.<br>• 코, 입 같은 얼굴 여러 부분의 이름을 말할 수 있다.<br>• 자기가 바라는 것을 전달하려고 할 때 주어와 서술어를 확실하게 말하지 못한다.</td></tr>
<tr><td>전달<br>하기</td><td colspan="2">• 경험한 것이나 바라는 것, 느낀 것을 모두 앞에서 이야기하고 싶어하지만 낱말을 늘어놓을 뿐이다.<br>• 동무들과 간단하게 이야기를 잘 한다.<br>• 간단한 말을 전해 줄 수 있다.<br>• 궁금한 것이 있으면 되풀이해서 묻는다.</td></tr>
<tr><td>생각<br>하기</td><td colspan="2">• 가까운 인물의 모습이나 경험한 것을 마음 속에 이미지로 만든다.<br>• 어제와 오늘, 오늘과 내일을 조금씩 구분한다.<br>• 앞뒤, 오른쪽 왼쪽, 반대 개념을 안다.<br>• 크고 작음과 많고 적음을 견줄 수 있다.<br>• 수를 셋까지 안다.</td></tr>
<tr><td>조정<br>하기</td><td colspan="2">• 잠깐 동안 기다릴 수 있다.<br>• 말하는 데 맞춰 빨리나 늦게 할 수 있다.<br>• 기분을 조절한다.</td></tr>
<tr><td rowspan="2">집단<br>생활</td><td>어른을<br>대할 때</td><td colspan="2">• 자신이 누구보다 더 인정받기를 바란다.<br>• 어른이 말해 주고 격려해 주면 힘을 얻는다.<br>• 심부름을 하고 싶어한다.<br>• 바라는 것이 확실해져서 동무들과 자주 부딪친다.</td></tr>
<tr><td>어린이를<br>대할 때</td><td colspan="2">• 마음 맞는 동무들과 사귈 수 있다.<br>• 동무들과 공통으로 갖고 있는 이미지로 역할놀이를 할 수 있다.<br>• 자기 것이라는 생각이 강해진다.</td></tr>
</table>

| | | |
|---|---|---|
| 중심 활동 | • 어른에게 많이 기대지만 집단으로 노는 재미를 조금씩 알아 간다.<br>〈역할놀이〉<br>• 교사가 놀이에 끼어들면 놀이가 이어진다.<br>• 아버지 어머니처럼 역 성격이 확실한 놀이를 짠다.<br>〈술래잡기〉<br>• 숨는 쪽이나 찾는 쪽에 교사가 한 사람씩 끼어 있으면 자연스레 숨고 찾는다.<br>〈동요 부르기〉<br>• 교사가 부르는 노래를 듣고 몸짓으로 표 | 현하려고 한다.<br>• 어른이나 동무들과 같이 노래 부르면서 흉내낸다.<br>〈경쟁심을 갖게 하는 놀이〉<br>• 같은 지점에서 출발하는 놀이를 할 때는 출발을 늦게 하는 아이를 걱정하며 기다리려고 한다.<br>〈만든 것을 가지고 논다〉<br>• 연을 잘못 만들어도, 망가져도 상관하지 않고 좋아하고 뛰어논다.<br>• 활동을 마무리하거나 매듭을 지을 때는 어른이 말을 해 줘야 한다. |
| 소중하게 해야 할 활동 | 건강,<br>안전,<br>음식 | • 행동 범위가 넓어지고 대여섯 살 아이들을 흉내내는데, 경험하지 않으면 위험한 줄 모르므로 도와 주어야 한다.<br>• 몸을 단련시킬 때는 환경이나 시설에 맞춰 놀이를 여러 가지 연구해서 놀게 해 줘야 한다. 아이들이 알 수 있게 날마다 놀이를 이어 간다.<br>• 예방 접종을 한다.<br>• 내과, 치과, 안과 검진을 한다<br>• 콧물이 나오거나 옷이 젖으면 스스로 처리할 수 있게 말해 준다.<br>• 밥 먹는 양이 한결같지 않고 고르지 않으므로 일정한 시간에 먹도록 한다.<br>• 젓가락과 그릇 쥐는 법을 가르치고, 식생활 예절을 가르친다. |
| | 생활<br>습관 | • 말을 해서 생활 습관을 익히게 할 수 있다.<br>• 어른에게 기대면서 자립해 간다.<br>〈똥오줌 누기〉<br>• 누고 싶을 때 참지 않고 누게 한다. 뒤처리를 스스로 할 수 있게 한다.<br>〈옷 입고 벗기〉<br>• 옷의 앞과 뒤를 알게 하고 스스로 입고 벗을 수 있게 한다.<br>〈잠자기〉<br>• 자기 전에 그림책이나 이야기를 들려주고, 마음을 안정시키고 혼자 잘 수 있게 한다.<br>• 낮잠 잘 때 잠자리를 준비하고 정리하는 것을 돕도록 한다. |
| | 놀이 | • 집 밖에서 마음껏 놀 수 있게 한다.<br>• 모래, 흙, 물놀이, 수영장 물놀이를 동무들과 함께 즐기게 해 준다.<br>• 마음껏 달리고, 걷고, 뛰고, 기어 올라가고, 매달리고, 미끄러지고, 자빠지면서 즐겁게 놀 수 있도록 해 준다.<br>• 나들이를 나가서 역할놀이, 달리기, 간단한 규칙이 있는 놀이 따위를 할 수 있게 해 준다.<br>• 교사가 환경을 만들어 주고, 교사도 똑같이 끼어들어 역할놀이를 한다.<br>• 술래잡기, 꼬리잡기놀이, 귀신놀이처럼 규칙을 눈으로 봐서 알 수 있는 간단한 놀이를 교사와 함께 즐길 수 있다. |
| | 표현 | • 그림을 그리고 싶을 때 그릴 수 있게 해 준다.<br>• 그림을 그리고 나면 이야기를 들어주고 인정해 주고 하고 싶어하는 마음을 북돋워 준다.<br>• 가까운 사람과 함께 경험한 이미지를 표현할 수 있게 바탕을 만들어 준다.<br>• 동그라미나 직선에 기대서 말하고, 알리고, 판단하고, 계획해서 활동하게 만들어 준다.<br>• 단순하게 이름을 붙이는 것이 아니라 이미지를 끌어 내고 키울 수 있게 그림이 뜻하는 |

| | 표현 | 것이 무엇인지 물어 본다. |
|---|---|---|
| 소중하게 해야 할 활동 | | • 여러 가지 이미지를 점토, 모래, 흙, 종이, 천 같은 표현하기 쉬운 소재로 만들어 보고 싶은 만큼 언제나 만들어 볼 수 있도록 해 준다. |
| | | • 신문지, 포장지, 색종이 같은 여러 가지 종이를 접고 찢고 둥글리고 하면서 놀고, 이미지를 넓혀 가도록 해 준다. |
| | | • 가까운 사람이나 동물, 물건의 특징을 온몸으로 즐겁게 표현해 볼 수 있도록 해 준다. |
| | | • 노래 부르는 즐거움을 알게 해 준다. |
| | | • 간단한 리듬을 표현할 수 있게 해 준다. |
| | | • 경험한 것을 말로 표현하게 하고 공감해 준다. |
| | 집단 만들기 | • 어린이 한 사람 한 사람이 주장하는 것을 받아들이고, 상대방 마음을 알게 해 준다. |
| | | • 모두가 함께 하는 즐거움을 체험하게 하고, 동무들과 공감하는 놀이를 하면서 동무와 관계를 더 잘 맺을 수 있도록 해 준다. |
| | | • 동무들과 서로 부딪치는 것을 중요하게 생각하고, 서로 마음을 전하는 말을 하고 싶어 하도록 이끌어 준다. |
| | | • 집단으로 간단한 규칙이 있는 놀이를 하는 재미를 알게 해 준다. |
| | | • 집단 생활에서 지켜야 할 간단한 규칙이나 약속을 교사가 중재자 노릇을 하면서 만들어 간다. |
| | | • 하고 싶어하는 마음과 바라는 것을 중요하게 생각하면서 당번 활동을 할 수 있도록 지도한다. |
| | | • 생활 기본 단위로 모둠을 만들고 어린이들이 함께 어울리도록 해 준다. |
| 행사 | | • 평소에 활동한 것을 바탕으로 어린이마다 스스로 마음을 내어 참가할 수 있게 한다. |
| | | • 어린이마다 생생하게 살아갈 수 있는 집단을 짠다. 행사로 힘을 기르고, 그것을 놀이에 이어 갈 수 있게 한다. |
| | | • 운동회를 한다. |
| | | • 작품 전시회를 연다. |
| | | • 생활 발표회를 연다. |
| | | • 소풍을 간다. |

# 2

# 네 살 어린이 보육 계획

# 소중하게 해야 할 활동

## 역할놀이와 나들이

네 살이 되면 잘 걷고, 달리고, 뛰고, 발로 찰 수 있습니다. 물론 아이들마다 걷고, 달리고, 뛰고, 발로 차는 능력은 다릅니다. 네 살 어린이가 제대로 발달하려면 무엇보다 다리와 허리를 단련해야 합니다. 이 시기에는 어린이들이 잘 걷고, 달리고, 뛰고, 찰 수 있도록 활동을 짜야 합니다. 아이들이 좁은 곳에서 조금씩 움직이는 것만으로 교사는 만족하면 안 됩니다.

네 살은 유아독존의 시기입니다. 자기 몸을 자기 생각으로 조절하고 자기를 주장하는 시기입니다. 다시 말하면 온몸 운동을 하면서 갖가지 힘을 자유롭게 쓰고 스스로 조절할 수 있는 시기에 접어든 것입니다. 결국 다섯 살에서 열 살까지 발달해 갈 때 발달의 바탕이 되는 온몸 운동에서 어느 정도 바탕이 쌓이고, 내용에 따라 높은 수준에 다다를 수 있는 나이입니다.

따라서 네 살 어린이가 제대로 발달하기 위해서는 무엇보다도 온몸을 단련해야 합니다. 이것이 중심 활동이 되어야만 합니다. 어떤 내용으로 운동을 하더라도 다리와 허리를 제대로 단련시킬 수 있도록 해야 합니다. 만약 이것을 가볍게 여기면 나중에 어린이는 큰 시련에 부딪칩니다. 그렇기 때문에 이 시기에는 다리와 허리를 제대로 단련하는 활동을 중심에 놓아야 합니다.

이럴 때 네 살 어린이에게 중심이 되는 활동은 역할놀이입니다. 네 살 어린이는 어른의 세계를 자기 세계로 끌어들여서 작은 어른이 되려고 합니다. 여기에서 모순이 생깁니다. 아직 어른이 아닌 어린이들이 작은 어른이 되려고 하면 무리가 따르기 때문입니다. 그러나 무리가 따르는데도 어린이들은 그 나름대로 말을 할 줄 알기 때문에 어른들 세계에서 쓰는 말을 흉내내고, 작은 어른처럼 표현합니다. 그래서 발달 나이보다는 생활 나이가 더 눈에 띄는 시기로 들어갑니다. 이 시기에는 어찌 보면 말하는 능력이 아주 발달한 것처럼 보입니다. 이것이 이 시기의 함정입니다. 다리와 허리를 제대로 단련하지 않고 말만 어른처럼 한다면 온몸 운동이 영글어 가면서 말도 잘 해 간다는 발달 절차를 거꾸로 거슬러 올라가는 것이 되고 맙니다.

따라서 역할놀이를 할 때는 단순히 역할놀이만 하게 할 것이 아니라, 다리와 허리를 제대로 단련시킨 뒤에 하도록 해야 합니다. 다리와 허리를 단련하려면 집단 속에서 다른 사람과 서로 관계를 맺을 수 있는 놀이를 해야 합니다. 그렇게 하면서, 어린이들은 유아독존이라는 생각을 집단 속에서 갈고 닦아 집단 생활에서 주인공으로 자랍니다.

이러한 과정이 네 살 어린이의 중심 활동이며, 보육 구조의 본질입니다. 더 자세하게 말해 보겠습니다. 어린이가 온몸 운동을 할 때는 혼자 하지 않고 집단 속에서 동무들과 서로 관계를 맺으면서 온몸을 갈고 닦아야 합니다. 유아독존의 세계를 내버려 두면 어린이는 결국 자기 마음대로 하려 합니다. 진정한 자유를 제 것으로 한 뒤에 자립해 가려면 집단 속에서 동무들과 놀면서 다리와 허리를 단련해야 합니다.

이렇게 활동하면서 어린이 세계에서 말을 배우고 익혀야 합니다. 그렇게 하지 않고 어른들하고만 관계를 맺고 그 속에서 말을 배우는 기회가 많으면 많을수록 아이들은 작은 어른이 되고 맙니다. 즉 발달의 토대가 되는 온몸 운동을 제대로 하지 않고 말만 앞서 배워 버리면 자기 몸을 자기 말로 조절할 수 없는 어린이가 되어 버립니다. 이렇게 하면 아이들은 제멋대로 자라고, 글자 그대로 '유아독존'이라는 생각에 빠져 삽니다. 네 살 어린이가 제대로 발달하게 하려면 집단 속에서 관계를 맺게 하고, 되도록 다른 사람과 관계를 맺으면서 그 속에서 유아독존이라는 생각을 갈고 닦게 하여 참된 유아독존을 만들어 내야 합니다. 이것이 실현될 때 어린이들은 생활 속에서 주인공이 됩니다.

이러한 것은 형제 자매가 많은 집안에서는 형제 자매들 사이에서 배우고 익힐 수 있습니다. 형이나 누나, 오빠나 언니들이 하는 행동을 흉내내면서 자아를 갈고 닦고, 형처럼 행동할 때 형이 못 하게 하면 자기가 동생이라는 것을 깨닫고 동생답게 행동합니다. 이러한 것을 생활 속에서 실현해 나가야 합니다. 말하자면 집단 속에서 자기 주장을 갈고 닦아 참 자아를 싹트게 해야 합니다.

이렇게 생각한다면 이 시기에 교사는 어린이 집단을 만드는 것을 가장 먼저 생각해야 합니다. 어린이마다 하고 싶은 것을 다 하게 하는 것이야말로 아이를 제대로 키우는 것이라고 생각한다면 어린이들은 당연히 제멋대로 자랍니다. 하고 싶은 것을 주장하면서도 다른 사람을 생각해서 자기 활동을 조절할 수 있는 어린이로 자라게 하는 것이야말로 진정으로 아이를 키우는 것입니다. 그러므로 집단관을 뚜렷하게 하면서 어린이마다 활동을 진정으로 할 수 있는 집단을 만들어야 합니다.

어린이가 다른 사람과 서로 관계를 맺을 수 있는 집단을 만들려면 어린이가 바라는 것에 뿌리를 내리고 만들어야 합니다. 어린이들이 바라는 것은 어른을 흉내내고 싶은 것, 다시 말하면 역할놀이의 세계를 자기 것으로 하고 싶은 것이기 때문에 집단은 기본으로 역할놀이를 중심에 두고 만들어 가야 합니다. 그 때, 역할놀이는 반드시 다리와 허리를 완전하게 단련시키지는 않습니다. 어떤 놀이를 하든 좁은 곳에서 어린이마다 자기가 흥미로워하는 역을 맡아 놀면서 역의 성격을 깨달아 가기 때문에 어른이 말을 해 주어도 다리와 허리를 확실히 단련하지는 못합니다. 그래서 네 살 어린이가 바라는 역할놀이와 네 살 어린이가 진정으로 발달할 수 있도록 다리와 허리를 단련시키는 놀이는 서로 다를 수 있습니다. 그러므로 이 두 가지를 하나로 묶을 수 있도록 활동 내용을 만들어야 합니다.

말하자면 네 살 어린이의 중심 활동은 역할놀이지만, 그 역할놀이에만 매달려 있으면 다음 단계로 발달할 수 있는 튼튼한 다리와 허리를 만들 수 없습니다. 그렇기 때문에 날마다 역할놀이를 하고, 역할놀이뿐만 아니라 나들이 같은 활동도 해서 잘 걷고, 잘 달리고, 잘 뛰고, 잘 찰 수 있도록 해 줘야 합니다.

두말 할 필요도 없이 네 살 시기에는 다른 사람을 보고 자신에게 눈뜨기 때문에 집단 속에서 자기를 마음껏 표현하며 제대로 노는 것이 중심 활동이라고 할 수 있습니다.

## 온몸 운동과 말하기

네 살 시기에는 걷고, 달리고, 뛰고, 차는 온몸 운동에 눈뜹니다. 네 살 어린이를 키울 때는 어린이가 이 힘을 하나로 모을 수 있도록 해야 합니다. 이렇게 해야만 말을 잘 할 수 있습니다. 결국 몸이 확실하게 움직이지 않고서는 아무리 어른스럽게 말한다고 해도 그것은 진정으로 말을 잘 하는 것이라 할 수 없습니다. 몸이 움직이면 마음도 열립니다. 네 살 어린이도 이렇게 할 수 있도록 해 줘야 합니다. 온몸 운동을 많이 해야만 말로 자기 생각을 표현하는 힘도 키울 수 있다는 사실을 잊지 말아야 합니다.

네 살 시기에는 앙감질을 할 수 있다고 해서 앙감질에만 매달리거나, 토끼뜀을 할 수 있다고 해서 토끼뜀에만 집착하는 일이 많은데, 온몸 운동을 많이 하지 않고 앙감질이나 토끼뜀만 하면 발달하는 데 별로 도움이 되지 않습니다. 몸을 제대로 움직일 수 있게 노력하면서, 그때 그때마다 말로 표현할 수 있도록 해 주어야 합니다.

어린이들은 어른들을 생각하면서 동무들을 생각할 때 자기가 하고 싶어하는 활동을 할 수 있습니다. 이럴 때 좋고 싫은 것도 나타납니다. 어른들과 또 동무들과 똑같은 것을 해 보고 싶어하고, "이것은 싫어! 저것은 싫어! 그것은 좋아." 하는 마음을 드러냅니다. "내가 할게." 하는 생각과, "싫어." 하는 깨달음이 강해집니다. 이 시기에는 단순히 놀이를 할 때뿐만 아니라, 음식을 먹을 때도 이런 표현을 합니다. 먹기 싫은 것이 있더라도 곧 웬만큼 먹으려고 하지만, 자기가 좋아하는 선생님이 "더 먹을래?" 하고 물으면 "응." 하고 말하고, "이제 됐니?" 하고 물어도 "응." 하고 대답합니다. 좋아하는 사람과 이야기할 때는 "응, 응." 하는데, 싫어하는 사람이 말을 걸면 "싫어, 싫어." 하고, 동무들과 놀 때도 "○○ 하고 한다면 하지만 ○○ 하고 한다면 싫다."고 또렷하게 표현합니다. 다른 사람이 바라는 것을 받아들이고 거기에 맞춰 움직일 수 있기 때문에 개성 있는 표현을 하는 것입니다. 개인차가 생기는 것이라고 할 수 있습니다.

말하자면 어린이마다 자기 생각을 몸짓이나 말로 나타내는 것인데, 여기에서 반드시 주의해야 할 점은 유아독존이라는 네 살 어린이의 자아가 어린이들이 발달하는 데 뜻있는 자아가 되기 위해서는 어린이가 집단 속에서 살아가야 한다는 점입니다. 어린이가 집단 속에서 몸을 움직여 나가는 것과 그 능력을 생각하면서 활동을 만들어 주어야 합니다.

사람과 관계를 맺는 힘은 다른 아이와 일 대 일로 관계 맺는 데서 결정되지 않습니다. 네 살 시기는 집단의 힘에 약하기 때문에 집단의 분위기, 다시 말하면 네 살 어린이 집단이 진실로 네 살 어린이다운 자치 집단이냐 아니냐에 따라 사람과 관계를 맺는 능력이 결정됩니다. 서로 부딪치거나 싸움을 해도 집단 안에서 네 살 어린이답게 해결할 수 있으면 어린이들은 네 살로 살아가면서 생활의 주인공이 될 수 있습니다.

이러한 것을 끊임없이 추구한다면 네 살 어린이들은 네 살 어린이다운 집단을 경험하면서 풍부하게 표현 활동을 펼쳐 나갈 수 있습니다. 네 살 어린이 집단은 교사가 어떻게 지도하느냐에 따라 '모두'라는 말을 다르게 이해합니다. "'가' 하고 '나' 하고 '다'는 더 먹고 싶지? '가'야 미안하지만 급식실에 가서 모두 먹을 것을 받아와요." 이렇게 말한다면 '가' 어린이는 더 먹고 싶은 아이들을 대표할 수 있습니다. 교사가 어린이 한 사람 한 사람의 이름을 불러 주었기 때문에 어린이들은 처음으로 그것을 깨닫습니다. 하지만 세 살 어린이는 이렇게 하기 어렵습니다. 네 살이 되어야 이렇게 할 수 있습니다.

이러한 것은 놀이를 할 때도 나타납니다. 어떤 아이가 앙감질을 못 하면 모두 그 아이를 도와 줍니다. 그것을 보고 교사는 "참 보기 좋아. 동무들이 모두 도와 주네." 하고 말해 줍시다. 이러한 일들이 많이 생길수록 서로 힘내고 격려하고, 인정해 주는 상황을 이끌어 낼 수 있습니다.

말하자면 교사가 어떻게 하느냐에 따라 분위기가 달라집니다. 이 나이에는 모든 것을 제멋대로 하려고 하기 때문에 우두머리가 된 아이가 분위기를 제 맘대로 이끌고 가 버릴 수도 있습니다. 때문에 교사는 어린이들이 진정한 자유를 누릴 수 있도록 해 주어야 합니다.

# 활동을 잘 하기 위하여

## 뛰고, 달리고, 차고

어린이는 어느 나이에서나 온몸 운동을 제대로, 많이 해야 합니다. 어린이는 온몸 운동을 하면서 발달해 가기 때문입니다. 더구나 다음 두 가지 까닭 때문에 네 살 시기에는 온몸 운동에 중점을 두고 지도해야 합니다.

첫째, 네 살 시기에는 뛰고, 달리고, 차는 능력이 생기고, 그것을 하나로 모으는 능력을 스스로 키우고 싶어합니다. 둘째, 이 시기에는 그러한 능력을 다른 사람과 견주어 그 사람처럼 하고 싶어하고, 자기도 그 사람처럼 할 수 있다는 마음이 싹트고, 더구나 자기보다 나이 많은 어린이가 온몸 운동을 하면 그것을 흉내낼 수 있습니다.

네 살 어린이를 키울 때는 집단 속에서 이런 온몸 운동을 자기 힘으로 조절해 갈 수 있도록 키우는 데 가장 마음을 많이 써야 합니다. 몇 번이나 이야기했듯이 이렇게 하지 않으면 네 살 어린이는 단순한 역할놀이나, 혼자 할 수 있는 운동인 앙감질이나 토끼뜀만 할 수 있습니다.

그러면 온몸 운동을 풍부하게 해 나가려면 어떤 활동을 해야 할까요?

예를 들면, 나들이가 있습니다. 두 살, 세 살 어린이도 나들이를 갑니다. 하지만 네 살 어린이가 나들이를 갈 때 과감하게 내용을 바꾸려면 이렇게 해야 합니다. 그냥 덜렁덜렁 걷는 것이 아니라 제대로 걷고, 교통 규칙을 올바로 지키면서 걷고, 나들이에서 해야 할 일을 생각하면서 걸어야 합니다. 네 살 어린이는 그 나들이에서 해 본 것을 어린이집에 돌아와서 놀이로 할 수 있습니다.

어느 어린이집에서는 다음과 같이 하고 있습니다.

벌레잡이 바구니를 만들어서 나들이를 갑니다. 도토리를 줍기 위해서 나들이를 갑니다. 이렇게 할 일을 미리 정한다면 벌레잡이 바구니를 만드는 것은 벌레를 잡기 위해서이고, 도토리를 줍기 위해 나들이 가는 것은 어디까지나 도토리 줍는 것을 목적으로 가는 것입니다. 어린이들은 도토리를 줍고, 벌레를 잡아 어린이집에 가지고 오면 그대로 내버려 두지 않습니다. 반드시 그것을 소재로 해서 놀이로 이어 갑니다. 물론 교사가 어떻게 하느냐에 따라 그 놀이가 재미있게 펼쳐질 수도 있고, 싱겁게 끝날 수도 있습니다.

온몸 운동은 어린이집 마당에서 자유롭게 노는 시간에도 해 볼 수 있습니다. 그냥 뛰어다니거나 걷는 것만으로는 안 됩니다. 어떤 놀이 기구든지 놀이 기구를 갖고 온몸 운동을 갈고 닦을 수 있도록 해 줘야 합니다. 세발자전거를 몰게 하는 것도 좋습니다.

물론 그 밖에도 여러 방법이 있을 것이라고 생각합니다. 어떠한 교구로 온몸 운동을 하느냐가 중요합니다. 어린이집 마당에서는 여러 가지 방법으로 온몸 운동을 할 수 있게 해 줘야 합니다. 리듬 운동뿐만 아니라 온몸 운동을 갈고 닦는 방법은 얼마든지 있습니다. 계획이 짜여 있다면 네 살 어린이는 자기보다 나이 많은 어린이와 비슷한 수준으로 온몸 운동을 할 수도 있겠지만 서둘러서는 안 됩니다. 네 살 어린이에게 맞는 온몸 운동을 할 수 있게 해 줘야 합니다.

# 거짓말쟁이의 세계

세 살 어린이의 세계는 상상놀이의 세계입니다. 그것이 네 살 어린이의 세계인 역할놀이의 세계로 나아간다고 할 수 있습니다. 네 살 어린이는 어른처럼 하고 싶어하지만 자기 마음대로 되지 않습니다. 그렇기 때문에 제 나름대로 할 수 있고, 어른의 세계를 자기 세계에 받아들이고 싶다고 표현하는 것이 역할놀이의 본질입니다. 그러나 네 살보다 나이많은 어린이가 하는 역할놀이와는 본질이 다릅니다. 어떠한 점에서 차이가 있을까요? 네 살 어린이가 역할놀이를 할 때는 '거짓말쟁이의 세계'가 탄생합니다.

세 살 어린이와 네 살 어린이, 다섯 살 어린이가 상상놀이나 역할놀이할 때를 견주어 봅시다. 예를 들면, 세 살 어린이가 동물원에 견학 갔다가 어린이집에 돌아와서 상상놀이나 역할놀이를 하면 이렇게 합니다. 동물원에 버스를 타고 갔다면 아마 버스를 연기할 것입니다. 있었던 사실을 그대로 연기한다고 해도 되겠지요. 그런데 네 살 어린이는 조금 다릅니다. 물론 버스를 타고 갔다면 버스를 그대로 연기하는 아이도 있습니다. 하지만 만약 기차나 비행기를 타 본 아이는 그런 것을 타고 싶어하는 마음을 역할놀이에 반영합니다. 다섯 살 어린이는 이러한 놀이에 빠져들지 않습니다. 동물원에서 동물들이 움직이는 것에 빠져들고 그 모습을 자기 세계로 받아들여 몸짓으로 표현하며 역할놀이를 합니다.

이러한 것은 다른 예에서도 볼 수 있습니다. 교사가 월요일에 "어제 일요일날 뭐 했어요?" 하고 물으면 세 살 어린이는 자기가 한 사실을 더듬거리면서 표현할 것입니다. 네 살 어린이는 어디어디에 간 것을 중심으로 표현하면서도, 가지 않았는데도 마치 갔다 온 것처럼 표현할 수도 있습니다. 다섯 살쯤 되면 "아무것도 안 했어요." 하고 정색하고 나옵니다.

이처럼 세 살, 네 살, 다섯 살 어린이의 표현 활동을 견주어 보면 네 살 어린이는 '거짓말쟁이의 세계'를 거쳐서 나오는 것이 특징입니다. 그런 까닭에 네 살 어린이들은 자기가 경험한 것을 바탕으로 꾸며 낸 것을 다른 사람에게 밀어붙입니다. 바로 이러한 것에서도 유아독존의 세계를 연기하고 있다고 말할 수 있습니다.

한 살, 두 살, 세 살을 잘 보낸 어린이는 거짓말쟁이의 세계가 있지만, 그렇지 않은 어린이는 거짓말쟁이의 세계가 없다고 감히 말할 수 있습니다. 새로운 생각은 풍부한 활동과 체험이 밑바탕이 되어야만 발달할 수 있습니다.

하지만 거짓말쟁이의 세계가 좋다고 해서 그대로 내버려 두기만 해서는 안 됩니다. 새로운 이미지는 사실을 바탕으로 해서 풍부해집니다. 그렇지만 거짓말쟁이의 세계는 그 거짓말에 사실을 들이대어서 이미지를 확실하게 키우는 것이 바람직합니다. 가지 않은 사실을 앞으로 갔으면 하는 이미지로 이어나가야 합니다.

한편, 이렇게 말하는 어린이들은 유아독존과 자기 표현을 중요하게 여기며, 자기를 부정당하고 싶어하지 않고, '나는 나'라는 것을 끈질기게 주장합니다. 교사가 "그런 일 없었는데……, 아니야." 하고 말하면 말할수록 없었던 일을 있었다고 표현합니다. 그러나 동무에게는 약해서 동무들이 "뭐라고?" 하면 생각에 빠져듭니다.

네 살 어린이가 네 살답게 발달하고 표현할 수 있게 하려면 교사와 어린이라는 일 대 일 관계가 아니라 교사가 "○○는 이렇게 말하고 있지만, 다른 동무들도 얘기해 봐요." 하고 말해서 어린이가 스스로 사실을 깨닫게 해 줘야 합니다. 이렇게 하면 할수록 아이들은 자아를 있는 그대로 주장할 수 있습니다. 이렇게 자아를 있는 그대로 주장할 수 있으면 모두가 받아들이고 서로 공감할 수 있는 관계가 만들어집니다.

한 살, 두 살, 세 살을 거쳐 자라 온 아이들을 제대로 생활의 주인공으로 자라게 하려면 네 살 어린이가 살고 있는 집단을 진정으로 생각해 보아야 합니다. 네 살 어린이가 생활의 주인공이 되기 위해서는 어떠한 집단이 필요한지 살펴보겠습니다.

## 집단 만들기

'집단 만들기'라는 용어는 본디 학교 교육을 실천할 때나 이론 속에서 써 온 말입니다. 어린이가 제대로 발달하기 위해서는 좋든 싫든 어린이 집단이 있고, 만들어져야 합니다. 그래서 유아 교육에서도 일찍부터 집단의 교육력을 보고 집단을 만드는 것이 좋다고 생각하고 실천해 왔습니다. 이런 까닭에서 유아 교육에서도 '집단 만들기'라는 용어를 많이 쓰고 있습니다.

그렇지만 같은 집단이라고 해도 내용에 차이가 있습니다. 예를 들면, 초등 학교 5, 6학년 어린이 집단과 3, 4학년 어린이 집단은 언뜻 보기에도 서로 활동하는 모습이 많이 다릅니다. 그런데도 어디가 어떻게 다른지, 더구나 유아기라는 한정된 시기에는 어떤 집단을 만들어야 하는지 아직 이론으로 제대로 정리되어 있지 않습니다. 아울러 발달 나이와 발달 과제를 생각하고 그것과 관련해서 유아기 집단을 구상하고 만든다는 점에서는 더욱 밝혀야 할 문제가 많이 있습니다. 그러한 점들을 자세하고 뚜렷하게 밝히는 것이 어렵기는 하지만 중요하게 해야 할 일이기도 합니다.

### 유아기 집단의 특징

유아기 집단을 만드는 중요한 목적은 어린이들끼리 관계를 풍부하게 발전시키도록 하는 데 있습니다. 여기에서 풍부한 관계라고 하는 것은 보통 두 가지 관계를 말합니다. 하나는 다른 사람과 정서를 나누고 공감대를 만들고, 그렇게 해서 동무에 관심을 기울이고 동무와 사귀는 기쁨을 배우는 것으로, 어린이들이 서로 사이좋게 지내는 것을 배우는 것입니다. 또 다른 하나는 이렇게 정서를 나누고 공감대를 만드는 데만 머물지 않고, 비록 낮은 수준이지만 다른 사람의 기본 인권을 소중히 여기고 서로 존중하며 대등하고 평등하게 사귀는 것을 배우는 것입니다.

그러나 본디 집단을 만드는 것은 이런 관계만을 키우는 것이 목적은 아닙니다. 집단 속에서 한 사람 한 사람이 자기 일을 스스로 해내는 능력을 배우게 하는 것도 또 다른 목적입니다.

그렇기 때문에 엔도 요시노부는 《유아기 집단과 교사가 할 일》에서, "유아기 집단을 만들 때는 어린이들이 현실 생활에 다가갈 수 있도록 자치와 조화 같은 여러 관계를 만드는 것."이라고 했습니다. 집단을 만들 때는 어린이들 사이에 자치와 조화라는 관계를 만들어 내면서, 어린이 한 사람 한 사람이 인격을 갖춘 사람으로 자립해 가도록 해야 한다고 말해도 되겠습니다. 여기에서 조화라고 하는 것은 앞에서 말한 관계 맺기와 비슷한 내용이라고 생각합니다.

그렇다면 관계 맺기와 자치는 어떤 관계가 있을까요? 그리고 유아기 집단을 만들 때 그러한 관계가 발전하는 것을 중점에 두는 까닭은 무엇일까요?

두말 할 필요도 없이 자치와 관계 맺기는 단순히 나란하게 놓여 있지 않습니다. 둘은 서로 구별되면서도 서로 규정하고 있습니다.

보통 자치는 자기들끼리 결정한 사항을 그 범위 안에서 스스로 관리하는 것이라고 하지만, 여기에서 말하는 자치는 어린이들이 하는 모든 자치 활동을 뜻합니다. 모든 자치 활동이라는 것은 집단 구성원이 바라는 것을 모으고, 함께 바라는 것을 집단이 해야 할 일로 정하고, 그것을 실천하는 여러 활동입니다. 이러한 활동을 하기 위해서는 어린이들끼리 좋든 싫든 간에 서로 관계를 맺고 끌어들일 수 있어야 합니다. 만약 함께 바라는 것을 가운데 두고 실천해야 할 일을 정하지 못하거나, 힘을 모아 이것을 해낼 수 없으면 이러한 관계를 전혀 맺지 못합니다. 그렇기 때문에 어린이들끼리 관계를 맺어야 자치 활동을 할 수 있다고 봅니다.

그렇다고 해도 시로마루 아키오가 문제점으로 들고 있는 것처럼, 한 집단에서 어린이들이 서로 어울린다고 해서 그대로 자치 활동으로 나아갈 수 있는 것은 아닙니다. 예를 들면, 동무 사이가 아무리 좋다고 해도 거기에서 곧바로 자치 활동이 생겨나지 않는다는 것을 떠올리면 쉽게 이해할 수 있습니다. 그렇기 때문에 시로마루 아키오는《어린이의 놀이와 일》에서 "자치는 조직을 만들어 뜻을 갖고 지도해야 한다."고 주장합니다. 또 그렇게 할 때 아이들은 거꾸로 새로운 관계를 만들 수 있고, 이미 있던 관계가 바뀌거나 더 깊어져도 받아들일 수 있습니다.

그런데 어린이들끼리 일거리를 결정하거나, 그 일을 할 때는 평소에 저마다 다져 온 인격들이 만나 관계가 생기는 것으로, 이것은 자치를 둘러싼 인간 관계와 다릅니다. 관계를 맺는 것도 특별히 지도해야 하는 것입니다. 더구나 이제까지 어린이들이 뿔뿔이 흩어져 혼자 지냈고, 동무들과 서로 사귀면서 생활하거나 동무들과 친하게 지내는 것도 모르고 자랐다면 이 점은 더욱 중요해집니다.

이렇게 해서 어린이들끼리 관계를 맺어야 자치와 자치 활동을 할 수 있고, 이렇게 할 때 어린이들은 더욱 깊고 폭넓게 관계를 맺을 수 있습니다. 그러므로 집단 구성원끼리 폭넓게 서로 다가가고 사귈 수 있도록 지도해야 합니다.

그러므로 유아기에 집단을 만들 때는 이러한 관점에 맞춰 어린이들끼리 관계 맺는 데 중점을 두고, 더욱 폭넓고 깊게 사귈 수 있도록 어린이들에게 다가가야 합니다. 거꾸로 말하면, 자치 활동을 성급하게 지도해서는 안 됩니다. 자치 활동 속에서 인간 관계가 바뀌고 더욱 깊어지는 것을 보면서 지도해야 합니다.

무엇보다도 어린이들끼리 서로 친해지고, 민주적으로 어울릴 수 있게 해야 합니다. 그리고 자치 활동을 지도할 때도 급하게 목표를 실현하려고 하지 않고, 자치 활동에 걸맞게 어린이들이 사귈 수 있도록 해야 합니다. 유아기에 집단을 만들 때는 어린이들이 서로 어울리도록 하는 데 목표가 있습니다.

이러한 관점은 시로마루 아키오가 말한 '민주적인 어울림'이라는 개념에서 알 수 있습니다. 유아기 집단의 목표와 관련해서 '민주적인 어울림'이라는 개념이 무엇인지 정리해 보겠습니다.

먼저, 유아기에는 관계 맺는 것을 가르쳐야 한다고 했는데, 중요한 것은 질입니다. 민주적으로 어울린다는 것은 말 그대로 어린이들이 관계를 맺을 때는 비록 낮은 수준이라도 민주주의를 실현할 수 있게 해야 한다는 뜻입니다. 어린이들은 집단 속에서 함께 생활하고, 동무와 함께 무엇인가를 할 때는 어떤 방법으로든 서로 어울립니다. 이러한 관계는 현실에서 겪는 여러 가지 경험을 반영하고, 어린이들은 때로 다투거나 경쟁도 합니다. 물론 이렇게 하는 것도 어린이들이 현실에서 서로 어울리는 방법입니다. 그러나 이것을 그대로 내버려 둘 수는 없습니다. 예를 들면, 평소에 "차례대로." "빌려 줘.' 하고 말해야지." "사이좋게 지내야지." 하고 깨우치는 것도 어린이들을 내버려 두지 않고 지도하는 것입니다. 이렇게 '민주적인 어울림'이라는 말뜻은 현실에서 어린이가 서로 어울릴 때 민주적으로 어울리는 방법을 행동으로 가르쳐서 어린이가 바뀌도록 지도한다는 뜻입니다.

또 이런 뜻도 있습니다. 어린이들이 정서를 나누고, 공감대만 만들도록 하지 않는다는 것입니다. 물론 이러한 관계는 풍부하게 발전시켜야 합니다. 하지만 이런 관계에만 눈길을 돌리고, 이런 관계를 키우는 데만 힘을 쏟는 것은 올바르지 않습니다. 게다가 이런 관계만으로 점점 자치 집단으로 발전할 수 있다고 생각한다면 문제입니다.

거꾸로 말하면 유아기에 집단을 만들 때 세워야 할 이념은 바로 자치 집단을 만드는 것이라고 할 수 있습니다. 그런데 자치 활동을 성급하게 끌어 와서 그것을 지도하는 데만 공을 들이는 것도 좋지 않습니다. 예를 들면, 앞에서 본 것처럼 네 살 어린이에게 자치 활동을 지도하는 것은 무리입니다. 보통 "모두 하고 싶어하는 마음이 넘쳐흐르고 있다." "힘을 모아 하고 있다." "자기 일을 스스로 하고 있다."고 해서 그것을 자치 활동이라고 받아들이기도 하는데, 이것은 개념을 확대하고 혼란을 불러옵니다.

그것보다 민주적으로 어울려 관계의 질이 발전하는 것을 중심에 놓고 자치 활동이 점점 가지를 쳐 나가는 것이라고 이해해야 합니다. 유아기에 어린이들이 서로 민주적으로 어울려 더욱 관계를 깊게 맺을 수 있도록 하려면 자치 집단을 만드는 데 중점을 두어야 합니다.

그러므로 서로 기본 인권을 지키고 존중하며 대등하고 평등한 인간 관계를 맺게 하기 위해서, 또 본디 자치의 전제이자 결과인 민주적인 관계를 맺도록 하기 위해서 자치 집단을 발전시켜야 합니다. 이렇게 해야만 어린이가 유아기 자치 집단을 스스로 만들어 나갈 수 있고, 자치 활동을 풍부하게 펼쳐 나갈 수 있습니다.

다음으로 이러한 동무 관계와 인간 관계 속에서 저마다 자립 능력이 발전합니다. 중학생쯤 되어야 자립할 수 있다고 생각하는 사람도 있지만, 유아기에도 어린이들이 자립할 수 있도록 끊임없이 지도해야 합니다. 예를 들면, 발달 단계에 걸맞게 혼자서 똥오줌을 누고, 스스로 옷을 입고 벗고, 차례대로 손을 씻을 수 있어야 합니다. 이 때 어린이가 자립하기 위해서는 동무 관계, 인간 관계가 꼭 맺어져 있어야 합니다. 이러한 관계가 있어야 어린이는 제대로 발달할 수 있고, 자립할 수 있습니다. 또 이렇게 자립 능력이 생기면 새로운 능력을 익히고, 새로운 동무 관계를 만들어 나갑니다. 동무들과 신나게 놀면 놀수록 말을 잘 하고, 다른 아이들과 사귀면서 여러 사람과 관계를 많이 맺을수록 자신을 조절하는 힘이 자랍니다.

위에서 살펴본 것처럼 어린이들이 민주적인 관계를 맺게 하려면 교사가 그 뜻을 깨닫고 계획을 세워 지도해야 합니다. 이렇게 교사가 다가갈 때 현실에서 어린이들은 민주적으로 관계를 발전시켜 갈 수 있습니다.

### 발달 나이와 집단

발달 나이에서 보면 네 살 뒤부터 제대로 집단을 만들어 나가야 한다고 생각합니다. 물론 이 말은 그 전부터 집단을 만들면 안 된다는 뜻이 아닙니다. 그 전이라도 될 수 있는 대로 어린이들끼리 관계를 맺게 하고, 그 관계를 깊이 있게 발전시켜야 합니다. 다만 그 때는 정서를 나누고 공감하면서 다른 사람과 관계를 깊이 있게 발전시켜 가고, 다른 사람을 생각하고 동무들과 함께 무리지어 놀고, 여럿이 함께 상상놀이를 하고, 어린이들끼리 부딪치면서 자기와 다른 사람을 구별하고, 차례대로 하는 것과 참는 것을 배워야 합니다.

그리고 교사와 어린이가 하나하나 관계를 맺고, 어린이와 어린이 한 사람 한 사람이 관계를 맺어야 합니다. 그렇게 해서 네 살 무렵부터는 점점 말도 잘 해서 '표현 언어를 익히는 시기'로 들어가고, 다른 사람과 간단한 이야기도 활발하게 나눌 수 있습니다. 말하자면 지금까지 '교사와 어린이' '어린이와 교사와 어린이'로 관계를 맺던 데서 '어린이와 어린이'라는 새로운 관계를 맺는 데로 나아간다는 뜻입니다. 네 살 어린이부터 특별히 집단을 만드는 근거가 여기에 있습니다.

발달 단계마다 집단을 만드는 논리나 관점은 한결같이 똑같습니다. 말하자면 어느 단계에서나 어린이들이 민주적으로 서로 어울릴 수 있게 해야 합니다. 네 살, 다섯 살, 여섯 살 어느 시기에서도 마찬가지입니다.

그러나 아이들은 지금 바로 이 자리에서 발달하고 있는 모습이 있고, 해야 할 일이 있습니다. 그러므로 시기마다 집단을 만드는 목표가 따로 있습니다. 말하자면 발달 나이와 발달 과제에 걸맞게 집단을 만들 수 있도록 지도해야 합니다. 이 점은 이시카와 마사카즈가 《어린이 집단 만들기의 이론과 실천》에서 제기한 '발달 집단'에서 알 수 있습니다. 발달 집단은 "어린이들이 발달 과제를 공유하고 함께 발달해 가는 집단"으로서 "같은 나이 집단"입니다. 그러므로 어린이들이 발달 과제를 공유하고 서로 관계를 맺으면서 동무와 함께 공통된 발달 과제를 이루어 가도록 집단을 지도해야 합니다.

다시 한 번 짚고 넘어간다면, 같은 나이 집단을 해체해서 나이를 섞어 한 집단으로 묶고, 그것을 지도하는 데만 마음을 쓰면 안 됩니다. 거기에서는 어린이가 발달하는 바탕인 기초 집단을 교육하는 힘을 큰 관심 없이 대강 보아 넘기기 때문입니다.

유아기에 집단을 만들 때는 발달 나이, 발달 과제와 관련해서 어린이가 민주적으로 관계를 맺는 데 중심을 두어야 한다고 말했는데, 그것은 바로 같은 나이의 기초 집단을 바탕으로 해서 공통된 발달 과제를 함께 이루어 나갈 수 있는 민주적인 관계를 발전시키는 것입니다. 그렇다고 한다면 다음으로 문제가 되는 것은 발달 나이와 발달 과제에 알맞게 민주적으로 관계를 맺는 것은 무엇이며, 집단 만들기의 한결같은 논리나 관점을 바탕으로 해서 이것을 어떻게 발전시키고 지도해야 좋은가 하는 점입니다.

그런데 발달 나이와 발달 과제에 걸맞게 아이들을 민주적으로 어울리게 하는 것은 어떤 것인지 그 내용을 확정하기가 그렇게 쉽지는 않습니다. 왜냐하면 사람과 사람이 민주적으로 관계를 맺는 모습은 눈에 쉽게 들어오지 않기 때문입니다. 더구나 어떤 방법으로 관계를 맺느냐 하는 것을 생각하면 더 뚜렷하지 않습니다. 그러나 발달 나이마다 어느 정도 그 특징에 알맞게 어린이가 서로 관계 맺도록 할 수는 있습니다. 이러한 점을 집단 만들기의 논리나 관점에 서로 견주어서 네 살 어린이를 중심으로 살펴보겠습니다.

### 집단 지도 방법

네 살 어린이에게 나타나는 발달 특징은 "하고 싶어." "할 거야." "내가." 하며 자기 주장이 강해지고, 자기가 행동하는 뜻이나 의지를 확실히 밝히고, 그 목표를 이루기 위해 고집스럽게 행동하는 것입니다.

이런 경향은 세 살 때부터 이미 나타납니다. 이 때부터 아이들은 "싫어." "내가 할게." 하고 자기 주장을 합니다. 네 살 어린이는 이것에서 나아가 "다른 사람과 자기를 견주면서 구별하고, 인격의 자율성을 주장하기 시작합니다. 이 시기에는 자기 인격뿐만 아니라 다른 사람의 인격도 배려해야 하기 때문에 자기 주장은 점점 자기를 중심에 두고 남을 배척하는 모습으로 나타납니다."(《아동 심리학 시론》, 심리과학연구회 엮음) 이렇듯 네 살은 유아독존의 시기라고 할 수 있습니다.

그렇기 때문에 집단 생활을 할 때는 어린이마다 자기 뜻에 따라 행동하고 그것을 실현하려고 하기 때문에 서로 자주 부딪칩니다. 그렇다고 해서 어린이들이 서로 부딪치는 것이 네 살 시기에 나타나는 발달 특징이며, 관계 맺는 것이라고 생각하여 특별히 집단을 만들지 않고 자유롭게 키우면 안 됩니다.

물론 어린이들은 발달 특징에서 생기는 관계 때문에 서로 부딪칩니다. 그러나 그럴 때는 보통 말을 잘 하는 어린이나 힘을 휘두르는 어린이가 자기 마음대로 관계를 끌고 가 버립니다. 물론 그것만으로 끝나지 않습니다. 그러한 어린이에게 굴복하는 것만 문제가 아니라, 남을 힘으로 복종시키는 어린이도 제대로 인격을 갖출 수 없기 때문입니다.

따라서 집단은 알아서 자연스레 성장한다는 견해는 아주 위험합니다. 내버려 둬도 집단은 커 나간다고 생각하는 것은 아름다운 환상에 빠진 것이라 할 수 있습니다. 집단은 키우는 것입니다.

그러나 아이들에게 규칙이나 약속을 마음대로 강요해서 어린이들을 하나같이 명령하고 단속하려고 하면 집단을 키울 수 없습니다. 집단은 본디 이런 것이라고 생각하여 아이들을 꾸짖고 명령하여 기계처럼 움직이게 만들려고 하면 아이들을 관리하기 쉽습니다. 집단을 키운다는 것은 어린이들이 바라는 대로 집단을 자신들 것으로 만들어 나갈 수 있게 지도하는 것입니다.

따라서 이 시기에는 아이들끼리 서로 부딪치는 것을 내버려 두거나, 어른이 아이를 억압해서는 안 됩니다. 아이들이 서로 바라는 것이 부딪칠 때는 그 마음을 교사가 폭넓게 받아들이면서 자신들이 바라는 것을 말로 표현할 수 있도록 가르치고, 서로 바라는 것들을 이어 줘야 합니다. 집단 생활에서 필요한 규칙과 약속도 이러한 마음을 이어 주고 넓혀 가면서 만들어 가야 합니다.

**어린이들에게 지지를 받아야 한다** | 어린이 집단은 교사가 가르쳐서 키웁니다. 가르치지 않으면 집단은 자라지 못합니다. 그러나 무조건 약속이나 규칙을 강요하는 것이 지도는 아닙니다. 사람을 가르칠 때는 상대방의 자주성을 전제로 해야 합니다. 그리고 그 사람의 자주성을 기르고 나아갈 방향을 정하는 데 온 힘을 쏟아야 합니다.

이렇게 가르치기 위해서는 어린이들에게 지지를 받아야 합니다. 아무리 가르치려고 해도 처음부터 어린이들이 "그런 것은 싫어." 하고 받아들이지 않으면 어쩔 수 없기 때문입니다.

그러므로 어떻게 어린이들에게 지지받을 수 있는지 생각해 보아야 합니다.

첫째, 교사와 어린이가 서로 공감하고 믿어야 합니다. 일상 생활 속에서 한 사람 한 사람이 깊이 공감하고, 서로 믿어야 합니다. 네 살 어린이에게는 어린이 나름대로 바라고, 주장하고, 자랑하고, 기뻐하고, 화내는 것을 어린이 처지에서 폭넓게 받아들여 주고, 어린이가 안심하고 교사를 만날 수 있도록 관계를 맺는 것이 아주 중요합니다.

둘째, 밝은 분위기를 만들어야 합니다. 교사가 밝은 분위기로 아이들을 만나야 어린이들도 밝게 생활할 수 있습니다. 예를 들면, 어린이 집단을 이끌 때는 "모두 이렇게 하면서 가자." 하고 분위기를 만들어 내야 합니다.

물론 이 두 가지만으로 지지를 받을 수는 없습니다. 어린이들에게 지지를 받기 위해서는 어린이들이 받아들일 수 있도록 가르쳐야 합니다. 어린이들은 지도 내용을 받아들일 수 있어야 교사를 지지합니다. 그렇기 때문에 교사는 어린이들이 받아들일 수 있는 내용을 제안해야 합니다. 네 살은 유아독존의 시기이므로 교사가 가르치는 것을 아이들이 곧바로 받아들이지 못할 때도 있습니다. 그럴 때 어린이들은 먼저 해 보고 나서 받아들입니다. 그렇게 하기 위해서도 앞에서 말한 두 가지에 가장 마음을 써야 합니다.

셋째, 가르칠 때 어떤 아이가 곧바로 반응을 보이고 기꺼이 따라 줄 것인지 미리 생각해 놓아야 합니다. 교사가 가르칠 때 적극 따르고, 먼저 나서서 "이렇게 해요." 하고 말하는 어린이를 눈여겨보고, 그 어린이를 중재자로 해서 서로 관계를 맺도록 해야 집단은 뿔뿔이 흩어지지 않고 움직입니다.

단, 네 살 어린이 같은 경우에 먼저 다른 아이에게 다가가는 어린이를 눈여겨봐 두는 것은 특정한 어린이를 집단의 우두머리로 삼는다는 뜻은 아닙니다. 활동 내용에 따라 집단에서 남보다 먼저 마음을 내는 어린이는 자주 바뀝니다. 그렇기 때문에 이렇게 활동할 때는 누가 가장 먼저 마음을 낼까 하고 미리 생각해 두어야 합니다. 그리고 그 속에서 어린이들끼리 서로 가르치고 배울 수 있도록 하고, 서로 가르치고 배우면 재미있고 그러한 관계도 바뀐다는 것을 경험하도록 하면 어린이들은 즐겁게 활동하면서 교사를 지지합니다.

적어도 이 세 가지 점이 어린이들이 교사를 지지하는 바탕이라고 생각합니다. 이 바탕 위에서 어린이가 하고 싶어하는 마음을 불러일으키고, 나아갈 방향을 정할 수 있도록 가르칠 때 집단은 만들어집니다.

**집단에 알맞게 반을 운영한다** | 어린이들은 어린이집 생활 전반에 걸쳐 관계를 맺습니다. 그 가운데서 더욱 중요한 것은 어린이들이 반 운영을 어떻게 하느냐는 것입니다. 반 운영은 어린이집 생활에서 토대가 되기 때문입니다. 또 반을 어떻게 운영하느냐에 따라 집단의 질이 달라지기 때문입니다.

반은 어린이가 모이고, 줄을 서고, 책상이나 걸상 줄을 맞춰 정리하고, 간식이나 급식을 나눠 주고 하는 실제 활동 속에서 운영됩니다. 이렇게 반은 운영된다는 것을 가르치는 것이 집단을 만드는 출발점이자 기본이라고 생각합니다. 그렇다고 한다면 이것을 가르치기 위해 있어야 할 것이 무엇인지 생각해야 합니다. 반 운영 활동은 조직 활동이기 때문에 반에서 작은 조직이 실제로 있어야 하기 때문입니다.

그 조직에는 모둠과 당번이 있습니다. 크게 본다면 모둠과 당번 활동으로 반이 운영된다고 해도 무리가 없습니다.

그런데, 모둠이나 당번이 중요하다고 해서 갑자기 그 자체를 목적으로 삼으면 안 됩니다. 모둠을 나누고 당번을 정할 때, 모둠은 만들지만 당번은 형식만 차려서 정해 버려도 집단을 만들 수 있다고 착각하는 경우가 자주 있습니다. 그러나 이것은 없는 것이나 마찬가지입니다. 중요한 것은 이런 것들을 조직해서 어린이가 서로 인간 관계를 맺을 수 있도록 하는 것입니다.

모둠은 어린이들이 생활해 나가는 기초 단위입니다. 그 속에서 동무를 알고 동무와 서로 관계 맺으며 생활하는 것을 배웁니다. 그리고 서로 힘을 모으고 도우면서 동료 의식을 기르고, 자신과 자신이 속한 모둠, 자신과 자신이 속하지 않은 모둠, 자신이 속한 모둠과 자신이 속하지 않은 모둠이 관계 맺는 것이 어떤 것인지 생각하면서 반 전체를 생각하고 행동해 나갑니다. 더구나 네 살 시기에는 이것을 생각하면서 동무를 부르러 가거나 동무에게 권유하는 방법을 알게 하고, 동무와 함께 무엇인가를 하면 즐겁고, 서로 이야기를 나누면 재미있다는 것을 알게 하기 위해서 경험을 많이 시켜야 합니다.

또 당번 활동을 하면서 어린이들은 하고 싶어하는 마음을 키우고, 당번 활동은 집단 생활에서 빼놓을 수 없는 일이라는 것을 깨닫고, 일을 확실히 할 수 있는 능력을 키웁니다. 그리고 모둠 속에서 당번 활동을 하면서 같은 모둠에 속한 어린이들끼리 관계를 맺고, 모둠끼리 힘을 모으고, 반 전체를 생각합니다.

네 살 어린이에게는 당번을 하고 싶다는 마음이 일어나도록 해 주어야 합니다. 교사를 도와 주거나 동무를 보살펴 주는 것이 즐겁고, 그렇게 하면 교사와 동무가 기뻐하기 때문에 자랑스럽다는 것을 제대로 알게 해야 합니다. 당번 활동을 해 보면 집단 생활을 할 때 일하는 사람이 있어야 한다는 것을 깨닫고, 동료와 집단을 배려하는 힘이 생깁니다.

**집단에서 여러 활동을 하면서 관계를 맺는다** | 이렇게 본다면, 반 운영 활동은 일이 중심에 있다고 해도 되겠습니다. 그렇기 때문에 집단을 만들 때는 아이들에게 일을 가르치는 것이 기본입니다.

그러나 어린이들이 일만 해야 하는 것은 아닙니다. 놀이나 과제, 행사도 있습니다. 이런 내용은 다른 곳에서 자세히 다루고 있기 때문에 여기에서는 다루지 않겠습니다.

단지, 집단을 만드는 관점에서 말한다면 두 가지를 주의해야 합니다.

먼저 집단이 이러한 활동들을 떠받치고 있는 것은 아니라는 점입니다. 놀이는 놀이, 집단은 집단이라고 나누어서 생각하여 놀이 시간과 집단을 만드는 시간을 시간으로나 영역으로 나누지 않아야 합니다. 어린이들은 놀이 시간에 관계 맺는 방법을 배웁니다.

네 살 어린이들은 간단한 규칙이 있는 놀이를 할 수 있는데, 그 속에서 규칙을 지키면서 동무와 사귀는 방법을 배웁니다. 또 그렇게 해야 더 재미있다는 것을 터득합니다.

단, 놀이를 하면서 관계를 맺는 방법을 익히더라도 실제로 반에서 생활할 때 서로 관계를 맺지는 못합니다. 그렇기 때문에 활동을 할 때는 집단을 제대로 만드는 일과 관련해서 할 수 있도록 해야 합니다. 예를 들면, 당번 활동을 제대로 할 수 있으면 놀이를 하면서 관계를 맺을 수 있습니다. 동무와 같이 재미있게 놀면 집단 속에서 감동하고, 집단은 한 단계 앞으로 나아갑니다. 이렇게 해서 반은 더욱 활발하고 부드러워집니다. 그러므로 어린이들이 활동하면서 서로 관계를 맺게 하고, 그것이 서로에게 어떠한 영향을 미치는지, 어린이가 서로 관계를 맺는 것과 발달하는 것은 어떤 연관이 있는지 제대로 내다보면서 지도해야 합니다.

# 다섯 살 어린이 세계를 내다보며

네 살은 다섯 살 어린이가 한 차원 높게 발달할 수 있는 바탕을 준비하는 아주 중요한 시기입니다. 지금까지 연구한 데 따르면 다섯 살 시기에는 말을 완전히 배우고 말하는 힘을 생활하는 힘으로 바꾸어 갑니다. 말을 완전히 배우면 동무들 사이에서 자기를 주장하고 자기를 통제할 수 있는 힘, 즉 자아가 생깁니다. 자기가 겪은 것을 다른 사람에게 전할 수 있는 힘을 기르면 동무가 경험한 것을 자기 경험으로 끌어들이는 힘이 커집니다.

그러면 다섯 살 시기에 어린이가 발달하기 위해 네 살 시기에 가장 소중하게 해야 할 것은 무엇일까요?

## 온몸 운동을 풍성하게

어린이가 말을 완전하게 배우려면 먼저 온몸을 풍부하게 갈고 닦아야 합니다.

어린이는 걷고, 달리고, 뛰고, 차는 온몸 운동을 확실하게 해야 바깥세상에 다가가고 싶은 마음을 표현하거나, 활동하고 싶은 마음을 드러낼 수 있습니다. 활동하고 싶은 마음은 온몸 운동을 해야 생깁니다. 어린이들은 활동하고 싶은 마음이 있어야 바깥세상에 폭넓고, 여러 방법으로 다가가고, 풍부하게 경험을 합니다. 어린이들은 경험한 것을 말로 해야 직성이 풀립니다. 그러므로 경험을 풍부하게 하면 말을 잘 할 수 있으므로 말로서만 작은 어른이 되거나, 몸이 따라오지 못하는 어린이로 자라지 않습니다.

또, 네 살 어린이는 "……하면서 ……한다."는 두 가지 행동을 자기 뜻에 따라 하나로 모을 수 있는 힘을 익혀 갑니다. 말하자면 자기 뜻으로 자기 몸을 조절하려고 합니다. 그럴 때 다리와 허리가 단련되어 있어야 생각만 앞서 나가지 않고 몸과 마음이 골고루 발달할 수 있습니다. 나들이나 바깥 놀이를 할 때 잘 걷고 달리고 뛰고 찰 수 있고, 놀이 속에서 두가지 행동을 하나로 모아 움직일 수 있도록 해 줘야 합니다.


## 집단 속에서 자란다

우리는 네 살 어린이의 세계를 유아독존의 세계라고 이름 붙였습니다. "내가 할게." 하고 자기를 주장하는 마음과, 자기 생각에 반대되는 것은 "싫어." 하고 거부하는 마음이 자라고 있다는 뜻입니다. 그러나 어린이들이 뿔뿔이 흩어져 있으면 참된 유아독존의 세계를 만들지 못합니다. 어디까지나 집단 속에서 자라야 합니다.

네 살 때 "내가 할게." "싫어." 하는 마음이 다섯 살이 되어 "……이니까 ……한다." 하고 자제하는 마음으로 자라나려면 집단에서 동무들과 서로 부딪칠 수 있어야 합니다. 그 속에서 네 살 어린이는 다른 사람에 눈뜨면서 자기를 생각합니다. 그렇게 해서 동무와 관계를 맺고 자기를 깨닫는 다섯 살 어린이의 세계로 나아갈 수 있습니다.

## 하고 싶어하는 마음을 키운다

4월에 시작하는 네 살 어린이 반은 이제 막 네 살이 된 어린이부터 곧 다섯 살이 될 어린이까지 있습니다. 교실도 넓은 곳으로 바뀌고 어린이들도 많아져서 어린이들은 자신이 많이 컸다고 생각하며 기뻐합니다.

그러나 아직 자신감을 가지고 모든 것을 해내지 못합니다. 불안과 기대가 뒤섞여 있는 상태입니다. 새로운 동무를 맞이해서 선생님들과 동무들을 보고 있는 동안 힘을 내서 지금까지 몸에 익혀 온 것을 드러내지만, 선생님이 너무 오랫동안 봐 주지 않으면 눈길을 끌 만한 짓을 할지도 모릅니다. 일상 생활을 잘 하고 있더라도 어디에선가 선생님들이 관심을 기울이고 있다고 생각할 수 있도록 마음을 써 주어야 합니다.

교사가 잠깐 간단한 말 한 마디라도 해 주면 어린이는 힘을 받습니다. 이렇게 해서 마음이 든든해지면 새로운 동무를 도와 줄 수 있습니다. 동무에게 여러 가지 물건을 보여 주거나, 다음에는 무엇을 한다는 것을 가르쳐 주기도 합니다.

같은 네 살 어린이 반에 속한 아이들이라도 이 때까지 어린이집 생활을 하면서 "내가 할게." 하는 힘을 열심히 길러 온 아이들과, 자기 집에서 지내 온 어린이들은 자립하는 방법이 다릅니다. 또 세 살 어린이 반에서 올라 온 어린이도 자기를 조절하는 힘은 익혔지만, 4월 초에는 아직 이 힘이 제대로 붙지 않았기 때문에 반이나 담임 선생님이 바뀌면 안정을 찾지 못합니다. 그러므로 교사는 모든 일을 느긋하게 준비해서 아이들을 대해야 합니다. 아이들이 집에서 열심히 잘 하고 있는 것이 무엇인지 알 수 있도록 알림장으로 부모와 확실히 연대해 두어야 합니다.

누가 뭐라고 해도 이 시기에는 스스로 하려고 하는 마음이 넘쳐 마음껏 놀아 보려고 합니다. 주인공이 되어 놀지 못하는 어린이들에게 관심을 기울이고, 까닭이 무엇인지 알아 놓아야 합니다. 놀고 싶은 듯이 꼼짝 않고 동무들이 노는 모습을 보고 있으면 그 아이를 불러서 같이 놀게 할 수도 있습니다. 모래가 묻거나 해서 더러워질까 봐 놀지 못하면 길게 내다보고 부모와 힘을 모아야 합니다.

아이들은 어린이집 마당에서 큰 놀이 기구를 마음껏 가지고 놀면서 몸의 힘을 시험해 보고, 어떤 것에든지 도전해 보면서 마음껏 힘을 밖으로 내 보낼 수 있어야 어린이집에서 생활하는 것을 즐거워합니다. 모두 함께 나들이를 갈 때나 술래잡기 같은 놀이를 할 때도 동무들을 걱정해 주는 마음을 키우고, 그 마음을 여름에 수영장에서 물놀이할 때도 이어 갈 수 있도록 이끌어야 합니다. 변화가 풍부한 물로 온몸을 움직이고 소리를 지르며 동무들과 물을 서로 끼얹고 놀면서 관계가 깊어지면 바깥에서 새로운 놀이를 할 수 있습니다.

어린이들은 이렇게 반에서 동무 관계가 깊어지면 가을에 힘을 하나로 모으는 운동회에서 온 힘을 다해 움직입니다. 상대방에 맞추어서 자신의 리듬을 몸에 익혀 가는 행사는 집단의 질을 끌어올리는 커다란 활동입니다.

가을에는 많은 네 살 어린이들이 새롭게 발달해 갑니다. 그 나름대로 몸과 마음을 조절할 수 있는 조건을 마련하고 있는 만큼 서로에게 맞추려고 하는 운동회 행사는 무리하게 강요하지 말고, 어린이가 이겨 낼 수 있는 만큼 활동하도록 하는 것이 좋습니다. 그러면 어린이는 열심히 한 만큼 자신감을 가질 수 있습니다. 행사에 쓴 도구를 그 뒤에 자유 놀이를 할 때도 쓸 수 있도록 여운이 있는 활동을 만들어 주면 좋겠습니다.

겨울을 맞이하면 실내에서 그림책을 읽어 주면서 서로 공감을 키우고, 연극놀이나 조형놀이처럼 이미지를 풍성하게 만드는 활동을 하면서 반을 마무리하고, 한 사람 한 사람이 성장한 것을 확실하게 확인합시다. 일 년을 마무리할 수 있도록 앞을 내다보며 계획을 세워 실천하고, 교사 집단에서 평가도 확실하게 해 놓아야 할 것입니다.

# 3

# 네 살 어린이를 돌볼 때

# 건강, 안전, 음식

## 건강

### 주의할 점

네 살 어린이 반은 갑자기 집단도 커지고, 교사 한 사람이 한 반을 맡기 때문에 어린이 건강이나 안전에 온전히 마음을 쓰지 못할 수도 있습니다. 이 시기에는 어린이가 스스로 자기 몸에 대해서 알고, 자기와 동무들의 건강 상태를 어른에게 전할 수 있도록 하기 위해서 "아픈 데가 있으면 선생님께 바로 말해요." 하고 말해 두어야 합니다.

새로 들어온 어린이는 부모와 연락하면서 생년 월일, 키, 몸무게, 예방 접종 시기 같은 필요한 정보를 알아 놓도록 합시다.

네 살 전반에는 가만히 있지 못하고 이리저리 바쁘게 돌아다니지만 자기가 바라는 것을 확실하게 표현할 수 있고, "힘내 보자, 잘 해 보자." 하고 말을 걸어 주면 힘껏 잘 할 수 있습니다. 그러므로 이 시기에는 혼자 똥오줌을 누고 밥을 먹을 수 있는지, 차례대로 이야기할 수 있고 말을 정확하게 하는지를 중점으로 보고, 다른 것들은 어린이가 마음만 있으면 할 수 있으므로 세밀한 부분까지 걱정하지 않아도 됩니다.

네 살이 되면 병치레를 자주 하지 않습니다. 그리고 특별한 아이를 제외하고는 이제까지 병치레가 잦던 어린이도 점점 기운이 좋아집니다. 이 시기에는 손쓸 일이 줄어들었다고 어머니가 한숨 돌리기 시작하는데, 주의를 게을리하면 열이 있는데도 뛰어 돌아다니기도 해서 어른이 눈치채지 못하는 사이에 문제가 생기기도 합니다. 주의 깊게 아이들 건강 상태를 살펴봅시다.

네 살부터 낮잠 자는 시간을 없애는 어린이집이 있는데 이렇게 하기에는 아직 무리입니다. 어린이집에서 조사한 것을 보면 어린이들은 오후 9시쯤부터 오전 7시쯤까지 밤잠을 자기 때문에 잠자는 시간이 모자랍니다. 그러므로 낮잠을 꼭 자야 합니다. 한 시간쯤 낮잠을 자야 오후에 활발하게 놀고 싸움도 덜 합니다.

체력을 만드는 운동이나 몸을 단련하는 활동도 온몸 운동을 하면서 즐겁게 놀 때 하는 것이 좋습니다. 달리기, 뛰기, 앙감질도 옷을 얇게 입고 해야 합니다. 활동한 다음에 찬물로 얼굴과 손, 발을 씻으면 피부를 단련하기에 아주 좋습니다. 겨울에는 어린이가 활발하게 움직이는 시간대에 얼굴빛이 괜찮으면 얇은 옷을 입혀도 좋습니다.

네 살 어린이 반에는 연도 중간에 들어오거나, 네 살부터 들어오는 아이들이 있기 때문에 처음 집단 생활을 할 때는 종합 건강 검진을 해야 합니다. 열이 잘 나는지, 경련을 일으키는지, 습진이 있는지, 옻을 타는지, 빈혈이 있는지 검진해 보아야 합니다. 보통 집단에 들어와서 한동안은 전염병과 유행성 감기에 걸립니다. 어린이집에서 자주 유행하는 전염병은 다음에 나오는 표 2를 참조하십시오.

이 시기에는 보통 집안에 둘째 아이가 태어나 집안 상황이 바뀌는 때이므로 큰아이가 이상하게 행동하기도 해서 어른들 걱정도 늘어납니다. 이제까지 잘 하던 것도 서툴게 하는데 오줌이 마려운데도 말하지 않거나, 우유병을 가지고 싶어하거나, 손톱을 깨물거나, 손가락을 자주 빨거나, 말을 더듬거립니다. 그럴 때는 까닭을 잘 살펴서 천천히 고쳐 나가야 합니다. 둘레에서 어른들이 허둥대고 서두르면 오히려 증상을 굳혀버리고, 부모와 아이는 서로 예민해질 수 있습니다.

밤에 잘 때 오줌을 싸기도 하는데 네 살 때는 너무 초조해하거나 빨리 고치려고 하면 좋지 않습니다. 이 나이에는 말을 많이 하고 싶어하기 때문에 이야기만 잘 들어줘도 정서가 안정됩니다.

**표 2 어린이집에서 자주 유행하는 전염병**

| 병 | 잠복기 | 격리 기간 |
|---|---|---|
| 홍역 | 10~12일 | 열이 내린 뒤 약 1주일 동안. |
| 수두 | 2~3주 | 모든 발진이 딱지가 될 때까지. |
| 유행성 이하선염 | 2~3주 | 귀 밑에 부어오른 멍울이 가라앉을 때까지. |
| 유행성 각결막염 | 5~7일 | 병이 난 뒤부터 열흘 정도. (증상에 따라서) |
| 풍진 | 2~3주 | 발진이 없어질 때까지. |
| 돌발성 발진 | 1~2주 | 열이 내리고 기운이 있을 때까지. |
| 백일해 | 1~2주 | 6주 정도. (치료하기에 따라서 줄어들 수 있다.) |
| 농가진 | | 다 나은 뒤부터 이틀 동안 주의해야 함. |
| 수족구병 | 3~7일 | 열이 내리고 발진이 거의 가라앉을 때까지. |

### 질병

어린이 천식 │ 소아과 의사에게 진단을 받아 원인이나 증상을 알고, 생활 리듬을 점검하고 피부를 단련시켜야 합니다. 식이성 알레르기는 줄어듭니다.

비만, 여윔 │ 신체 발육 퍼센타일 곡선(표 3 참조)에서 몸무게가 10퍼센타일 이하나 90퍼센타일을 넘으면 먹는 음식이나 간식, 운동량을 잘 살펴봅니다.

**용혈성 연쇄 구균 감염증** | 편도염으로, 용혈성 연쇄 구균이라는 균 때문에 생깁니다. 두 살이 지나 걸리면 열이 나고 발진이 생깁니다. 의사가 처방해 주는 약을 먹으면 대부분 일 주일쯤 지나 낫는데, 다 낫고 난 뒤에도 신장염을 일으킬 수 있기 때문에 잘 치료해야 합니다. 병이 낫고 난 뒤에도 오줌 검사를 해 둬야 합니다.

**중이염** | 감기에서 오는 중이염은 유아기 때부터 많이 걸리는데, 네 살이 되어서도 감기가 들면 중이염에 걸리는 아이가 있습니다. 이것은 그림 3에서 볼 수 있는 것처럼 가운데귀(중이)와 목을 이어 주는 유스타키오관이 유아 때는 짧고 일직선이어서 유스타키오관의 점막 상태가 세균을 안으로 들여보내지 않는 기능이 약해져 있기 때문입니다. 감기가 들지 않도록 늘 체력을 유지하고, 중이염에 걸렸을 때는 다 나을 때까지 꾸준히 병원에 다니면서 치료하면 대여섯 살이 되어서는 거의 걸리지 않습니다.

그림 3 **가운데귀(중이)와 목을 이어 주는 유스타키오관**

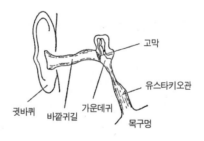

**자가 중독** | 주기성 구토증이라고도 합니다. 이 나이에서 걱정되는 병 가운데 하나입니다. 아주 큰 병은 아닌데도 어떤 계기가 있을 때마다 계속 토합니다. 네 살 어린이 반이 되어 어린이집 생활이 바뀌거나, "이제 형이니까." 하고 부모가 갑자기 마음을 덜 쓰면 불안해서 토하는 아이가 나옵니다. 피로가 쌓이지 않도록 생활 리듬을 가다듬고, 정서를 안정시

표 3 어린이 신체 발육 퍼센타일 곡선

〈남자〉

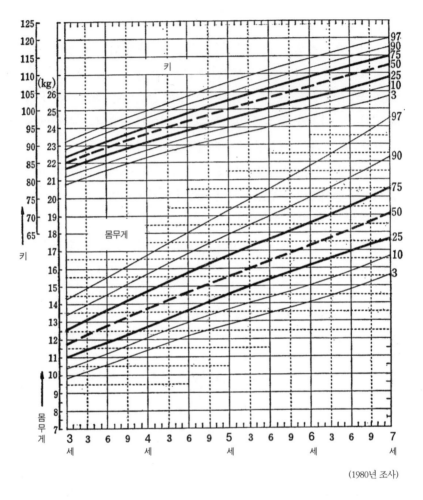

(1980년 조사)

* 퍼센타일은 전체를 백으로 봤을 때, 작은 쪽에서 몇 번째인가를 나타내는 백분위 수다.

〈여자〉

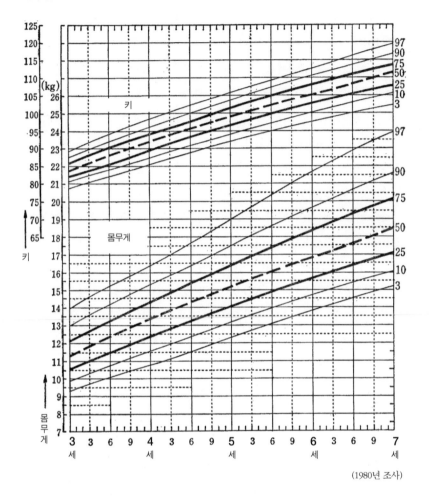

(1980년 조사)

• 키와 몸무게를 나타내는 선은 밑에서부터 3, 10, 25, 50, 75, 90, 97로 각 퍼센타일 수치를 나타낸다.

킬 수 있도록 여유를 갖고 돌보면 점점 토하지 않습니다. 처음 증상이 나타나면 당황하지 말고 과일즙이나 수프를 조금씩 주어 탈수 현상이 일어나지 않도록 합니다. 체질과도 관계 있는 병이기 때문에 증상이 심한 아이는 초등 학교 저학년까지 계속되기도 합니다.

**고환 정체증** | 음낭에까지 완전히 고환이 내려가지 않은 병으로, 다섯 살까지 수술을 받는 게 좋으므로 전문의와 상담하도록 합니다.

**난청** | 전혀 듣지 못하면 빨리 발견할 수 있으나 난청일 때는 오히려 보고도 예사롭게 넘겨 버릴 수가 있습니다. 발음을 자연스럽게 못 할 때는 의심해 보는 것이 좋습니다. 저음, 중음, 고음 가운데 일부 범위의 음이 잘 들리지 않을 때도 있고, 발견하기 힘들 때도 있습니다.

**시력 이상** | 네 살이 되면 시력 검사를 할 수 있습니다. 시력에 이상이 있는지 없는지 부모가 잘 살펴보도록 합니다. 유아의 시력 검사는 그림 4의 란돌트 고리로 합니다. 5미터 떨어진 곳에서 란돌트 고리의 끊어진 곳을 알아볼 수 있으면 시력을 1.0이라고 합니다. 5미터 떨어진 곳에서 알아볼 수 없으면 보일 때까지 앞으로 가까이 가서 그 거리에 0.02를 곱한 수를 시력으로 합니다. 안과 의사에게 지도를 받으면서 교사가 검사하는 것이 좋습니다.

단, 유아는 아직 개인차가 많기 때문에 표 4를 참조하십시오. 표에서

**표 4 어린이의 시력**

|  | 맨눈 시력 | 시력 1.0 이상 |
|---|---|---|
| 네 살 어린이 | 1.0 ~1.2 | 65.2%(0.9 이상은 78.2%) |
| 다섯 살 어린이 | 1.0 ~1.5 | 76.5% |
| 여섯 살 어린이 | 1.0 ~1.5 | 80.9% |

**그림 4 란돌트 고리**

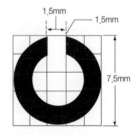

네 살 어린이 가운데 시력 1.0 이상인 어린이가 65.2퍼센트라는 뜻은 네 살 때 시력이 1.0~1.2인 어린이는 전체의 65.2퍼센트이고, 나머지 34.8 퍼센트는 아직 거기에까지 시력이 발달하지 않았다는 뜻입니다.

어린이 시력을 발달시키려면 늘 물체를 보는 훈련을 해야 하는데, 사시로 한 눈을 잘 쓰지 않으면 약시가 되기도 합니다. 사시도 안과 의사와 상담하도록 합시다.

이의 위생 | 네 살 무렵까지 젖니가 스무 개 나기 때문에 이 시기에는 이 닦는 습관을 잘 들여야 합니다. 하루에 한 번은 어린이가 이를 닦은 뒤 부모가 닦아 줍니다. 어린이집에서 나온 통계를 보면 네 살에서 갑자기 썩은 이가 늘어납니다. 표 5에서 오사카 시 '다' 어린이집(1981~1982)에서 산출한 일인당 평균 충치 수를 예로 들어 두겠습니다.

표 5 어린이 1인당 평균 충치 수

| 년＼월 | 한 살 | | 두 살 | | 세 살 | | 네 살 | | 다섯 살 | | 여섯 살 | |
|---|---|---|---|---|---|---|---|---|---|---|---|---|
| | 5월 | 12월 | 5월 | 12월 | 5월 | 12월 | 5월 | 12월 | 5월 | 12월 | 5월 | 12월 |
| 1983년도 | 0 | 0 | 2 | 5 | 1.5 | 1.9 | 5.1 | 4.8 | 4.3 | 3.7 | 5.3 | 4.2 |
| 1982년도 | 0 | 0 | 0 | 0 | 1.1 | 1.3 | 2.1 | 2.5 | 4.2 | 4.2 | 3.2 | 4.6 |
| 1981년도 | 0 | 0 | 0 | 0 | 1.8 | 2.8 | 3.8 | 4.8 | 5.4 | 5.9 | 6.3 | 7.1 |

자료 : 오사카 시 '다' 어린이집

그림 5 칫솔의 물기를 뺀다

햇볕에 말리는 게 좋다.

벽에 걸어 놓는다.

이 닦는 도구는 깨끗하게 하고, 칫솔은 물기를 빼서 벽에 걸어 놓는 것이 좋습니다. 이 나이에는 무엇이든 스스로 하고 싶어하기 때문에 이 닦기 지도는 잘 할 수 있습니다. 먼저 교사가 치과 의사에게 지도를 받아야 합니다. 또 그림 연극이나 그림책을 보여 주면서 이가 중요하다는 것을 조금씩 가르쳐 갈 수 있습니다. 평소에 치과를 무서워하지 않도록 가르쳐 놓으면 치료도 어느 정도 할 수 있지만, 현실에서는 유아를 담당하는 의사가 아직 적습니다. 일 년에 두 번쯤 치과 검진을 받아 두면 어린이도 익숙해집니다.

### 예방 접종
네 살이 되어서 처음으로 집단 보육을 경험하는 어린이도 있기 때문에, 다시 한 번 어린이마다 예방 접종을 했는지, 안 했는지 점검합니다. 결핵 예방 백신(BCG)은 다섯 살까지 맞지 않으면 초등 학교 때까지 맞을 수가 없습니다.

표 6 **예방 접종**

| | 3개월 6개월 | 두 살 | 세 살 | 네 살 | 다섯 살 | 여섯 살 | 일곱 살 |
|---|---|---|---|---|---|---|---|
| 비시지(BCG) | | | | | | | |
| 유행성 소아마비 | | | | | | | |
| 디피티(DPT) | | | | 제 1기 | 제 2기 | | |
| 홍역 | | | | | | | |
| 유행성 이하선염 | | | | | | | |
| 일본뇌염 | | | | | | | |
| 유행성 감기 | | | | | | | |

접종할 것을 권하는 기간
접종해도 좋은 기간

아직 접종률이 낮은 것 같은데, 부모와 예방 접종을 해야 하는 까닭을 잘 이야기합니다.

꼭 해야 할 예방 접종은 결핵 예방 백신(BCG), 폴리오 생 백신(소아마비 예방 백신), 홍역 백신, 삼종 혼합 백신(DPT)이 있습니다.

결핵 예방 백신을 포함해서 생 백신은 한 달씩 틈을 두어 맞혀야 합니다. 날씨가 좋을 때 계획을 세워 접종합시다. 앞에서 말한 예방 접종을 다 한 어린이는 유행성 이하선염(볼거리) 백신을 맞춰 주세요.


## 안전

네 살 시기에는 어린이들이 활발하게 움직이므로 높은 곳에서 떨어지거나, 나들이할 때 교통 사고가 나거나, 물에서 놀 때 사고가 일어날 수 있습니다. 이 나이 때는 이런 사고로 가장 많이 죽습니다. 이 나이 때는 아직 앞일을 미리 내다보면서 자기 능력에 맞게 행동하지 못합니다. 더구나 무엇인가에 빠져 있을 때는 생각지도 못한 일들이 생깁니다. 이토 스스무와 가네다 시게오가 쓴《어린이 안전 백서》를 보면 네 살 때 물에 빠져 죽는 사고가 많이 생깁니다. 어린이집 안에서는 타박상이나 찰과상은 많이 입지만, 그다지 큰 사고는 일어나지 않습니다.


## 건강 관리

반 집단이 커지고, 교사가 맡는 어린이가 많아지기 때문에 어린이집과 부모가 연락을 잘 할 수 있도록 알림장이나 어린이집 소식지 같은 것을 활용합니다.('보건 소식' 참조) 또 모임에서 연간 계획을 짤 때 건강

# 보건 소식

1983년 6월 '다' 어린이집 보건실

> 6월의 보건 목표
> 충치 예방, 위생 습관 붙이기 (이닦기, 손씻기)

## ● 6월 4일은 충치 예방의 날입니다.

전날 치과에서 검진을 했는데 댁의 아이는 이가 괜찮습니까? 우리 일본은 세계에서도 충치가 많은 나라로 이름 높은데, '젖니는 어차피 새로 가니까.' 하고 생각하면 큰일입니다. 젖니는 새로 나오는 영구치를 키우는 중요한 이입니다. 그리고 몸과 마음이 자라는 데 중요한 영향을 미칩니다. 충치 예방의 날을 맞아 식구들이 모여 이에 대해 이야기해 봅시다.

## ● 어린이집에서는 6월 6일

네 살에서 여섯 살까지 어린이들이 모여 충치 예방에 대한 이야기를 듣고 칫솔질을 연습합니다. 네 살이 되면 이를 왜 닦는지, 이가 왜 중요한지 이해할 수 있습니다. 그러나 손을 아직 잘 못 움직여서 날마다 이를 닦아도 잘 닦지 못합니다. 음식을 씹는 어금니 뒤쪽과 이와 이 사이를 잘 닦으면서 착실하게 칫솔질을 하도록 해 줍시다.

## ● 이 닦는 방법

어린이 스스로 닦을 때는 오른쪽 왼쪽으로 왔다 갔다 하며 닦게 합니다.

〈오른쪽 왼쪽으로 왔다 갔다 닦는 법〉　　　〈작은 원을 그리듯이 닦는 법〉

## ● 6일에서 18일까지

충치 예방 주간으로 정하고 반마다 목표를 세워 모두 지킵니다.

여섯 살 : 삼 분 동안 닦는다. 어금니도 잘 닦는다.

다섯 살 : 스스로 닦게 하고 뒤에 점검한다.

네 살 : 어른하고 함께 닦는다.

세 살 : 북북 양치질한다. 손을 대서 닦는다.

한 살에서 두 살 : 어른이 닦아 주고 차를 마시게 한다.

## ● 15일, 16일, 17일

네 살에서 다섯 살 어린이를 대상으로 이를 훌륭하게 닦았는지 이에 특수한 액을 칠해서 이를 물들이고 살펴봅니다. 결과는 알려 드립니다. 이렇게 해서 어린이집에서도 이 닦는 법, 이 닦는 버릇, 이가 하는 일들을 어린이들과 같이 이야기하면서 충치를 예방하려고 애씁니다. 집에서도 아이들 입 속을 살펴봐 주십시오.

## ● 치료

이에 작은 구멍이 뚫려 있으면 거기에서부터 썩으므로 그 곳을 주의하면서 이를 닦아 주십시오.

관리 계획을 세우는 것이 좋습니다.

어린이집에서 네 살 때 하는 어린이 검진은 종합 건강 검진이므로 부모가 어린이의 건강을 관리해야 한다고 생각하도록 하기 위해서도 반드시 하게 하는 것이 좋습니다. 검진 결과는 어린이집에서도 보고를 받고 기록해 두도록 합니다.


# 음식

네 살 어린이는 무엇에나 흥미를 가지고 "뭐야, 뭐야." 하고 물어 보므로 급식실에 차 마시러 와서도, 가루를 반죽하는 것을 보고도 "뭐 하고 있어요?" "선생님, 손이 왜 하얗지?" 하는 질문들을 끈질기게 합니다.

말도 잘 할 뿐만 아니라, 몸매도 오동통해져서 귀여운 느낌도 없어지므로 밥 먹는 것도 젖먹이 아기 때하고는 달라집니다.

### 입맛의 변화

어린이들은 시고 맵고 짜고 떫은 맛을 모두 매운맛으로 받아들이다가 조금씩 짠맛과 매운맛을 구별합니다. 또 식초를 넣은 음식이 있으면 "오늘 반찬 시다."거나 "나, 신 것 싫어." 하고 말합니다.

레몬즙이나 과일 같은 자연의 단맛, 설탕의 단맛, 유화되면서 달게 느껴지는 순한 맛 같은 것을 말로는 잘 표현하지 못해도 "이거 나 좋아." 하면서 좋아하고 싫어하는 것을 나타냅니다.

후각도 발달해서 카레 냄새뿐 아니라 입맛을 불러일으키는 냄새를 맡으면 민감하게 반응합니다. 낮잠 자다가 간식 만드는 냄새에 깨어 이불 위에 앉아서 맡아 보거나, 나들이에서 돌아오자마자 "아, 이 좋은 냄새, 선생님 빨리 밥 먹어요." 하는 것도 네 살 어린이다운 특징입니다.

## 식단 연구

날마다 같은 음식이 나오면 "뭐야, 오늘도 이거야." 하고 아주 실망합니다. 반대로 자기가 좋아하는 음식이 나오면 "와아, 좋아." 하고 솔직하게 말합니다. 또 새로운 음식이 처음 나오면 "이게 뭐지?" 하면서 설명을 듣고도 "선생님, 이거 뭐 한 거야." 하고 몇 번이나 물으러 옵니다.

나이가 어리면 어릴수록 단순한 재료로 똑같은 음식을 되풀이해서 만들어 먹기 때문에 음식 맛이나 만드는 데 따라 맛이 다른 것을 조금씩 알아 갑니다. 유아기는 그 토대를 만들어 가는 시기입니다.

그러나 음식이 바뀐다고 꼭 좋은 것은 아닙니다. 우리 어린이집에서 '카레 콩' 이라는 음식을 만든 때가 있었습니다. 대여섯 살 어린이는 잘 먹는데, 네 살 어린이들은 불평을 많이 하면서 "오늘 반찬 맛없었어." "오늘보다 다른 반찬이 좋아." 하는 것입니다.

'청어에 카레 옷을 입힌 난반즈케' (청어를 튀겨 양파 같은 채소를 잘게 썰어 넣고 식초에 담가 절인 음식)를 만들었을 때도 똑같이 불평했습니다. 결국, 네 살 어린이에게는 식초의 신맛과 카레의 매운맛이라는 두 가지 맛에 익숙해지는 것이 무리였다고 생각합니다.

"카레 너무 좋아." "날마다 카레 먹고 싶어." 하고 말하는 반면, "어린이집에서는 카레 말고 다른 것 먹고 싶어." 하고 말하는 것도 네 살 어린이 반에서나 볼 수 있습니다. 결국 식단을 날마다 바꾸지는 못해도 어느 정도 바꾸어 주어야 합니다. '날마다 바뀌는 식단' 이란 한 달 동안 날마다 다른 식단을 짜는 것입니다. 이와 달리 일 주일 식단을 짜고 그것을 한 달 동안 쓰는 경우와, 이 주일 식단을 짜서 한 달 동안 쓰는 경우가 있습니다. 앞의 식단은 한 달에 같은 식단이 네 번, 뒤의 것은 두 번입니다.

## 밥 먹는 양

세 살 어린이 반에서 밥이나 간식을 먹는 모습을 보고 있으면 웃음이 날 정도로 잘 먹습니다. 그런데 네 살 어린이 반이 되면 별로 더 먹겠다고 하지 않습니다.

세 살 어린이는 "이제 그만 먹어요. 봐, 이제 아무것도 없지?" 하고 말해도 웬만해서 받아들이지 않는데, 네 살 어린이는 "이제 없어?" 하고 묻긴 해도 진짜 없는 것을 알면 받아들입니다. 어린이집에서 집으로 돌아와서도 "먹을 것 줘." "배고파." 하면서 왕성한 식욕을 보이는데, 많이 먹는다고 좋아하거나 걱정하지 말고 즐겁게 먹을 수 있도록 해 주어야 합니다.

### 밥 먹는 예법

어린이집에서 밥을 먹을 때는 꼭 해야 할 것이 많이 있습니다. 밥 먹기 전에 똥오줌을 누고, 손을 씻고, 밥상을 준비하고 "잘 먹겠습니다." 하고 먹고, 먹고 나면 "잘 먹었습니다." 하고, 걸상을 정리하고, 이를 닦는 것입니다.

이러한 것들은 어린이집에서 가르치고 있지만, 밥을 먹는 방법은 가르치지 않는 것 같습니다. 교사 자신이 그렇게 배우지 못했기 때문인지도 모르지만, 생활 양식이 전쟁 뒤 삼십 년 사이에 크게 바뀐 것과 관계있다고 생각합니다.

바닥에 앉아 밥을 먹는 문화에서 의자에 앉아 먹는 문화로 바뀌었기 때문에 "밥그릇을 왼손에 들고 오른손으로 젓가락을 잡고" 먹지 않아도 밥을 먹을 수 있습니다. 또 젓가락을 잘 못 쥐더라도 포크나 젓가락을 다룰 수 있으면 어느 정도 밥을 먹을 수 있습니다.

그러나 어린이집에서 밥 먹는 예법을 가르칠 때는 여기에도 '발달'이라는 관점을 갖고 지도해야 합니다.

네 살 어린이 반에서는 적어도 젓가락을 쥐고 밥을 먹을 수 있도록 가르쳐야 합니다. 그렇게 하기 위해서는 겉에 칠을 한 젓가락이나 플라스

틱 젓가락처럼 미끄러지기 쉬운 젓가락이 아니라 대나무나 나무로 만든 젓가락을 줘야 합니다. 숟가락도 조그만 것에서 큰 것으로 바꿔 주면 훨씬 잘 먹습니다. 단, 젓가락은 가르치는 것만으로는 잘 쥘 수 없습니다. 팔과 손을 움직여서 하는 놀이를 제대로 할 수 있게 해 주고, 먹고 싶어 하는 마음을 이끌어 내면서 키워야 합니다.

밥그릇에 손을 대거나 들고 먹으면 보기에도 좋고 먹기에도 편합니다. 이런 버릇은 세 살 무렵부터 늦어도 네 살까지는 몸에 배게 해야 합니다.

# 어린이집 영양소 요구량

### 영양소 요구량

1984년 8월, 공중위생심의회에서는 1985년부터 5년 동안 쓰는 것을 목적으로 제 3차 영양소 요구량을 발표했습니다. 다음에 나오는 표 7을 참조하십시오. 영양소 요구량은 1970년부터 5년마다 개정해 왔습니다.

1984년에 발표한 것을 보면 첫째, 일이나 생활 내용에 따라 에너지 요구량을 정한 것, 둘째, 성인병이나 순환기 질환을 예방하기 위하여 성별, 나이별, 생활 강도별, 신장별 영양소 요구량을 정한 것, 셋째, 건강 증진을 위하여 일상 생활에서 늘려야 하는 운동량의 표준을 정한 것이 특징입니다.

1979년에 발표한 것과는 크게 세 부분에서 차이가 납니다. 그 차이는 첫째, 노동 강도를 직업에 따라 분류하는 방법을 바꾼 것, 둘째, 나이가 같아도 몸이 튼튼하고 약한 정도에 따라 나눈 것, 셋째, 운동량의 표준을 나타낸 것입니다. 이는 요즘 영양을 지나치게 섭취하여 비만이나 성인병이 늘어나고 있기 때문입니다.

표 7 성장기와 생활 강도에 따라 섭취해야 하는 영양소

| 나이(살) | 키 기준치 cm 남 | 키 여 | 몸무게 기준치 kg 남 | 몸무게 여 | 에너지 kcal 남 | 에너지 여 | 단백질 g 남 | 단백질 여 | 에너지 비율 % | 칼슘 g 남 | 칼슘 여 | 철분 mg 남 | 철분 여 | 비타민A IU 남 | 비타민A 여 | 비타민B1 mg 남 | B1 여 | 비타민B2 mg 남 | B2 여 | 나이신 mg 남 | 나이신 여 | 비타민C mg | 비타민D IU |
|---|---|---|---|---|---|---|---|---|---|---|---|---|---|---|---|---|---|---|---|---|---|---|---|
| 0-(월) | | | | | 120/kg | 120/kg | 3.3/kg | 3.3/kg | 45 | 0.4 | 0.4 | 7 | 6 | 1,000 | 1,300 | 0.4 | 0.2 | 0.5 | 0.3 | 6 | 4 | 40 | 400 |
| 2-(월) | | | | | 110/kg | 110/kg | 2.5/kg | 2.5/kg | 45 | 0.4 | 0.4 | 7 | 6 | 1,000 | 1,300 | 0.5 | 0.3 | 0.7 | 0.4 | 8 | 6 | 40 | 400 |
| 6-(월) | | | | | 100/kg | 100/kg | 3.0/kg | 3.0/kg | 30-40 | 0.4 | 0.4 | 7 | 6 | 1,000 | 1,000 | 0.6 | 0.4 | 0.8 | 0.5 | 9 | 6 | 40 | 400 |
| 2- | 81.6 | 80.1 | 11.17 | 10.61 | 970 | 920 | 30 | 30 | 25~30 | 0.4 | 0.4 | 7 | 7 | 1,000 | 1,000 | 0.4 | 0.4 | 0.5 | 0.5 | 6 | 6 | 40 | 400 |
| 3- | 89.7 | 88.4 | 13.07 | 12.53 | 1,200 | 1,150 | 35 | 35 | | | | 8 | 8 | | | 0.5 | 0.5 | 0.7 | 0.6 | 8 | 8 | | |
| 4- | 97.3 | 96.1 | 15.00 | 14.45 | 1,400 | 1,350 | 40 | 40 | | | | 9 | 9 | 1,200 | 1,200 | 0.6 | 0.6 | 0.8 | 0.7 | 9 | 9 | | 400 |
| 5- | 104.2 | 103.1 | 16.94 | 16.37 | 1,550 | 1,450 | 45 | 45 | | | | 10 | 10 | | | 0.6 | 0.6 | 0.9 | 0.8 | 10 | 10 | | |
| 6- | 110.5 | 109.5 | 18.94 | 18.34 | 1,600 | 1,450 | 55 | 50 | | 0.5 | 0.5 | | | | | 0.6 | 0.6 | 0.9 | 0.8 | 11 | 10 | | |
| 7- | 116.4 | 115.4 | 21.11 | 20.44 | 1,700 | 1,550 | 60 | 50 | | | 0.6 | | | | | 0.7 | 0.6 | 1.0 | 0.9 | 12 | 10 | | |
| 8- | 122.0 | 121.2 | 23.55 | 22.83 | 1,800 | 1,650 | 65 | 55 | | 0.6 | | | | 1,500 | 1,500 | 0.7 | 0.7 | 1.0 | 0.9 | 12 | 11 | | |
| 9- | 127.3 | 127.0 | 26.27 | 25.67 | 1,850 | 1,700 | 65 | 60 | | 0.7 | | | | | | 0.7 | 0.7 | 1.1 | 1.0 | 13 | 11 | | |
| 10- | 132.6 | 133.1 | 29.25 | 29.12 | 1,950 | 1,800 | 70 | 65 | | 0.8 | 0.7 | 10 | | | | 0.8 | 0.7 | 1.1 | 1.1 | 14 | 12 | | |
| 11- | 138.1 | 139.5 | 32.64 | 33.22 | 2,000 | 1,950 | 70 | 70 | | 0.9 | | | | | | 0.8 | 0.8 | 1.1 | 1.1 | 15 | 13 | 50 | 100 |
| 12- | 144.3 | 145.7 | 36.75 | 37.73 | 2,150 | 2,100 | 75 | 75 | | | | | | | | 0.9 | 0.8 | 1.2 | 1.2 | 15 | 14 | | |
| 13- | 151.2 | 150.9 | 41.74 | 42.14 | 2,300 | 2,200 | 80 | 80 | | 0.8 | | 12 | 12 | | | 1.0 | 0.9 | 1.3 | 1.2 | 16 | 15 | | |
| 14- | 157.9 | 154.4 | 47.30 | 45.85 | 2,450 | 2,250 | 85 | 80 | | | | | | | | 1.0 | 0.9 | 1.3 | 1.2 | 17 | 15 | | |
| 15- | 163.6 | 156.3 | 52.59 | 48.66 | 2,600 | 2,250 | 85 | 75 | | | | | | | | 1.0 | 0.9 | 1.4 | 1.2 | 17 | 15 | | |
| 16- | 167.4 | 157.1 | 56.79 | 50.55 | 2,650 | 2,200 | 85 | 70 | | 0.7 | | | | 2,000 | 1,800 | 1.1 | 0.9 | 1.5 | 1.2 | 18 | 14 | | |
| 17- | 169.5 | 157.3 | 59.41 | 51.64 | 2,700 | 2,150 | 80 | 70 | | | | | | | | 1.1 | 0.9 | 1.5 | 1.2 | 18 | 14 | | |
| 18- | 170.5 | 157.3 | 60.97 | 52.11 | 2,700 | 2,100 | 70 | 70 | | | | | | | | 1.1 | 0.8 | 1.5 | 1.1 | 17 | 14 | | |
| 19- | 170.8 | 157.4 | 61.93 | 52.10 | 2,660 | 2,100 | 75 | 65 | | | | | | | | 1.1 | 0.8 | 1.4 | 1.1 | 17 | 14 | | |
| 20- | 170.8 | 157.4 | 62.52 | 51.83 | 2,600 | 2,050 | 75 | 60 | 20~25 | | | 10 | 12 | | | 1.0 | 0.8 | 1.4 | 1.1 | 17 | 14 | | |
| 21- | 170.8 | 157.4 | 62.63 | 52.14 | 2,500 | 1,950 | 70 | 60 | | 0.6 | 0.6 | | | | | 1.0 | 0.8 | 1.3 | 1.1 | 16 | 13 | | |
| 31- | 170.3 | 157.3 | 62.93 | 52.93 | 2,450 | 1,900 | 70 | 60 | | | | | | | | 1.0 | 0.8 | 1.3 | 1.1 | 16 | 13 | | |
| 41- | 168.1 | 154.9 | 62.96 | 54.44 | 2,350 | 1,850 | 70 | 60 | | | | | | | | 0.9 | 0.8 | 1.3 | 1.0 | 15 | 12 | | |
| 51- | 166.1 | 153.4 | 59.66 | 52.92 | 2,200 | 1,700 | 70 | 60 | | | | | | | | 0.9 | 0.7 | 1.2 | 1.0 | 15 | 12 | | |
| 61- | 162.8 | 150.8 | 56.81 | 50.43 | 2,000 | 1,600 | 70 | 60 | | | | 10 | 10 | | | 0.8 | 0.7 | 1.1 | 0.9 | 13 | 11 | | |
| 71- | 160.3 | 148.1 | 53.53 | 47.99 | 1,800 | 1,550 | 65 | 55 | | | | | | | | 0.8 | 0.7 | 1.1 | 0.9 | 13 | 11 | | |
| 81- | 157.9 | 144.9 | 50.94 | 44.06 | 1,600 | 1,350 | 65 | 55 | | | | | | | | 0.8 | 0.7 | 1.1 | 0.9 | 13 | 11 | | |

철분: 경겸 기준 10

1) 생활 강도는 직업에 따르지 않고 하루 생활을 보고 판단하기로 하고, 노동 강도는 생활 강도로 표현을 바꿨습니다.

2) 생활 강도가 가벼운 생활을 바꾸든지, 운동을 해서 표 7에 나오는 생활 강도에 미치를 단름 에너지를 보태어야 합니다.

3) 임산부와 젖을 먹이는 엄마는 《제 살, 우리 아이 어떻게 키울까》 표 4에 필요한 양을 덧붙였습니다.

4) 소금은 하루에 10g이 넘지 않게 섭취해야 합니다.

90 네 살, 우리 아이 어떻게 키울까?

그러나 이러한 것들은 성인을 대상으로 하고 있습니다. 어린이의 경우에는 이번에 새로 개정되었으나 바뀐 부분이 적고 그 폭도 좁습니다. 따라서 현재 실시하고 있는 것과 그다지 차이가 없다고 생각합니다.

### 밥 먹을 때

표 8은 유아가 하루에 밥 먹는 시간과 섭취해야 할 영양을 비율로 나타낸 것입니다. 이것은 집단 급식에서 바탕을 삼고 있습니다.

이 표에서 알 수 있는 것은 젖먹이 아기처럼 유아도 아침과 저녁에 영양량을 똑같이 섭취한다는 것입니다. 그러나 일본에서는 아침을 가볍게, 저녁을 많이 먹기 때문에 후생성 지도안과 현실 생활은 차이가 있습니다.

표 8 **밥 먹는 시간과 섭취해야 할 영양량**

| 나이 | 집 | 보육 기관 | 집 | 비고 |
|------|------|-----------|------|------|
| 두 살 ~ 세 살 | 아침(25%) | 오전 10시(10%) 점심(30%) 오후 3시(10%) | 저녁(25%) | |
| 네 살부터 | 아침(30%) | 점심 (30%) 오후 3시(10%) | 저녁(30%) | 단, 비타민, 미네랄은 어린이집에서 50% |

자료 : 후생성 아동가정국

유아가 한 끼니에 하루에 섭취해야 할 영양량 가운데 30퍼센트를 섭취하기 위해서는 카레라이스와 요구르트 샐러드 또는 미트소스 스파게티와 치킨 샐러드 같은 음식에 우유 200밀리리터를 먹어야 합니다. 간단하게 아침을 먹는다면 자기 밥그릇에서 80퍼센트 되는 밥과 일본 청국장 반 봉지, 토마토 작은 것 한 개, 달걀 한 개, 우유 100밀리리터를 먹어야 합니다.

그러나 실제로 어린이들이 아침에 먹는 것을 조사해 보면 과자나 빵과 주스, 인스턴트 라면, 토마토와 우유가 대부분입니다. 따라서 어린이집에서는 아침밥을 보충할 수 있도록 마음써야 합니다. 시나가와 구립 어린이집에서는 어린이집에서 하루에 섭취해야 하는 단백질의 60퍼센트를 섭취할 수 있도록 기준을 만들어서 실천하고 있습니다. 이는 집에서 어린이들이 섭취하는 단백질계 식품의 질을 조사하고 나서 만든 것으로 집단 급식을 할 때 본보기가 됩니다.

점심은 집에서 쌀밥 160그램을 가지고 오는 것을 대전제로 합니다. 어린이집의 식단에서도 영향을 받지만, 요즈음은 반찬 질이 좋아져 밥 160그램을 다 먹지 못하는 아이가 늘어나고 있습니다. 후생성도 1984년 3월에 동경에서 영양사 연수회를 열어 이 수치를 현실에 맞게 고치겠다고 했습니다.

네 살 어린이와 여섯 살 어린이는 밥 먹는 양에서 크게 차이가 나기 때문에 어린이집마다 어린이 수와 나이에 맞추어 필요한 영양량을 계산해서 정해야 합니다. 유아에게 완전 급식을 할 수 있도록 운동을 펼쳐 나가야 이러한 모순을 해결할 수 있습니다.

오후 3시 간식도 어린이 상황에 따라 내용과 시간을 바꿀 수 있습니다. 10퍼센트라는 수치만 보면 전병 과자 세 개로 에너지를 필요한 만큼 섭취할 수 있지만, 영양소별로 보면 모자라는 부분이 생깁니다. 에너지는 영양소가 아니라 3대 영양소인 단백질, 지방, 탄수화물이 몸 안에서 연소할 때 생기는 열량입니다.

어린이집에서 보내는 시간이 길면 부모가 데리러 올 때까지 배가 고프지 않게 간식을 줘야 합니다. 간식 시간도 오후 3시라고 못박지 않고 어린이 상황에 맞춰 조정해야 합니다.

# 집단 급식

### 급식도, 아이를 키우는 일

밥 먹는 것은 살아남기 위한 토대가 되지만, 생활 속에서 어떻게 자리 잡게 하느냐에 따라 급식에 대한 생각도 바뀝니다.

정부는 "농민과 기름은 짜면 짤수록 나온다." "먹기 위해서 살지 말아라, 살기 위해서 먹어라." "욕심내지 않습니다, 이길 때까지는." 하며 시대마다 식생활을 포함하여 여러 생활 방법을 규제해 왔습니다. 그래서 우리 조상들은 거칠게 입고 먹어야 했습니다. 그런데 시대가 바뀌고, 국민들이 반대하는데도 정부에서는 1954년에 일미상호방위원조협정을 맺어서 미국의 잉여 농산물을 수입하여 식생활이 아주 빠르게 서구화되었습니다. 그리고 고도 경제 성장 정책으로 소비가 미덕이 되고, 가치관이 바뀌고, 가공 식품을 풍족하게 손에 넣을 수 있습니다. 그리하여 잘 먹는 것으로 보이지만, 한때 없어졌다고까지 하던 중증 각화 환자가 나오고 있습니다. 이처럼 식생활은 그 시대를 반영하고 있습니다.

따라서 급식도 행정 차원에서 먹이면 좋다고 생각하는 것과, 이용자 쪽에서 어차피 집에 있어도 그만큼은 먹는다고 생각하는 것이 맞물려 질에서 문제 있는 음식이 제공되고 있습니다.

그러나 교사 운동이 활발해지면서 급식을 은혜 입는 것으로 받아들이지 않고 권리로 받아들이고 있습니다. 교사들도 급식은 아이를 더욱 잘 키우기 위해 해야 하는 일이라고 생각하고 있습니다. 이렇게 해서 오늘날은 급식도 아이를 키우는 일이라는 생각이 뿌리내리고 있습니다.

### 직업의 차이를 넘어선다

문화가 발전하면서 전문직이 늘어나는 것처럼 보육 내용이 풍부해지면서 어린이집에서도 전문가를 채용하고 있습니다.

초기에는 급식 만드는 일도 교사가 했지만 지금은 대부분 조리사를 채용하고 있습니다. 간호사, 보건사, 영양사 같은 전문가를 채용하는 곳도 늘고 있습니다. 이처럼 여러 직업을 가진 직원들이 교사와 함께 어린이를 어떻게 키울 것인가를 의논할 때 보육은 한 단계 더 발전합니다.

여러 직업의 전문성이 발휘되는 것은 아주 중요한 일입니다. 더 나아가 직업마다 연계가 잘 이루어지면 어린이를 더욱 훌륭하게 키울 수 있을 것입니다. 그렇게 하기 위해서는 어린이의 현실을 잘 살피고, 어린이에게 무엇을 해 줄 것인지, 무엇을 시킬 것인지 하나하나 고민해야 합니다. 서로 전문성을 인정하면서 공통 기반을 다져 나가고, 교직원 모두가 어린이를 책임져야 합니다. 이렇게 생각해야 급식도 보육이 될 수 있습니다.

# 생활 습관

## 생활 습관을 지도하는 뜻

네 살 시기는 몸과 마음이 앞 시기와 눈에 띄게 발달할 수 있도록 토대를 만드는 시기입니다.

네 살은 자립하기 위해 세 살까지 몸에 익혀 온 생활 문화 양식을 생활 습관으로 만들어 나가는 시기입니다. 그리고 집과 어린이집, 유치원에서도 이런 생활 습관대로 살 수 있는 힘을 만들어 가는 중요한 시기입니다.

네 살 어린이는 이리저리 돌아다니면서 재잘거리고 싶어합니다. 그리고 아이들끼리 서로 다투거나 놀면서 더욱 폭넓게 동무를 만들어 갑니다. 아이들이 생활 속에서 확실히 자립하고, 내면을 풍성하게 키워 나가는 것을 꿰뚫어 보면서 세심하게 키워야겠습니다.

마지막까지 끈기 있게 힘을 내 보려는 근성과, 싫어도 해 보겠다는 마음을 키우려면 노력하는 모습을 어른이나 동무가 인정해 주어야 합니다. 그리고 자기가 애썼다는 것을 스스로 이해할 수 있어야 합니다.

## 네 살 어린이의 특징

네 살 어린이는 동무들과 함께 하는 것을 재미있어하면서도 "……하니까 내가 한다." "그러니까 내가." 하는 주장이 강해져 서로 끊임없이 부딪칩니다. 그리고 또 잘 한 일을 어른에게 인정받거나 칭찬받으면 그 마음이 북돋아져 금세 "더 할게." 합니다.

네 살 후반기 무렵부터는 발달의 질적 전환기를 맞아 "……하면서 ……한다."처럼 두 가지 행동을 하나로 어우러지게 하려고 합니다. 그리고 "싫지만 ……할게." 하면서 자제심을 키워 나가는 중요한 시기이기도 합니다.

이 시기에 어른은 "좀 더 놀고 싶지만, 밥 먹을 시간이야." 같은 표현으로 말하면서 어린이가 이해할 수 있는 방법으로 생활을 내다볼 수 있도록 도와 주어야 합니다.

네 살 어린이는 또 시간의 길고 짧음을 잘 모르므로 시계에 표시를 해서 "사과 그림 있는 데까지 먹어요." 하는 식으로 말해서 목표를 뚜렷하게 세우도록 합니다. 그리고 어린이와 함께 생활 규칙을 이야기하고 연구하면서, 어린이마다 생활의 주인공으로 자기 생활을 만들어 낼 수 있도록 도와 주어야 합니다.


## 바른 습관 익히기

네 살 어린이들은 집단 속에서 서로 마음이 통하면 놀이나 생활 속에서 서로 마음을 맞추거나, 도와 줍니다.

서로 바라는 것이 부딪칠 때는 교사가 도와 주어 상대방 마음을 이해하고, 동료 의식이 자라게 해야 합니다. 교사가 어린이들이 상대방을 대등하게 인정할 수 있도록 해 주면 서로 배려하여 관계가 발전하고, 동무를 찾아 나섭니다.

잘 먹고, 똥오줌도 잘 누고, 하루 일정에 따라 생활 습관을 하나하나

착실히 익혀 나가야 집단에서 생활할 때 리듬이 생겨 활발하게 놀 수 있습니다. 그러나 집단의 리듬을 따라가지 못하는 어린이가 있을 때는 그 어린이의 처지를 생각해서 모두가 함께 하는 즐거움을 맛보게 해야 합니다. 그렇게 하면 그 어린이는 힘내 보려는 마음이 생깁니다.

그와 함께 생활 전반을 바라보면서 문제를 잘 알아야 합니다. 부모와 함께 어린이가 집에서 생활하는 것을 포함해서 이야기하고, 문제 의식을 공유하고, 어린이를 보는 관점을 맞춰 나갑시다. 그리고 실제 장면에서 어른들이 저마다 다르게 지도하지는 않는지 점검합시다. 위에서 말한 것은 어린이의 생활 습관을 세워 나갈 때 빠질 수 없는 것들입니다.

네 살이 되면 많이 움직이므로 자기 물건을 정리하는 것은 물론이고, 반 아이들이 같이 쓰는 놀이 기구와 어린이집 전체에서 쓰는 바깥 놀이 기구도 정리할 수 있어야 합니다. 집단 생활에서 지켜야 할 규칙을 가르쳐 주고, 부모나 교사가 함께 차례대로, 하나하나 말해 주어야 합니다.

그리고 부모나 교사의 손을 빌리지 않고 자기 물건을 자기 손으로 정리해 나가면 어린이들이 봐도 쉽게 알 수 있는 정리 선반, 정리 주머니 같은 것을 만들어 주어야 합니다.

네 살 시기에는 자기 것, 남의 것, 모두의 것을 확실하게 구별할 수 있는 힘을 기르면서 집단 생활에서 지켜야 할 규칙을 깨닫고, 집단에 속한 한 사람이라는 생각이 싹틉니다.

집단에서 뒷받침해야 할 수 있던 것을 혼자서도 할 수 있게 하려면 집뿐만 아니라 여러 곳에서 되풀이하게 해야 합니다. 어린이집이나 집에서는 어린이가 자라고 발달하는 것을 확인하고, 늘 서로 연락을 주고받아야 합니다.

# 여러 가지 생활 습관

### 먹을 때

네 살 어린이 반이 되면 모든 어린이집에서 오전 간식을 없애고 점심 때까지 집중해서 놀게 합니다. 세 살 때까지 몸에 익혀 온 생활 습관을 네 살 때도 착실하게 이어 가게 하려면 다시 한 번 먹고, 자고, 똥오줌 눈다는 기본 생활 리듬을 세워 나갈 수 있도록 해 줘야 합니다.

그리고 네 살이 되면 여러 가지 맛을 알고, 지금까지 잘 먹지 못하던 음식을 아주 싫어합니다. 그러나 그 음식을 어른이 먹으면 흥미를 보이고 "나도 먹고 싶어." 하고 입에 넣습니다. 그리고 매운맛, 신맛, 쓴맛을 조금씩 알아 가고, 잘 먹지 못하는 음식도 점점 많이 생깁니다.

더구나 집단 속에서는 적게 먹는 아이, 편식하는 아이, 잘 씹지 못하는 아이, 젓가락질을 잘 못 해 먹는 데 시간이 걸리는 아이, 먹을 마음이 없는 아이들을 하나하나 잘 살펴보고 문제를 확실히 알아 내서 아이에 맞춰 대처해 나가야 합니다. 자칫하면 집단 속에서 지나쳐 버릴 수 있는데, 하나하나 잘 지도해서 문제를 오래 끌어 가지 않도록 합니다.

### ●오이와 가지가 맛있어요

우리 어린이집에서는 올 봄에 네 살 어린이 반에서 오이, 가지 그리고 토마토 모종을 사 와서 심었습니다. 교사는 날마다 어린이들과 함께 물을 주고, 모종이 점점 자라자 대나무를 버팀목으로 만들어 꽂아 주었습니다. 그리고 토마토 꽃이 피자 모두에게 알리고 열매 맺기를 기다렸습니다. 어린이들은 물을 주면서 꽃이 작은 열매가 되는 것을 신기한 듯 보았고, 그 감동을 서로 알리고 날마다 다음 날 아침이 오기를 기다렸습니다.

처음 딴 오이와 가지를 어린이들 앞에서 얇게 썰어 소금에 절였습니다. 어린이들은 교사의 손을 보면서 오이 냄새를 맡고 연한 자주색 가지에 반해 버렸습니다.

채소를 싫어하는 히로시와 마코토도 다른 아이들과 같이 도시락에 받아서 진지하게 먹었습니다.

"조금 짜지만 맛있어요." 하고 말합니다. 급식실에서 국수에 올린 오이와 채 썬 양배추를 늘 목구멍에 삼키지 않던 어린이들도 자기들이 가꾼 오이는 맛있는 모양입니다.

어떤 음식을 싫어한다고 마음 속으로 정해 버리고 먹지 않던 아이들도 스스로 만들어서 먹고, 만드는 것을 도와 주면서 먹을 때 정말 맛있다고 느끼는 것 같았습니다.

어린이가 주인이 되어 생활하는 것이 얼마나 중요한지 다시 한 번 생각하게 합니다.


**똥오줌 누기**

어린이들은 놀이에 빠져 있다가 오줌을 더 참을 수 없을 때 화장실로 뛰어가거나, 모두 함께 이야기를 듣고 있을 때 거의 오줌이 나오려고 하는 순간까지 참고 있다가 그만 싸 버리고 맙니다. 이처럼 아이들은 똥오줌이 마려워도 다른 데 빠져서 참다가 똥오줌을 쌀 때가 때때로 있습니다. 이제 화장실에 가지 않으면 옷에 싼다는 것을 아직 생각하지 못하기 때문입니다. '앗, 큰일 났다.' 하는 얼굴로 팬티를 가지러 방에 살며시 들어갔다 나오는 어린이도 있습니다.

먼저, 어린이가 화장실에 가고 싶을 때 갈 수 있는지 때때로 확인해 두어야 합니다. 그리고 나들이 가기 전이나, 밥 먹기 전, 낮잠 자기 전 같은 때는 모두에게 화장실에 갔다 오라고 말해 줘야 합니다.

똥을 누고 뒤처리하는 방법은 네 살쯤부터 가르치고, 여자 아이는 앞에서 뒤로 정성껏 닦도록 지도합니다.

## 잠자기

보통 어린이집에서는 점심을 먹고 낮잠 자기 전까지는 "먹고 나면 정리해요." "이 닦았으면 오줌 누러 가요." "잠옷으로 갈아입었으면 옷 잘 개 놔요." 하고 가르칩니다.

"……하면, 다음에는 ……하자." 하고 다음 할 일을 미리 생각하는 마음을 키우기 위해서는 될 수 있는 대로 네 살 어린이가 눈으로 봐서 금방 알 수 있게 가르쳐 주어야 합니다.

교사와 부모는 "이렇게 하면 돼요." 하고 뚜렷하게 행동하면서 보여주고, 정리, 정돈 상자 같은 것도 어린이가 봐서 금방 알 수 있고 물건을 넣고 빼기 쉬운 곳에 놓아 둡니다. 그렇게 해야 어린이 스스로 하고 싶어하는 마음이 자랍니다.

옷을 벗으면 잠옷을 넣어 둔 주머니에서 잠옷을 꺼내고 벗은 옷을 겉으로 개서 주머니에 넣게 합니다. 그리고 잠옷을 입고 잠옷 주머니는 개인 사물함이나 잠옷 넣어 두는 상자에 넣어 두게 합니다. 이 차례도 날마다 되풀이해서 가르쳐 줍니다.

낮잠 잘 때는 느긋한 마음으로 대하고, 빨리 자라고 하지 마십시오. 한 사람 한 사람의 리듬이 집단의 일정한 리듬 속에서 만들어질 수 있도록 합니다. 그리고 늘 자기 흐름만으로 행동하려는 아이에게는 다른 아이가 하는 것을 보여 주고 '모두 함께' 라는 마음을 키워 줍니다.

낮잠 시간은 오랜 시간 동안 어린이집에서 생활하는 어린이에게 꼭 있어야 하는 쉬는 시간입니다. 오후 활동을 위해 아이들이 모두 필요한 만큼 푹 잘 수 있게 해야 합니다. 또 스물네 시간 생활 속에서 일찍 자고 일찍 일어나는 습관을 기르기 위해서도 알맞게 자야 합니다. 낮잠 자기 전에는 마음을 평온하게 할 수 있는 그림책이나 그림 연극을 보여 주거나, 이야기를 들려주고 조용하게 잠들 수 있도록 해 줍니다.

## 옷 입고 벗기

옷을 혼자 벗을 수 있는 4월 초부터 될 수 있는 대로 도와 주지 않고 '스스로 하는' 것을 기본으로 합니다. 팔을 먼저 빼고 난 뒤에 머리를 빼내도록 하고 안과 겉, 앞과 뒤가 바뀌지 않도록 가르칩니다. 그렇게 하면 어린이들은 스스로 판단해서 조심해서 옷을 입고 벗습니다.

그러나 겉과 안, 앞과 뒤를 생각 없이 입는 아이들도 있기 때문에 옷을 잘 입은 동무가 있으면 보여 주거나, 동무들끼리 서로 가르쳐 줄 수 있도록 합니다.

아직 손가락에 힘을 잘 줄 수 없는 아이들은 단추, 지퍼, 젓가락을 잘 못 다루기 때문에 곧바로 "안 돼요." 하고 어른한테 도와 달라고 합니다. 이런 아이들은 손가락에 신경을 집중시킬 수 있도록 단추를 채우거나, 지퍼 올리는 놀이를 해 보게 합니다. 그렇게 하면 재미있어서 스스로 해 보려는 마음이 생깁니다.

날마다 옷을 입고 벗으면서 옷을 개고, 일정한 곳에 정리하는 습관을 세 살에 이어서 계속해 나가도록 지도합니다.

집에서도 어른이 처음부터 손을 봐 주지 않도록 합니다. 말로 잘 가르쳐 주면 어린이가 스스로 하고 싶어하는 마음을 키워 갑니다.


## 깨끗한 몸

밥 먹기 전과 먹고 난 뒤 손 씻기, 밥 먹고 난 뒤 이 닦기, 낮잠 자기 전에 발 씻기 같은 일은 날마다 되풀이하면서 개운함을 느끼게 하고, 몸에 익혀 가도록 합니다.

함께 할 수 있는 집단이 있다는 것은 좋은 일입니다. 어른이 하라고 해서 동무들과 함께 하면 비록 놀고 싶더라도 그것이 즐거워서 쉽게 몸에 붙을 수 있기 때문입니다.

어른이 한 어린이와 서로 눈을 마주 보면서 함께 이를 닦으면 다른 어린이도 자극을 받아 더 잘 닦으려고 합니다.

이렇게 되풀이하면서 깨끗하면 개운하다는 것을 스스로 깨닫고, 어른이 되어서도 당연한 습관이 됩니다.

### 정리, 정돈

네 살이 되면 세 살보다 집단도 커지고, 놀이도 여러 가지를 하고, 놀이 기구도 아주 힘차게 갖고 놉니다.

하루 생활 속에서 놀이도 아침에 하는 놀이, 낮에 하는 놀이, 저녁에 하는 놀이로 바뀌고, 노는 곳도 폭이 넓어집니다. 놀이 기구도 반 놀이 기구에서 어린이집 전체에서 쓰는 놀이 기구까지 갖고 놉니다.

반 전체에서 정리, 정돈하는 규칙을 정하고, 저마다 맡은 곳을 분명하게 말하고 늘 그 곳을 지키도록 합니다. 모두 함께 정리, 정돈하면서 자기 물건, 반의 물건, 다른 반의 물건을 구별해서 정돈해 놓아야 다음에 편하게 놀 수 있다는 것을 예를 들어 이야기하면서 확인시켜 둡니다. 모두가 함께 하는 것, 누구나 해야 하는 것을 말로 가르쳐 줍니다.

집에서도 아이만 쓰는 곳을 정해 주어서 자기 물건과 옷, 장난감을 놓아 둘 수 있도록 합니다. 어른이 말하면 스스로 정리, 정돈할 수 있도록 합니다. 그리고 자기 물건을 소중하게 다루는 마음이 자라게끔 지도합니다.

네 살은 정리, 정돈이나 청소 같은 일을 할 때 어른과 함께, 어른처럼 하고 싶어합니다. 어른이 늘 모든 것을 혼자서 처리해 버리지 말고, 어린이가 볼 수 있도록 절차를 말해 주고, 이야기하면서 함께 행동합니다. 이렇게 해야 어린이가 정리, 정돈하는 데 눈뜰 수 있습니다.

## 자율로 나아가기 위해서

**동무와 관계를 풍성하게**

네 살 어린이는 모든 것을 다 하고 싶어하고, 재잘거리며 말하기를 좋아하고, "내가 하려고 했는데." 하고, 어른이 먼저 해 버리면 화가 나서 마음을 풀지 않습니다.

그러나 "미안해요, 도와 줘요." 하면 떨떠름한 얼굴로 도와 주다가, 금세 재미있어져서 씻은 듯이 마음을 풀어 버립니다.

누군가가 거들어 주면 "나도 할게." 하고 양보하지 않습니다. 차례를 지키고 번갈아 하는 규칙을 만들어 동무와 함께 하는 것을 즐거워하고, 모두에게 무엇인가를 해 주는 것을 아주 좋아합니다.

할 수 있는 것, 해낸 것을 자랑으로 생각하고 그것을 자신감으로 이어 가는 것은 자율로 한 걸음 크게 내딛는 것입니다. 부모와 교사는 어린이들이 일을 해내면 무조건 격려하고 인정해 주어야 합니다.

급식 나르는 일처럼 혼자서는 힘들지만 둘이 하면 할 수 있는 일을 해 보면서 서로 공감하고 또 하고 싶다는 마음을 더욱 키워 갑니다.


**집단의 리듬을 만든다**

네 살 어린이는 기쁜 일이 있으면 금세 "건배." 하면서, 물잔이나 우유병으로 어른들 흉내를 내고 서로 공감합니다. 한 사람이 모래밭에 간다고 하면 "나도 좋아." 하고 재빨리 간식을 먹어치우고 정리, 정돈까지 합니다. 이제 완전히 형, 누나가 다 됐구나 하는 생각이 듭니다.

어린이들은 날마다 생활 속에서 모두 함께 하는 즐거움을 느끼고 있습니다. 그러나 자기 주장을 굽히지 않고 자주 서로 부딪치기도 합니다. 하지만 반이라는 집단 속에서 서로 마음이 맞는 동무를 사귀면서 함께 생활하는 리듬이 생깁니다.

놀이가 중심인 유아의 세계를 더욱 풍성하게 하기 위해서는 한 사람 한 사람의 리듬을 바탕에 두면서도 집단 속에서 어느 정도 표준을 세우고 있어야 합니다. 그러한 표준 속에서 어린이는 밥을 먹고, 정리, 정돈을 무리 없이 잘 하고, 생활에서 놀이로 순조롭게 옮아갑니다.

교사가 어린이 한 사람 한 사람이 지금 무엇을 할 때인가를 깨닫도록 도와 주면 어린이는 마음 속에서 다음 행동을 미리 내다보면서 "……까지 하자." "……하면 ……하고 싶다."는 생각을 키워 갑니다. 생활을 조금씩 미리 내다보면서 다음에 해야 할 일을 알아 가는 것 같습니다.

# 하루 스물네 시간

### 생활 리듬

네 살 어린이 반이 되면 하루 생활의 흐름을 대강 압니다. 아침 일찍 눈을 뜨면 "엄마, 빨리 일어나지 않으면 늦어요." 하며 엄마를 깨우거나, 혼자서 옷을 갈아입고 "빨리 어린이집에 가요." 하며 가방을 들고 문 앞에서 엄마를 기다리면서 자기 마음을 어른에게 말로 제대로 전할 수 있습니다.

그러나 하루 생활 흐름을 모두 알고 있지는 않습니다. 날마다 되풀이되는 일상 속에서 "어린이집에 가면 히로시하고 게이코하고 나하고 엄마놀이하고 싶어." 하고 생각하듯 자기가 바라는 것을 중심에 두고 생활을 미리 내다봅니다.

어린이 한 사람 한 사람이 안정감 있는 생활 리듬을 만들고, 놀이가 이어지는 세계를 풍성하게 넓혀 갈 수 있도록 일정을 짜고, 모두 함께 하고 모두 함께 하고 싶어하는 생활 리듬을 만들어 주도록 합니다.

## 하루 일정

네 살이 되면 모든 어린이집에서 오전 간식을 없애고, 아이들은 어린이집에 오면 방이나 마당이나 할 것 없이 모두 놀이터로 만듭니다. 방 안에서는 나무 토막 장난감으로 집을 짓거나 종이 상자로 칸을 막아서 놀고 있습니다.

어린이들은 저마다 역할놀이를 즐기고 있습니다. 아이들은 교사에게 "선생님은 아기예요." 하고 말하면서 당연한 듯 교사를 놀이에 끌어들입니다.

날씨가 좋아서 오랜만에 밖에서 놀게 하려고 하루 일정을 짜지만 어린이들이 한창 재미있게 놀고 있어서 그만두게 하지 못하고 한나절을 보내고 마는 때도 자주 있습니다. 그러나 바깥 놀이는 못 해도 밥 먹고 난 뒤 바깥에 나가 어린이집 둘레를 걸을 수 있습니다. 그리고 교사가 저녁 놀이를 이끌면서 바깥으로 데리고 나갈 수도 있습니다.

세 살과 네 살 시기에는 하루 생활을 할 때 많은 차이가 납니다. 세 살 시기에는 한 사람 한 사람의 리듬을 중요하게 여기며 생활을 마무리하고, 여유 있게 생활하는 것을 중요하게 생각해 왔습니다. 그런데 네 살 시기에는 "여럿이 함께 한다, 할 수 있다."는 것이 즐겁고, 그렇게 하고 싶어합니다.

네 살 때는 동무와 노는 것이 무엇보다 즐겁기 때문에 당연히 생활에서 놀이가 중심이 되어 있습니다.

집단이 커지면서 어른과 교사의 손이 미치지 않아 자칫하면 세 살 때 잘 지켜 온 생활 습관이 흐트러질 수 있습니다. 그러나 어린이끼리 관계가 깊어지는 만큼 더욱 즐겁게 놀고, 다음 활동을 위해서 놀이를 빨리 마무리하려고 스스로 노력하는 모습도 보입니다.

이 시기에는 혼자가 아니라 함께 정리, 정돈하고 함께 준비하여 생활하면서 교사나 부모가 "……하면 ……한다."고 말하는 것을 듣고 다음 행동을 미리 내다보는 능력을 키워 갑니다. 이처럼 말로 앞을 내다보는 힘은 지금까지 행동으로 앞을 내다본 힘보다 한 차원 높은 능력입니다. 말로 앞을 내다볼 수 있으면 머릿속에서 그림을 그리면서 다음 행동을 생각할 수 있습니다.

이 때 부모나 교사가 도와 주면 어린이는 앞을 내다보는 일을 더욱 풍부하게 해 갑니다.

생활을 함께 하는 집단 속에서 어른이 "모두 함께 ……할 때." 라고 구분해 주면 그것을 깨닫고, 다음에 "……하자." 하며 앞을 내다봅니다. 그리고 "내일은 모두 함께 돌고래 공원에 가서 큰 미끄럼틀 타고 싶다."고 어른에게 확실하게 자기 주장을 할 수 있습니다.

하루 일정은 크게 구분해서 일정한 전망을 세우면서도 어린이 자신이 만들어 낼 수 있는 여유를 갖도록 짜야 합니다.

표 9 **어린이집 생활 리듬의 예 (네 살 어린이 반)**

| 7:30 ~ 9:30 | 놀이, 정리, 정돈 |
|---|---|
| 9:30 ~ 11:30 | 조회, 놀이 |
| 11:30 ~ 12:30 | 급식 |
| 12:30 ~ 1:00 | 낮잠 준비 |
| 1:00 ~ 3:00 | 낮잠 |
| 3:00 ~ 4:00 | 간식 |
| 4:00 ~ 6:30 | 놀이 |
| 6:30 ~ | 정리, 정돈 |

### 노는 곳과 쉬는 곳

어린이들은 어린이집에서 하루 스물네 시간 가운데 열 시간이 넘게 다른 아이들과 함께 생활합니다. 이런 어린이들에게 다음 활동을 할 수 있게 하려면 몸과 마음을 편하게 안정시킬 수 있는 곳을 찾아 줘야 합니다. 그러나 많은 어린이집에서는 한 곳에서, 게다가 네모나고 넓기만 한 곳에서 어린이들이 놀고 먹고 잠을 잡니다.

어린이는 적당한 긴장감이 있어서 활동과 휴식을 균형 맞춰 할 수 있는 곳에서야말로 생기발랄하고 기운차게 자랄 수 있습니다.

네 살 어린이들이 놀 때나 역할놀이할 때를 보면 어른들이 행동하는 것, 말하는 것을 확실히 받아들여서 자기네 생활로 재현하고 있는 것을 알 수 있습니다. "여기는 잠자는 데." "여기는 노는 데." "여기는 밥 먹는 데." 하며 규칙을 만들고 그것을 동무들이 지키지 않으면 아주 엄하게 대합니다. 집안 생활을 그대로 재현하고, 그렇게 하면서 자신이 맡아 하는 일을 자연스레 몸에 익히고 있다는 것을 알 수 있습니다.

보육실을 잘 살려서 교재나 놀이 기구를 놔 두고, 돗자리 놓는 곳, 언제라도 그림책을 빼서 볼 수 있는 곳, 소꿉놀이하는 곳 들을 만들어 어린이가 저마다 놀이를 찾고, 쉬는 리듬을 만들어 갈 수 있게 해 줘야 합니다.

### 어린이집과 집을 연결해서

어린이집에서는 어떠한 아이라도 집에 갈 때까지 날마다 집단 속에서 리듬을 되풀이하며 생활하고 있습니다. 그러나 집에서는 부모가 하는 일과 생활이 모두 다릅니다.

아침에 어린이집에 와서도 놀려고 하지 않고 좀처럼 활발해지지 않거나, 아침부터 목이 마르다고 물을 찾거나, 다다미 위에 누워서 뒹굴뒹굴 하는 아이들이 있습니다. 이 아이들은 집안에 문제가 있기 때문에 이렇게 합니다.

이럴 때는 부모에게 아이가 생활하는 모습을 자세하게 전하고, 집에서 생활하는 모습을 전해들은 뒤에 어떻게 할 것인지 생각해 나갑니다. 집안 생활이 바뀌지 않을 때는 어린이집 생활을 되돌아보아야 합니다.

부모나 교사가 무조건 "……해라." 하면 어린이가 스스로 "……하고 싶다."는 마음을 표현하지 못해 어른이나 동무들과 부딪치기 때문에 더욱 즐겁게 생활할 수 없습니다. 어린이가 여러 행동을 하면서 사람답게 살기 위해 필요한 것을 몸으로 익히게 하려면 "좀 더 이렇게 했으면." "이렇게 해 보자." 하고 말해 주면서 어린이가 표현할 수 있게 만들어 나가야 합니다.

집에서는 어른과 어린이가 일 대 일로 마주하기 때문에 부모는 하지 않아도 될 말까지 하거나, 손을 봐 줍니다. 수업에 참관하거나, 행사에 참가하면서 교사가 말을 하거나 도와 주는 모습을 보고 다시 한 번 되돌아보아야 할 것입니다.

어린이집과 집에서 일어난 일을 서로 확실하게 주고받고, 어른이 기쁜 것은 어린이에게도 표현하여 함께 기뻐하며, 앞을 내다보며 생활하면서 자율성을 키울 수 있도록 해 줍시다.

# 놀이

## 새로운 동무와 즐겁게

### 한 사람 한 사람을 소중하게

네 살 어린이 반에는 세 살 때부터 어린이집에 다니는 어린이, 집에서 생활하다 처음 어린이집으로 들어온 어린이, 다른 어린이집에서 옮겨 온 어린이들이 섞여 있습니다. 그래서 세 살 때보다 집단이 커지므로 어린이들은 기운차게 4월을 맞이합니다. 교사는 서두르지 않고 놀이 속에서 느긋하게 한 사람 한 사람을 살펴보아야 합니다.

놀이를 할 때도 아이들마다 달라서 스스로 놀이를 찾아가면서 놀거나, 흥미를 가지고 있는 것 같은데 도무지 손을 내밀지 못하고 멀리서 바라보고만 있거나, 긴장해서 아주 불안해합니다. 이 시기에는 먼저 교사 자신이 기운차게 놀면서 어린이들이 즐겁게 놀 수 있도록 해야 합니다. 그리고 어디까지나 어린이 한 사람 한 사람을 살펴보고, 받아들이면서 대해야 합니다.

스스로 놀이를 찾아서 노는 아이에게는 "대단하구나, 굉장한데." 하며 놀라워하고, 좋아해 줍니다. 놀지 못하는 아이가 있으면 교사가 손을 이끌어 무리하지 않게 놀이의 세계로 이끌어 갑니다.

어린이는 "에, 벌써 끝났어?" "또 하자." 하고 말할 수 있는 놀이를 많이 해 보면서 스스로 놀이를 찾아가는 어린이가 될 것입니다.

### 바깥 놀이를 풍부하게

봄에는 자연과 만나면서 맑은 공기와 햇빛 속에서 마음껏 놀아야 합니다. 이렇게 해서 튼튼하게 자라면 앞으로 일 년 동안 활동할 토대를 만들 수 있습니다.

여기에서는 먼저 물, 모래, 흙 놀이를 들 수 있습니다. 젖먹이 아기가 싫증내지도 않고 수도꼭지에서 흘러나오는 물을 손바닥으로 받아서 노는 모습을 자주 볼 수 있습니다. 물은 손에 닿는 느낌이 좋고, 모래, 흙과 함께 다루는 데 따라 모양이 바뀝니다. 어린이들은 그렇게 바뀌는 것을 보고 즐거워하고 놀라워하며 그 매력에 빠져듭니다. 이 시기에는 바깥 놀이를 풍부하게 해야 하는데, 모양이 바뀌는 물, 모래, 흙이라는 소재를 갖고 놀면서 손을 더욱 정교하게 움직이도록 해야 합니다. 그리고 어린이가 스스로 활동한 흔적을 확인하면서 소재에 맞게 힘을 내고 동무, 교사와 관계를 잘 맺으면서 놀 수 있어야 합니다.

### 맨발은 기분 좋아

놀이의 시작 | 어린이들이 어린이집에 오면 가장 먼저 모래밭으로 뛰어 갑니다. 생각나는 대로 컵, 물뿌리개, 삽 같은 것으로 물과 흙을 섞어서 끈적끈적한 느낌을 즐기고, 돌과 잎을 얹어 케이크를 만들기도 합니다. 그리고 컵으로 모형을 뜬 것을 늘어놓고 "선생님, 먹어요." 합니다. 네 살 어린이는 모두 함께 산을 만들까, 가게놀이를 할까 하며 목적을 가지고 다른 아이와 함께 놀이를 하지는 못합니다. 그저 눈앞에 있는 놀이 기구나 물을 받아 놓은 통 같은 실제 사물에서 이미지를 끌어 내어 놀기

때문에 이미지를 만들기 쉽고, 풍부하게 바뀌는 놀이 기구를 많이 준비해 주도록 합니다.

어린이들은 조금이라도 땅이 움푹 패인 곳을 보면 금세 물뿌리개나 물통으로 물을 길어 와 쏟아부어 물웅덩이를 크게 만들며 좋아합니다. 교사가 그것을 보고 그 놀이가 발전할 수 있도록 도와 주면 "재미있겠구나." 하고 옆에서 보고 있던 어린이들도 다가옵니다. 물이 고이면 나무 토막을 찾아와서 "이거는 굴, 이거는 다리야." 하며 물 속에 담급니다. 다른 아이가 말도 없이 똑같이 하려고 하면 "안 돼, 이거 내가 만들었어." 합니다. 그러면 다른 아이는 "……가 하지 말라고 했어요." 하고 교사에게 이르러 옵니다. 이럴 때 교사는 같은 것이 있다는 것을 가르쳐 주거나, "하지 말라고 하면 하지 않을 거야." 하고 타일러 줍니다.

탈없이 둘이 동무가 되면 똑같이 나무 토막으로 다리를 만들고는 "같이 해." 하고 얼굴을 마주 보며 놉니다. 다음에 찾아온 아이에게는 "하지 말라고 해서 안 했어." 하고 말하거나, "저 쪽에도 있어." 하고 가르쳐 주기도 합니다.

그러나 네 살 어린이는 자기 놀이의 이미지에 집착하여 옆에서 똑같이 흙을 반죽하고 새알이나 빵을 만들어 놓아도 "이거, 내 빵이에요, 선생님, 손님하세요." 하고 동무들보다도 교사가 먹어 주기를 바랍니다. 만들고 나면 여기저기에서 서로 소리치며 선생님에게 권합니다. 교사는 그럴 때 하나하나를 정성스럽게 손에 들고 "맛있구나, 정말 잘 만들었네." 하고 말해 주어야 합니다. 어린이 한 사람 한 사람의 이미지를 중요하게 여기고, 놀이에 흠뻑 빠져 노는지를 가장 먼저 살펴봐야 합니다.

아이들이 물놀이를 할 때 교사는 물이 적으면 물을 날라 주고, 놀이 도구가 모자라면 도구를 갖추어 주어야 합니다. 어린이 한 사람 한 사람이 놀이와 이미지를 넓혀 가는 것을 받아들이면서 놀이 하나하나를 이어 주는 것이 핵심입니다. 그리고 무엇보다도 교사가 어린이들과 함께 놀이에 빠져들어야 합니다. 놀이를 하다가 어린이들이 말을 걸면 교사는 생기 있게 대답하고 공감해 줍니다. 그리고 "이번에는 이렇게 해 볼까." 하고 어린이 스스로 놀이를 발전시켜 갈 수 있도록 해 줍니다.

**역할놀이** | 아이들은 비가 갠 다음 물이 고인 곳을 보면 금세 맨발로 들어가서는 "아, 좋다." 하고 소리칩니다. 다시 물을 나르고 여기저기 물이 고여 있는 곳을 이어 하나로 만듭니다. 아무 데서나 흙을 반죽해서 빵이나 새알을 만들고 뱃놀이를 합니다. 그러다가 그물코처럼 생긴 빵 틀을 펴 놓고 "여기는 가게야." 하면서 상자 안에 주스, 케이크 같은 것을 만들어 벌려 놓습니다. 빵 틀이 모자라면 더 찾아 내어 쌓아올립니다. 그리고 또 흙으로 만들어 놓은 것들을 올려놓습니다. 이런 일들을 되풀이하는 동안에 "이거는 백화점이야. 일층은 과자 가게, 이층은 장난감 가게, ……, 사층은 식당이야." 하고 점점 규모를 넓혀 나갑니다.

이 때 교사가 "대단한데, 선생님이 손님할까." 하고 말을 걸면 그 둘레 어린이들도 흥미로워하면서 모두가 "비켜." "그래요." 하며 끼어듭니다. 백화점을 만들던 어린이도 "좋아요." "어서 오세요. 무엇으로 드릴까요?" 합니다.

물건을 모두 팔면 물건을 바꿔서 계속 합니다. 쟁반에 얹어서 나르거나 차에 실어서 멀리까지 배달하기도 하면서 놀이가 점점 커지고, 이어집니다. 저마다 사 온 물건으로 여러 가지 새로운 놀이를 이어 갑니다.

교사는 어린이 한 사람 한 사람이 노는 것을 확실하게 살펴보고, 말을 걸어 주거나 함께 놀면서 놀이가 풍부하게 펼쳐질 수 있도록 해야 하겠습니다.

**주의할 점** | 물, 모래, 흙 놀이를 할 때는 손과 발, 옷이 더러워지는 것을 싫어하거나, 또 새로운 환경에 익숙하지 못해서 동무들 사이에서 놀지 못하는 아이가 있습니다. 같이 놀게 하려고 서두르지 말고 다음과 같은 차례로 해 봅시다.

첫째, 진흙탕놀이를 싫어하는 아이들은 대개 마음이 풀리지 않은 아이들입니다. 생활면에서 "……하고 싶다."는 마음을 소중하게 받아들여 줍시다. 그런 다음 바로 진흙탕놀이를 하지 않고 먼저 저항을 적게 받는 물놀이를 많이 하게 합니다. 물을 모래밭으로 나르게 하거나, 그 밖에 가벼운 활동을 하면서 조금씩 모래에 가까워지게 합니다. 그렇게 부담이 줄어들면 다음에 교사나 사이좋은 동무들과 함께 진흙탕놀이를 합니다. 이렇게 하면 다음에는 반 동무와 함께 진흙탕놀이를 할 수 있습니다. 진흙탕놀이는 실패하는 일이 없고 하고 싶은 마음을 충족시켜 주기 때문입니다.

진흙탕놀이를 할 때는 교사도 도와 주어야 합니다. 옷을 더럽혀도 야단치지 않고 오히려 "뭐 하고 놀았니?" 하고 묻고, 아이가 대답하면 차근차근 들어줍니다.

새로운 환경에 익숙해지지 못해서 반 동무들과 잘 놀지 못하는 아이에게는 먼저 하루 생활을 무리 없이 보낼 수 있도록 붙잡아 줍니다. 그리고 놀이를 하면서 교사가 아이를 끌어들이고, 놀고 싶어하는 마음을 북돋아 주는 것이 좋습니다.

이 시기는 유아독존의 시기이므로 어린이 한 사람 한 사람이 자기가 바라는 것을 잘 펼칠 수 있어야 스스로 '무엇을 하고 있는 거지?' '재미있겠다.' '좀 더 했으면.' 하고 생각하면서 놀이에 관심을 기울이고 마음을 냅니다.

놀고 난 뒤에는 반드시 샤워를 하거나 얼굴과 손을 씻게 합니다. 그렇게 하면서 물이 얼굴에 묻어도 아무렇지 않은 상태가 되풀이되면 수영장에서 물놀이를 할 수 있는 첫 번째 문을 지나가는 것입니다.

### 나들이

평소에 늘 물, 모래, 흙 놀이를 하는 것과 함께 이 시기에 중요하게 해야 할 것은 나들이입니다. 나들이는 온몸 운동이 발달하는 것과 관련이 있기 때문입니다. 네 살 어린이는 손과 발이 따로 움직이고 발바닥 가운데 장심도 만들어집니다. 그래서 제대로 잘 걷고 자세도 좋아집니다. 사람답게 걷는 것입니다. 나들이는 사람답게 걸을 수 있게 하는 중요한 활동입니다. 그리고 나들이에서 걷는 힘을 키우면 온몸 운동을 하는 바탕이 되고, 또 활동을 하고 싶다는 마음을 표현할 수 있습니다. 그러므로 나들이는 중요한 활동입니다.

어린이집 마당에서는 걷기가 마땅치 않습니다. 그래서 마을 여러 곳을 찾아 나서는 곳이 좋습니다. 마을 여기저기를 돌아다니며 새나 개 같은 동물이나 식물을 찾아봅시다. 그리고 토끼풀이 자라고 있는 빈터나, 기어 올라가거나 미끄러져 내릴 수 있는 오르막길이나, 그 밖에 어느 곳이라도 놀고 올 수 있는 곳을 찾아서 놀게 하는 것이 좋습니다. 공원에 가면 자연 속에서만 놀게 하지 않고 조건이 다른 곳도 찾아 나섭니다. 조건에 맞게 특징을 살려서 뛰어오르거나 뛰어내릴 수 있는 곳, 몸의 균형을 맞추면서 건널 수 있는 곳, 굴이나 걸상이 있어서 역할놀이를 하기 쉬운 곳, 그 밖에 다른 곳을 자연이나 조건을 제대로 살려 움직이도록 해 줍니다.

네 살 어린이가 나들이를 갈 때는 위험한 곳에서 교사가 손을 잡아 주더라도 되도록 자기 흐름으로 걷게 해야 합니다. 상대방에 맞춰 걷는 것보다도 어린이마다 자기 흐름에 맞춰 눈과 귀로 판단하면서 걸을 수 있도록 해야 합니다. 조금씩 거리를 늘려 먼 곳에도 가고, 어린이집이 있는 마을의 지도를 만들어 나가는 것도 좋습니다. 네 살이 되면 나들이할 때 목적을 정해 나갈 수 있습니다. 때로는 버스, 기차 같은 것을 타고 나가서 더욱 풍성하게 자연과 만나도록 해 줍시다.

**주의할 점** | 네 살 초반 즈음에는 모두 함께 나들이 가기가 아주 어렵습니다. 동무들과 손을 잡고 나가도 "……하고 손 잡고 싶어." "……하고는

싫어." 하며 자기가 손 잡고 싶어한 동무가 다른 아이와 손을 잡으면 그 밖에 다른 아이들과는 손을 잡으려고 하지 않습니다. 이것은 자기가 바라는 것을 말하면서 그와 함께 좋고 싫다는 생각을 하는 것이고, 동무를 바라는 마음을 표현하는 것입니다. 이는 네 살 어린이에게 나타나는 특징입니다. 이 때 교사가 어린이들이 하는 이야기를 다 들어주다 보면 결국 시간이 흘러 버려 겨우 밖에 나갔는데도 가까운 곳으로밖에 가지 못하고 금세 되돌아와야 합니다.

교사는 실망도 하겠지만, 싫다고만 하고 제멋대로 구는 아이들이라고 안 좋게 바라보지 않아야 합니다. 다섯 살, 여섯 살 어린이처럼 자라는 아이들이라고 생각하고, 이제 네 살 시기를 거쳐 가고 있는 모습을 느긋하게 지켜보도록 합니다. 먼저 좋아하는 동무와 손을 잡게 하고 놀이를 넓혀 가면서 좋아하는 동무를 늘려 가도록 해 줍니다.

나들이 나가기 전에는 "화장실 갈 사람, 갔다 와요." 하고 반드시 말해 줍시다. 나들이에 걸리는 시간은 화장실 갔다 오는 시간도 넣어서 생각합니다.

네 살 어린이를 데리고 나들이를 갈 때는 "……공원에 가서 ……놀이 하자." 하는 목적을 세우고 계획을 짭니다.

너무 작거나 큰 신발을 신지 않도록 해 줍시다. 어린이 스스로 쉽게 벗고 신을 수 있는 신을 신게 합니다.

도시처럼 교통량이 많은 곳에서는 안전을 생각해야 합니다. 건널목이나 횡단보도를 건널 때는 교사가 줄 앞뒤에 서서 어린이들이 안전하게 건널 수 있도록 해 줍니다.

교사는 배낭 속에 휴지, 수건, 간단한 구급용품, 옷, 비닐 봉투, 그리고 연락용 100원짜리 동전을 준비합니다. 빈손으로 나들이를 나가거나 샌들을 신고 나가지 않도록 합니다.

# 몸도 마음도 자유롭게

## 수영장 물놀이

어린이들은 봄에 날마다 물, 모래, 흙 놀이를 하면서 손에 닿는 감각을 배우고, 여러 가지 물건을 만들고, 온몸으로 물을 나릅니다. 그리고 나들이를 하면서 집 밖에서도 마음껏 놀아 보았으므로 몸과 마음이 해방되어 온몸으로 씩씩하게 수영장 물놀이에 빠져듭니다.

물 속에서도 몸을 쉽게 움직이고, 몸 구석구석까지 모두 움직일 수 있습니다. 이렇게 무리 없이 몸을 움직일 수 있는 수영장 물놀이는 일 년 내내 하면 좋지만 그렇게 간단하게 조건이 만들어지지 않습니다. 그렇기 때문에 여름 동안에 될 수 있는 대로 수영장 물놀이를 많이 하게 해 줘야 합니다.

그리고 물에서 놀 때는 즐거움만 누리게 할 것이 아니라, 물은 조금만 실수해도 자칫 목숨을 앗아가 버릴 수 있기 때문에 물 속에서도 자기 몸을 지킬 수 있도록 네 살에 맞는 힘을 길러 줘야 합니다. 그와 함께 물에서 안이해지지 않고 조심하도록 가르쳐야 합니다.

## 물을 두려워하지 않게

아이들은 수영장에 가면 샤워도 하는 둥 마는 둥 하고 수영장 안을 이리저리 달리며 물보라를 일으키고, 게걸음을 치면서 즐거워합니다. 수영장 바닥에 손을 대고 발을 이리저리 차며 게걸음치는 것도 어린이 처지에서는 헤엄을 치고 있는 것입니다. 자신만만한 모습으로 "선생님, 여기 봐요." 하며 선생님이 봐 주기를 바랍니다.

물 속에서 맘껏 노는 아이가 있는 반면 물을 무서워하는 아이도 있습니다. 샤워하다가 갑자기 머리나 얼굴에 물이 쏟아지면 더욱 두려워할 수 있으므로 배려해야 합니다. 호스로 발부터 차례대로 몸을 적셔 주고 천천히 온몸에 물을 뿌려 주면 안심합니다. 교사는 칭찬해 주거나 격려하면서, 아이가 물을 떠서 자기 얼굴에 끼얹었을 수 있으면 샤워를 하게 합니다. 어디까지나 서두르지 않고 어린이가 스스로 해 보려고 할 때까지 기다려 주고, 자연스레 물을 두려워하지 않게 해 줘야 합니다.

또 샤워를 한 뒤에 수영장에 들어갔다 해도 물보라가 닿으면 몇 번이고 얼굴을 문지르고 수영장 구석으로 가서 좀처럼 움직이지 않는 아이도 있습니다. 이 때 교사는 "함께 하자." 하고 말을 건네면서 게걸음을 보여 주면 좋습니다. 어린이마다 힘을 내는 방법은 다르기 때문에 아이에 맞게 지도해야 합니다.

### 여러 가지 물놀이

**물을 끼얹어도 무섭지 않아!** | 수영장에 들어가면 자유롭게 놀면서 여러 자세로 움직여 보게 합니다.

물보라를 일으키면서 달려 보게 합니다. 이렇게 하면 물에 밀려 생각처럼 달릴 수 없는 것이 재미있는지 소리를 지르며 즐거워합니다.

집오리처럼 구부려서 걸어 보게 합니다. 교사가 "뒤뚱뒤뚱 집오리야." 하고 노래를 불러 주면 더욱 잘 하기도 합니다.

물 속에 앉아서 둘이서 손을 잡고 배를 저어 가는 것처럼 해 보게 합니다. 조금씩 몸이 물에 잠기지만 아이들은 즐겁게 되풀이하는 동안에 무서워하지 않고 놉니다. 그리고 스스로 물 속으로 뛰어들 수 있으면 기준이 되는 것을 준비해서 빠져 나오게 하는 것도 좋습니다.

호스로 물을 뿌려 터널을 만들고 빠져 나오게 해 봅니다. 호스뿐만 아니라 다른 것도 좋은데, 네 살 어린이는 한 사람씩 하는 것보다 모두 함께 빠져 나오게 하는 것이 좋습니다. 그래야 잘 못 하는 아이도 같이 할 수 있습니다. 아이들은 처음에는 무서워하지만 점점 대담해집니다.

**물에 떠 보게 한다** | 스스로 물에 뛰어들 수 있는 아이를 잘 봐 둡니다.

물이 얼굴에 닿아도 손으로 닦거나 일어서지 않고 태연하게 계속 노는 지, 물 속에서 "이거 개구리헤엄." "고래헤엄." 하며 스스로 이것저것 해 보면서 자유롭게 놀고 있는지 살펴봅니다. 그런 아이라면 교사가 어떻게 하느냐에 따라 얼굴을 물에 대고 뜨는 자세를 해 볼 수 있습니다. 아직 조금이라도 무서워하거나, 물에 얼굴이 닿으면 열심히 얼굴을 들거나 하면 물과 가까워지는 놀이를 더 하게 해 줍니다.

어디까지나 다른 아이와 견주어 계속 다음 단계로 넘어가려고 서두르지 않도록 합니다. 아이 단계에 맞게, 그 단계를 확실히 다지는 것이 중요합니다. 그리고 두 팔을 귀에 대고 곧바로 물에 들어가면 깨끗하게 떠오를 수 있습니다. 서두르지 않고 여유 있게 어린이마다 힘을 조금씩 키울 수 있도록 합니다.

**주의할 점** | 첫째, 수영장에 들어가기 싫어하는 어린이는 교사가 손을 잡고 함께 들어가거나, 목말을 태워 주면서 한 사람 한 사람에게 맞게 대하는 것이 좋습니다. 교사와 함께 하면 긴장이 조금 풀어집니다. 그리고 칭찬하고 격려해 주면 자신감을 가지고 스스로 해 보겠다는 마음을 냅니다.

둘째, 늘 수영장에 물을 가득 채우지 않고 어느 날은 30센티미터쯤 적게 채우기도 합니다. 그런 날은 지금까지 제대로 놀지 못한 아이가 물 속에 엎드려서 기어갈 수 있어서 마음껏 떠들며 놀 수 있습니다. 때로는 조건을 조금씩 바꾸는 것도 좋겠습니다.

셋째, 여러 가지 물놀이를 연구합니다. 갖가지 색깔로 만든 바둑돌이나 물에 잠기는 물건을 물에 떨어뜨려 함께 줍게 합니다. 그리고 잘 미끄러지는 판을 기울어지게 놓고 미끄럼을 타게 하거나, 교사의 다리 사이를 지나가게 하거나, 그 밖에 여러 상황에 맞추어서 놀게 해 줍시다.

넷째, 네 살 어린이는 다섯, 여섯 살 어린이가 노는 모습을 보거나 함께 들어가면 자극을 받습니다. 다섯, 여섯 살 어린이가 물 속에 타이어를 세워 놓고 빠져 나오거나 넘어뜨려 뜨게 하고 그 속으로 뛰어 들어가는 모습을 보면 압도되면서도 "나도 해 보고 싶어." 하는 마음이 생겨 스스로 해 보려고 합니다. 네 살 단계에 알맞은 것을 잘 해내면서도 다른 나이와 함께 놀면서 자신도 다섯, 여섯 살 어린이들처럼 헤엄치고 싶다는 마음이 생기는 것도 집단의 힘입니다.

다섯째, 수영장에서 물놀이를 하고 나면 반드시 그 성과를 확인합니다. 나이마다 다른 모습을 살펴보고, 노력한 점을 교사와 어린이들이 함께 확인할 수 있으면 어린이에게 크나큰 힘이 됩니다.

여섯째, 어떤 아이라도 여름에 수영장에서 재미있게 물놀이를 하려면 먼저 어린이가 노력하면 다다를 수 있는 목표를 세워 놓아야 합니다. 그렇게 해서 함께 해내었다는 충족감과 마음껏 자유롭고 즐겁게 놀았다는 경험이 어린이에게 쌓여 갑니다. 교사는 어린이 한 사람 한 사람의 발달 상태와 능력에 맞게 목표를 세워야 합니다. 지금 그 아이가 무엇을 해야 생기 있게 놀 수 있을지를 늘 생각해야 합니다.

반드시 어떠한 아이에게나 똑같은 방법으로 다가가는 것이 좋다고 단정할 수 없습니다. 교사는 수영장이나 그 밖에 다른 조건을 살려서 어린이들이 여러 가지 놀이를 만들어 할 수 있게 연구해야 합니다. 되도록 시에서 운영하는 수영장이나 초등 학교 수영장 같은 큰 수영장에 가는 것이 물을 알아 가는 데 좋습니다. 어린이 한 사람 한 사람이 힘을 맘껏 바깥으로 내보내면서 여름을 즐겁게 보낼 수 있도록 해야 하겠습니다.


## 뛰어넘고 달리고 차고

어린이들은 수영장에서 물놀이를 하면서 새까맣게 타고, 온몸을 마음껏 움직여 보아서 자신감이 생기면, 바깥에서도 여러 가지 것을 해 보고 싶어하며 활동하려는 마음을 키워 나갑니다. 봄부터 여름에 걸쳐 바깥 놀이, 수영장 물놀이를 하면서 가꾸어 온 힘으로 걷고, 뛰고, 달리고, 차고, 균형을 잡으며 손발과 온몸으로 마음껏 놀 수 있게 하여 운동회를 정점으로 어린이 한 사람 한 사람이 운동 능력을 마음껏 드러내도록 해 줍시다.

"선생님, 뜀박질해요. 저 나무 짚고 오기야." "준비, 땅!" 하며 달리는 어린이들. 그러는 사이에 여기저기에서 놀고 있던 어린이들이 "같이 해." 하며 모여들고 몇 번이나 달리면서 즐거워합니다.

어린이들은 일등을 하지 않아도 마지막까지 승부를 생각하지 않고 생글거리며 달립니다. 운동회를 겪어 본 아이 하나가 쓰고 있던 모자를 뒤집어 "나는 백군, 너는?" 하면서 자기들 나름대로 편을 갈라서 달리기도 합니다. 그럴수록 운동회에 거는 바람도 높아집니다.

### 깡통 나막신 타기

어린이들과 함께 만든 깡통 나막신은 모두가 타고 싶어하고, 어느 아이라도 곧 탈 수 있습니다. 손에 쥔 끈을 당기고, 당긴 반대쪽 발로 중심을 옮기는 것이 아직 서툰 아이도 있지만, 날마다 싫증내지 않고 하고 싶어하는 모습을 보면 이 놀이를 발전시킨다면 무엇이라도 되지 않을까 하고 생각하게 됩니다.

### 굽 높은 나막신 신고 걷기

우리 어린이집에서는 어린이들이 깡통 나막신을 신나게 타는 것을 보고 굽 높은 나막신으로 바꿔 놀이를 이어 가려고 생각하고, 둥글고 네모난 헌 나막신을 모아 와서 먼저 두꺼운 나막신 가운데 네모난 것부터 올라타기로 했습니다. 시작하기 무섭게 금방 나막신을 신고 걷는 아이도 있습니다. 아이마다 태어난 달이 다르므로 이제 막 걷기 시작한 아이에게는 어떠한 곳에서라도 몸의 균형을 잘 잡고 걷는 것을 목표로 삼았습니다. 이 놀이를 하고부터 아이들은 아침마다 어린이집에 오자마자 마당으로 뛰어나가 나막신을 신으려고 했습니다. 밥을 먹고 난 뒤에도 계속해서 신고 있습니다. 아직 깡통 나막신 타는 것을 재미있어하는 아이도 있지만 그대로 둡니다.

등을 벽에 대고 나막신을 신은 아이는 어떻게든 걸어 보고 싶어서 넘어져도 계속 다시 합니다. 사나흘이 지나면 걷는 법을 몸에 익히고 "선생님, 봐 줘요." 하며 자랑하러 옵니다. 대부분 나막신을 신고 걷자 깡통 나막신을 타고 노는 아이들도 조금씩 굽 높은 나막신에 손을 댔습니다.

11월에 태어난 한 어린이는 어린이집에도 늦게 오고, 아이들과 같이 놀지도 않고, 자기를 잘 표현하지도 않는데 굽 높은 나막신은 처음부터 신고 싶어하고, 날마다 신으려 했습니다. 몇 번이고 넘어지는 것을 보고 교사가 "열심히 하네, 손으로 꽉 잡아당기는 거야." 하고 말을 건네자, 진지하면서도 밝게 대답하고 다시 도전해 봅니다.

이 아이는 정말 굽 높은 나막신을 좋아하는구나 싶어 감동 깊게 보고 있는데, 어느 날 갑자기 넘어지는 바람에 손가락을 다쳤습니다. 다음 날도 열심히 신으려고 할까 하고 걱정했는데, 다음 날 또 굽 높은 나막신을 가지고 와서 발을 올리려고 했습니다. 이 모습을 보고 이 아이는 반드시 나막신을 신을 수 있겠다는 생각이 들어 가슴이 뿌듯했습니다. 그리고 이 주일 뒤에 걸었는데, 정말로 잘 해냈구나 싶어 너무나 기뻤습니다.

이 아이는 오랜 시간 공들인 보람으로 걸을 때 균형을 잡으면서 안심하고 걸을 수 있었습니다. 다른 반 교사에게도 보여 주고 칭찬하니 지금까지 솔직하게 기쁨을 표현하지 못하던 아이가 기쁜 듯 웃었습니다.

다른 아이가 "못 해요." 하면 이 아이는 서슴지 않고 "연습하면 할 수 있어." 하고 말합니다. 이 아이가 나막신을 신자 다른 아이들도 관심이 높아지면서 노력한 덕에 조금씩 신을 수 있었습니다.

네모난 나막신을 잘 신을 수 있으면 둥근 모양을 신습니다. 그것도 신을 수 있으면 운동회에서 보여 주자고 합니다. 그리고 밖에서 신을 때는 벽에 등을 대지 않고 신어야 하기 때문에 혼자서 신을 수 있도록 목표를 세웁니다. 어린이들은 하나를 할 수 있으면 계속해서 다른 것도 할 수 있습니다. 몇 번이나 "봐요, 봐요." 하고는 한 걸음 한 걸음씩 자기 것으로 만들어 갑니다.

운동회에서는 여러 가지 것들을 하지만 여기에서는 굽 높은 나막신 신기를 예로 들어 보았습니다. 교사는 평소에 어떤 놀이가 어린이들의 눈을 빛나게 하고 싫증나게 하지 않는지 눈여겨보고 놀이를 발전시켜야 합니다. 그러면서 네 살 어린이가 갖추어야 할 힘이 무엇인가를 생각하면서 지도해 나가야 합니다.

여기에서는 같은 굽 높은 나막신이라도 네모난 것에서 둥근 것을 신을 수 있게 하고, 둥근 것을 신을 수 있으면 벽에 등을 대지 않고 언제 어디서라도 신을 수 있게 하면서, 어린이들이 다음 목표를 미리 생각할 수 있도록 구성해 봤습니다. 어린이들은 이렇게 할 수 있으면 좋겠다는 목표가 보이면 해 보려는 마음을 불태웁니다.

그리고 싫증내지 않고 날마다 진지하게 노력하는 어린이들에게 "열심히 하는구나." "반드시 탈 수 있어." "이렇게 하면 잘 돼." 하고 말로 격려하고 지켜봐 주면 어린이들은 더욱 힘을 냅니다. 또, 모두가 보는 앞에서 잘 해냈다는 것을 칭찬해 주면 모두들 더욱 마음을 내고 뜻을 불태웁니다.


**온몸과 손, 손가락을 갈고 닦기**
또 생활 속에서 모두가 온몸을 움직여 할 수 있는 것들을 조금씩 해 나가야 합니다.

예를 들면, 걸레질을 들 수 있습니다. 네 살 어린이는 도와 주는 것을 아주 좋아하므로 "방이 지저분한데, 선생님 혼자 할 수 있을까? 누가 좀 도와 줄래?" 하면 "좋아요." 하고 기운차게 대답합니다. 실제로는 아직 걸레를 잘 짜지 못하지만 누가 먼저랄 것도 없이 도와 줍니다.

걸레질을 하려면 두 손으로 걸레를 꼭 잡고 물기를 짜내고, 손가락까지 힘을 넣어서 닦아야 하기 때문에 "잡으면서 ……한다." "걸레를 손으로 누르면서 앞으로 나간다." 는 두 가지 힘을 하나로 모을 수 있어서 네 살 어린이에게 알맞은 활동입니다. 게다가 걸레질은 날마다 할 수 있습니다. 생활을 깨끗하게 하면서 배우는 활동입니다. 이렇게 기분 좋게 생활할 수 있는 여러 활동을 아이들이 해 보고 싶어하는 마음과 연결하여 짜 보도록 합니다.

### 주의할 점

첫째, 모두 하고 싶어하는 마음을 마음껏 불사를 수 있는 활동을 해야 합니다. 이 시기에 하는 활동은 운동회를 목표로 해서 나아가고 있습니다. 먼저 교사는 어린이가 활동하는 모습이 네 살 어린이의 발달 단계에 맞는 내용인지를 검토해야 합니다. 제대로 달리는지, 앙감질은 할 수 있는지, 그 밖에 여러 모습을 살펴야 합니다. 온몸 운동을 하면서 몸에 붙은 힘을 확실하게 이어 가야 합니다. 그리고 지금 어린이들이 어떻게 움직이고, 어떤 놀이 기구를 좋아하는지 판단하여 누구라도 마음을 내어 놀 수 있고, 발돋움할 수 있는 것을 할 수 있게 해야 합니다.

둘째, 활동을 해 보면 처음 한동안은 잘 하지만 마음을 내지 않을 때도 있습니다. 그럴 때 교사는 이것이 네 살 어린이에게 알맞은 활동일까 하고 갈피를 못 잡습니다. 그럴 때는 활동 내용과 어린이의 현실을 다시 한 번 뒤돌아보면서, 이겨 내야 할 것들을 어린이들이 확실히 알 수 있도록 합니다. 그리고 한 아이라도 마음을 불태우고 있으면 그 어린이를 중심으로 해서 다른 어린이에게 넓혀 나갈 수 있도록 해 줍니다.

셋째, 교사가 어떻게 평가하느냐에 따라 온몸 운동을 하고 싶어하는 마음도 달라집니다. "……도 열심히 하고 있으니까 ……도 할 수 있지." 하며 견주지 말고, "……야, 열심히 했구나. 이제 혼자 할 수 있지." 하며 진심어린 마음으로 격려해서 다른 아이들도 "나도 할 수 있어요." 하고 마음을 낸다면 새로운 장이 펼쳐질 것입니다.


## 풍부한 자기 표현

### 역할놀이

네 살 어린이는 엄마나 아기처럼 자기가 되고 싶은 것이 있기 때문에 평소에 눈으로 보아 온 여러 가지 일들을 흉내내며 노는 역할놀이를 아주 좋아합니다.

네 살 때는 두세 살 때 하는 상상놀이가 한결 발전합니다. 그리고 동무를 폭넓게 사귀면서 역할놀이를 잘 해 나갑니다.

아직 자신이 생각한 대로 놀고 싶어하는 나이기 때문에 "그만둬." "좋아." 하며 서로 이야기를 주고받기도 하지만, 잘 놀고 있다고 생각하고 있으면 "선생님, ……가 안 된다고 했어요." 하고 울면서 이르러 오는 아이도 있어서 싸움도 많이 일어납니다.

네 살 어린이는 자기가 생각한 대로 놀고 싶어하고, 동무가 바라는 것보다 자기를 먼저 생각합니다. 그렇기 때문에 당연히 많이 싸웁니다. 그럴 때 어린이들은 교사에게 이르거나 도와 달라고 하기 때문에 교사는 눈코 뜰 새 없이 바쁩니다. 그래도 아이들이 불만을 터뜨리러 오면 이야기를 잘 들어주어야 합니다. "한 번 더 그러지 마, 하고 말해 보렴. ……는 착하니까 반드시 하지 않을 거야." 하고 위로해 주면, 이런 모습이 마음에 걸리는 상대방 아이가 마음을 누그러뜨리고, 다시 한 번 "그러지

마." 하고 말하는 어린이를 동무로 받아들이고 사이좋게 놉니다.

자기가 뜻하는 것과 상대방이 뜻하는 것이 부딪쳐서 싸우기 때문에 교사는 이것을 부정하거나, 교사가 생각하는 대로 강요하지 않고 먼저 마음이 안정될 수 있도록 이야기를 들어주어야 합니다. 그리고 어린이들 처지를 인정하면서 말을 걸어 줍시다.

서로 부딪치면서도 둘이나 셋이 어울려 노는 아이들이 늘어나고, 둘 또는 세 모둠끼리 한데 섞여 노는 것도 볼 수 있습니다. 놀이 속에서 즐겁게 역할놀이를 발전시켜 나가도록 합시다.

엄마놀이, 가게놀이, 탈것놀이 | 운동회를 해 본 어린이들은 어느 정도 안정을 찾습니다. "나는 엄마가 될래, 너는?" "나는 아기." 하고 역을 나눠서 놀기도 합니다. 사이좋은 동무들도 생기고, 급식 때 옆에 나란히 앉아서 재잘거리면서 밥을 먹습니다. 다 먹을 때쯤 되면 "다 먹으면 엄마놀이하자." 하고 약속도 합니다.

그리고 걸상을 모두 줄지어 세워서 전차를 만들고, 맨 앞에서 진지하게 "타실 분은 빨리 타세요." "다음은 동물원 앞." 하고 운전사와 차장을 연기합니다. 옆에서는 엄마가 된 아이가 장바구니를 들고 "태워 주세요." 하며 옵니다. 이렇게 서로 다른 역할놀이가 하나로 이어지는 것도 볼 수 있습니다.

가장 많이 하는 역할놀이는 엄마놀이, 가게놀이, 탈것놀이인데 교사는 그러한 놀이들에 대한 풍부한 이미지를 가지고 놀이가 발전할 수 있도록 준비해서 어린이들과 함께 만들어 가는 것도 좋겠습니다. 칸막이나 장바구니를 준비하고, 종이로 지갑을 접거나 우유병 뚜껑을 모아 색을 칠해서 동전을 만듭니다. 이렇게 어느 때라도 놀고 싶을 때 가지고 놀 수 있도록 환경을 만들어 두는 것도 중요합니다.

그리고 어린이들끼리만 놀이를 하면 늘 같은 내용을 되풀이하기 쉽습니다. 때로는 교사도 아이들 사이에 끼어들어서 놀이가 더 즐거워질 수 있도록 합니다. 소풍 가서 겪은 일이나 고구마 캐러 갔을 때 생긴 일처럼 지금까지 함께 경험해 온 일들을 재현해서 즐겁게 놉시다. 평소에 혼자서 많이 노는 아이에게는 말을 걸어 주는 것도 중요합니다.

**그림책에서 놀이로** | 어린이들은 엄마놀이, 탈것놀이, 가게놀이 같은 놀이로 역할놀이를 많이 하는데, 교사는 좀 더 시점을 넓혀서 보아야 합니다. 그림책이나 그림 연극 같은 것을 읽어 주면서 편지 이야기가 나오면 우편 배달부 놀이를 합니다. 어린이들과 우체통을 만들고, 종이를 자르고 그림을 그려서 편지라고 가정하고 우체통에 집어 넣습니다. 그리고 "편지 왔습니다." 하고 우편 배달부가 되어 편지를 배달합니다. 어린이들은 종이를 자르고 그림을 그리면서 손과 손가락이 더욱 정교하고 치밀해지고, 이미지를 풍성하게 만들어 갑니다.

소방차가 나오면 불을 끄는 소방놀이도 하고, 둘레에서 일어나는 여러 가지 일을 놀이에 끌어들여서 자기가 좋아하는 역을 맡아 놀 수 있도록 이야기의 세계를 넓혀 주는 것이 좋습니다.

네 살 어린이는 되풀이되는 이야기도 좋아합니다. 또 생각지도 않은 사건이 생기면 놀라워하고 즐거워합니다. 약속을 지키지 않거나, 나쁜 짓을 해서 혼이 난 뒤에 겨우 빠져 나와 한숨을 돌리는 이야기들도 좋아합니다.

가까운 공원이나 절에 나들이 가서는 그 곳의 특징을 살려 굴이나 산, 나무, 걸상 같은 것을 이용해 놀면 여러 가지 놀이를 할 수 있어서 즐겁습니다.

"오늘 나들이 어디로 갈까?" 하고 물으면 "공원에서 늑대놀이해요." 하거나, "개구리 잡기 놀이 했지, 거기 가요." 하며 자신이 바라는 것을 말합니다. 이렇게 목적을 세워 나가면 누가 말하지 않아도 스스로 마음을 내어 놀 수 있습니다.

어린이들은 공원에 가면 큰 산에 있는 굴 속에 들어가서 "선생님, 여기 염소들 집이에요." 하고 염소가 됩니다. 이럴 때는 배역이 아직 정해져 있지 않으므로 교사는 재빨리 "선생님도 끼워 줘요. 선생님은 무엇을 할까?" 하고 말합니다. "좋아요, 선생님은 늑대가 되어 줘요." "엄마염소는 누구지?" "제가 할게요." 하면서 역을 정하고 나면 아이들은 드디어 늑대놀이를 합니다.

이야기 하나를 놀이로 무리하게 마무리짓지 않고 자유롭게 만들어 가는 것이 좋습니다. 좋아하는 이야기라면 어린이들은 깜짝 놀랄 만큼 어떻게 이야기를 주고받아야 할 것인가도 기억하고 있습니다. 교사가 늑대가 되어 나오면, 기대에 찬 듯 볼이 달아오르면서 "나는요, 먹을 수 없는 조그만 새끼염소예요." 하고 열심히 늑대에게 호소합니다. 그리고 늑대가 낮잠을 자고 있으면 웃옷에 작은 돌멩이를 넣고 꿰매는데 자기 머리보다도 큰 돌을 안고 오는 아이도 있어 교사를 놀라게 하지만 어린이들은 우물이라고 정한 곳에 늑대가 빠질 때까지 아주 진지하게 자기가 맡은 역에 빠져듭니다.

또 '새끼돼지 세 마리' 놀이에서는 나무를 보면, "여기, 나무로 만든 집이야." 하고 나무 둘레에 동그라미를 그립니다. 그리고 기울어진 곳에 쌓아 놓은 돌 축대를 기와집이라고 합니다. 좀처럼 짚으로 만든 집으로 할 만한 곳을 찾지 못하고 결국 나뭇가지를 주워 와서 만든 다음에 배역을 정합니다. 누구나 기와집에 사는 새끼돼지가 되려고 해서 늑대 역은 교사 차지가 되지만, 어린이가 하고 싶어하는 것을 존중해서 그대로 합니다.

놀이가 되풀이되면서 아이들은 늑대도 되고, 또 나무나 짚으로 만든 집에 사는 새끼돼지가 되기도 합니다. 둘레에 있는 사물을 이용해서 여러 가지 다른 방법을 연구해 몇 번이고 되풀이해서 놀면 참으로 즐겁습니다.

교사는 언제나 모자라는 점을 보충해 주면서 역할놀이에 참여해 이야기를 펼쳐 나갑니다. 그러면서도 같이 놀지 못하는 아이가 보이면 말을 걸어 주고 손을 잡아 이끌어 줍니다. 모두가 함께 놀 수 있도록 마음써야 합니다.

**주의할 점** | 첫째, 네 살 어린이들이 하는 역할놀이에서 교사는 놀이를 함께 하는 동료가 되고, 교통 정리를 하면서 함께 즐기고, 놀이의 바깥에서 이야기를 펼쳐 나갑니다. 그 속에서 모두가 함께 힘을 드러낼 수 있도록 합니다.

둘째, 교사는 어린이들에게 놀이 기구를 제대로 많이 마련해 주어야 합니다. 집이나 탈것이 되기 쉬운 칸막이나 나무 토막 장난감 같은 큰 것에서부터 주머니, 가방, 끈, 종이 상자, 여러 가지 모양으로 만든 빈 상자 같은 작은 것까지 어린이가 스스로 꺼내거나 정리, 정돈할 수 있도록 준비해 놓으면 좋습니다.

셋째, 어린이들 가까이에 놓아 둘 그림책도 단지 어린이가 좋아하는 것이 아니라 교사가 어린이들에게 전해 주고 싶은 상냥한 마음씨라든가 용기, 기쁨, 엄격함 같은 내용을 담고 있는 것으로 골라 주어야 하겠습니다. 되풀이해서 읽어 주는 동안 "왜 그렇게 됐지?" "모두가 그랬으면 마음이 어땠을까? 하며 어린이들에게 물어 보기도 하면서 그 뜻을 생각하게 합니다.

어린이가 역할놀이를 잘 할 수 있게 하려면 재료도 풍부하고, 놀이도 발전시켜 갈 수 있는 환경을 만들어 주어야 합니다.

## 규칙 있는 놀이

동무들과 서로 활발하게 관계도 맺고, 동무들이 바라는 것을 조금은 받아들일 수 있으면 간단한 규칙이 있는 놀이를 이해할 수 있습니다. 규칙을 확실히 이해하지 못하는 아이는 술래가 되면 어쩔 줄 몰라 합니다. 그러므로 처음에 규칙을 잘 알 수 있도록 이야기해 줍니다. 그리고 여러 번 되풀이하면서 그 때마다 이야기해 주면 금세 기억합니다.

아이들은 숨거나 찾고, 쫓거나 잡히면서 온몸을 움직여 노는 것도 아주 즐거워합니다. 술래잡기를 할 때는 꼬리를 잡거나 색이 있는 물건을 이용해 잡는 놀이가 규칙을 이해하기 쉬운지 자주 하고 싶어합니다.

아직 규칙이 있는 놀이에 눈을 뜨는 시기이기 때문에 한 가지 규칙에만 얽매이지 않고 어린이들이 알기 쉽게 규칙을 바꾸면서 여러 가지 놀이를 해 보게 하면 좋습니다. 그리고 교사가 어디에 있어야 아이들이 혼란스러워하지 않을지 생각하면서 놀이를 해야 합니다.

숨바꼭질 | 이 시기는 스스로 숨을 장소를 찾아 내기보다는 교사와 함께 같은 곳에 숨는 단계입니다. 술래가 된 아이도 아이들을 빨리 찾아 내지 못하면 금세 다른 놀이를 합니다. 숨어서 기다려도 찾으러 오지 않기 때문에 숨은 아이가 술래를 찾으러 나서면 술래가 모래밭에서 놀고 있을 때도 있습니다. 술래와 숨는 쪽, 양쪽에 교사가 들어가 있으면 아이들 전체가 숨바꼭질하는 재미에 빠져들 수 있습니다.

꼬리잡기놀이 | 모두가 꼬리를 달고 싶어할 때는 꼬리를 다 달아서 서로 잡아당기며 뺏는 놀이도 좋습니다. 또는 아이들 가운데 반만 꼬리를 달고 꼬리를 달지 않은 아이가 꼬리를 달고 있는 아이를 쫓고, 다음은 반대로 합니다. 아니면 한 아이만 꼬리를 달고 도망친 다음 아이들이 모두 그 아이를 쫓고, 꼬리를 잡은 아이가 다음에 꼬리를 달고 도망칩니다. 꼬리를 몇 개 뺏었나 하는 승부에는 그다지 마음쓰지 않고 쫓고 쫓기는 놀이를 즐길 수 있게 합니다.

색 찾기 놀이 | 여러 가지 색을 찾고, 깊이 생각하면서 할 수 있는 놀이로 "어디에도 없는 색, …… 금색!" 하고 교사가 말하면, "에이, 그런 것 없어요." 하고 불만에 가득 찬 소리를 내면서 모두 흥분한 듯 놉니다. 간단한 규칙을 모두 이해하고 동무와 함께 즐겁게 놀 수 있도록 여러 가지 놀이를 생각해 봅시다.

주의할 점 | 첫째, 동무들 사이에서 좀처럼 자신을 표현하지 않는 아이

에게는 먼저 놀이는 즐겁다는 것을 이해시키고, 한번 해 볼까 하는 마음을 불러일으켜 줘야 합니다. 그리고 놀이 속으로 이끌고 들어가서 아이들과 같이 놀면서 서로 어울리고 관계를 맺는 것을 잘 받아들일 수 있도록 해 줍니다.

둘째, 사철을 온몸으로 느끼게 하고 여러 가지 이야기를 들려줍니다.

셋째, 이전보다 동무가 하는 이야기를 잘 듣고, 간단한 규칙을 이해하면서 동무들과 함께 다양한 놀이를 하면 놀이가 더욱 재미있다는 것을 마음껏 경험하게 합니다. 그리고 어린이 한 사람 한 사람이 모두 힘을 드러내서 즐거운 놀이를 많이 할 수 있게 해 줘야 합니다.


## 리듬 운동

네 살 어린이는 온몸을 움직여 리듬 운동을 할 때 말이나 몸짓으로 지시만 해도 똑같이 행동할 수 있습니다. 이는 세 살 어린이와 견줄 때 크게 다른 모습입니다. 자신이 이해한 만큼 몸을 움직일 수 있으면 그만큼 대담하고 섬세하게 표현할 수 있습니다. 그리고 리듬을 타고 몸을 움직이면서 기쁨을 느낍니다. 세 살 때 두 발 뛰기를 제대로 하면 한 발로 몸을 받치고 뛰거나, 오른쪽 왼쪽으로 중심을 바꾸면서 한 발은 들고 한 발로만 뛰는 앙감질도 할 수 있습니다. 이렇게 하면 다른 리듬 운동을 할 때보다 평형 감각도 늘고, 순발력, 유연성을 기르고, 발가락, 손과 손가락, 온몸을 움직여 놀면서 여러 가지 걸음걸이로 걸을 수도 있습니다.

네 살 때는 누구나 한쪽 발로 두 번씩 껑충껑충 뛰면서 앞으로 나아갈 수 있습니다. 한 발씩 어색하게 앞으로 내밀며 좀처럼 리듬을 타지 못하는 어린이들이라도 이렇게 걷는 것을 배우면 잘 할 수 있습니다. 한쪽 발만으로 리듬을 타는 시기가 길거나, 한쪽 발로 두 번씩 껑충껑충 뛰면서 앞으로 잘 나아가지 못 하는 어린이는 교사가 손을 잡고 함께 리듬을 맞춰 줘야 합니다.

가을이 되면, 다섯 살을 맞이한 어린이들은 대부분 자유롭게 한쪽 발로 두 번씩 껑충껑충 뛰면서 앞으로 나아갑니다. 모두가 자랑스럽게 하고, 자기 자신을 봐 주기를 바랍니다. 그것을 보면서 이 리듬을 아직 타지 못하는 아이도 마음을 내어 평소에 해 보려고 합니다.

우리 어린이집에서 7월에 태어난 한 어린이는 교사와 손을 잡으면 할 수 있을 때도 있지만 혼자서 하면 몸이 굳어지고, 모든 아이들 앞에서 하면 모두 자기만 보고 있다고 생각해서 제대로 힘을 내지 못했습니다. 마음을 좀 더 내기를 바라면서 계속 격려해 주었습니다.

그러나 같은 상태가 그대로 이어져서 이 아이가 하고 싶은 마음이 없는 것일까 하고 생각할 정도였습니다. 스스로 이렇게 저렇게 해 보지도 않고 모두 함께 할 때 겨우 따라 하기만 했습니다. 하지만 그 아이의 어머니에게 이런 이야기를 들었습니다. 장을 보러 갈 때 어디에서고 "엄마, 같이 해." 하고 말해서 부끄러웠지만 함께 해 보았다는 것입니다. 그래서 이 아이도 하고 싶어한다는 것을 눈치채고 이제 곧 하는 것을 볼 수 있겠구나 하고 기대하였습니다.

어느 날, 이 아이가 어린이집에 오자마자 밝은 표정으로 "선생님, 봐요, 봐요." 하고 껑충껑충 뛰면서 앞으로 나아갔습니다. 자기 내면에 쌓아 온 힘이 한 번에 터져 나온 것처럼 힘이 넘치고, 리듬이 풍부했습니다. 그 뒤부터 이 아이는 자신을 적극 표현했습니다.

운동회 연습이 한창일 때, 한 아이가 열심히 하면 다른 아이들도 자극을 받아 열심히 합니다. "할 수 있으면 좋겠어." "집에서도 연습했다고." 하고 어려움을 이겨 나가는 것입니다. 이러한 것들은 평소에 하는 것이 중요한데, 이제 할 수 있는 힘이 몸에 붙었다고 생각될 때까지 즐겁게 보살피도록 합시다.

# 줄넘기

어린이들이 아주 좋아하는 겨울 바깥 놀이 가운데 줄넘기가 있습니다. 다섯 살, 여섯 살 아이들이 노래에 맞춰서 줄넘기를 하고 있으면, 아이들은 나도 뛰어넘을 수 있을까 하고 생각하면서 같이 하고 싶어합니다. 줄넘기하는 데 끼워 주면 긴장하며 기다립니다. 가장 간단한 '아침 바람 찬 바람에' 노래를 불러 주면 뛰어넘는다기보다 이리저리 달리면서 돌고, 줄이 자주 발에 걸려 놀이가 중간 중간 끊어지는데도 마지막에 "잘 했구나." 하고 말해 주면 만족스러워합니다. 또 줄 속에 들어가서 참을성 있게 기다리기도 합니다.

몇몇 아이가 나이가 많은 아이들한테 뛰는 방법을 배워 오면 "선생님, 줄넘기해요." "아침 바람 찬 바람에 해요." 하고 자기네들끼리 줄넘기를 하기도 합니다.

처음으로 긴 줄 줄넘기를 시작하는 어린이들은 줄이 움직일 때마다 몸도 이쪽저쪽 방향으로 바뀌고, 뛰어넘는다기보다 이리저리 달리면서 도는 것처럼 보입니다. 하지만 교사가 아이마다 뛰어넘는 리듬에 맞추어 줄을 돌려 주고 노래를 마지막까지 불러 주면서 "잘 하는구나." 하고 칭찬해 주면 몇 번이나 끈질기게 해 보려고 합니다.

리듬을 탈 수 있으면 줄 가운데서 뛰어넘게 하거나, 줄을 돌리고 있는 교사를 보면서 뛰어넘게 합니다. 이리저리 달리며 돌아다니지 않고 일정한 곳에서 뛰어넘을 수 있도록 말해 줍니다. 줄넘기에 푹 빠진 어린이들은 참을성 있고 끈기 있게 차례를 기다리고 줄을 넘습니다. 이렇게 꾸준히 하면 겨울이 끝나갈 즈음에는 '아침 바람 찬 바람에' 노래가 끝날 때까지 줄을 뛰어넘을 수 있습니다.

그러나 줄넘기를 좋아하는 것도 아이마다 달라서 모두 다 열중하지는 않습니다. 차례를 기다리지 못하거나 한 번 뛰어 보고 잘 되지 않으면

포기해 버리고, 또 뛰어넘지 못한 것이 부끄러워서 다시 들어가지 못하는 아이도 있습니다.

평소에 '아침 바람 찬 바람에' 노래에 한정하지 말고, 구불구불한 뱀처럼 줄을 흔들어서 두 발로 뛰어넘거나 높게 뛰거나 낮게 뛰게 합니다. 그리고 줄을 움직이지 않고 옆으로 뛰어넘게 합니다. 누구나 들어오기 쉽게, 줄넘기에 익숙해질 수 있게 배려합니다. 나도 할 수 있을까 하는 불안한 마음을 없애 주고, 다른 놀이를 하고 있는 어린이도 "재미있겠다, 나도 한 번 해 볼까." 하는 마음이 들 수 있도록 해 봅시다.

전래 노래 리듬에 맞춰 기분 좋게 뛰어넘어서 뛴 만큼 더 뛰고 싶어하고, 다음에는 다른 노래에 맞춰서 하고 싶어하게 만들어 줍시다. 손과 발이 어우러지고, 온몸을 리듬에 맞춰 혼자서 하는 줄넘기도 잘 할 수 있게 해 줍니다. 어린이마다 즐겁게 줄넘기를 잘 할 수 있도록 배려해 줍시다.

## 팽이돌리기

네 살 어린이는 자기 힘이 미치지도 못하는데 알고 싶어하고, 하고 싶어하기 때문에 집에서 형이 팽이를 가지고 있거나 대여섯 살 어린이가 팽이를 돌리면 아주 하고 싶어합니다.

팽이를 돌릴 때는 먼저 누구나 즐길 수 있는 팽이를 준비합니다.

엄지손가락과 집게손가락으로 잡고 돌리는 팽이는 둘레에서 쉽게 구할 수 있는 재료로 바로 만들 수 있습니다. 손가락에 힘을 모으고 비틀면 돌기 때문에 손과 손가락을 정교하고 치밀하게 하는 데 제격입니다. 여러 가지 모양과 재료를 연구하여 만들어 봅시다. 재료는 마분지와 성냥개비, 이쑤시개입니다. 그리고 겨울이 되면 반드시 팽이를 돌리는 데 관심을 보일 것이라고 생각하고 가을에 나들이할 때 도토리를 주워 모아 놓으면 잘 쓸 수 있습니다.

처음에는 잘 돌릴 수 있을까 하고 혼자서 해 보지만, 손가락에 힘이 들어가는 정도나 놓는 시간 같은 방법을 알면 동무들과 누가 오래 돌릴 수 있는지 경쟁도 합니다. 그리고 칸막이 같은 데나 의자, 오르간, 소꿉놀이 쟁반 위에서도 돌려 보기도 하고, 어려운 곳에서 돌리면 흥분하여 "선생님, 봐요, 봐요." 하고 교사를 부르러 오기도 합니다.

손가락으로 돌리는 팽이를 마음껏 돌려 보고 난 다음에는 줄을 말아서 돌리는 팽이를 돌려 보도록 합니다. 줄팽이는 보통 팽이처럼 줄을 처음에는 강하게 말고 점점 힘을 빼면서 힘을 조절하여 돌리는 게 아니라서 어렵지 않고, 확실하게 줄을 말기만 하면 돌릴 수 있으므로 누구나 쉽게 돌릴 수 있습니다.

그렇지만 왼손, 오른손을 서로 다르게 움직여 왼손으로 팽이를 받치고 오른손으로 실을 강하게 당기려면 처음에 어려워합니다. 줄을 잡아당기는 힘이 약해서 힘없이 도는 때도 있습니다. 그러나 날마다 하면 팽이돌리는 데도 점점 힘이 붙습니다.

어린이들은 팽이를 언제 어디서나 돌릴 수 있으면 당연한 것처럼 동무들과 서로 겨룹니다. 방바닥 같은 곳에서 누가 오랫동안 돌리는지 겨루거나, 의자 위나 일정한 곳 안에서만 돌리는 걸 겨루기도 하는데, 이처럼 규칙을 나름대로 정해 놓고 돌리기도 합니다.

아직 잘 돌리지 못하는 어린이는 교사가 함께 돌려 주고 힘을 넣는 정도를 느낄 수 있도록 해 줍니다. 그리고 언제라도 팽이를 돌리고 싶을 때 금세 꺼낼 수 있는 곳에 팽이를 놓아 두어야 합니다.

또 정리, 정돈할 때도 끈을 매어서 놓아 두면 끈이 없어지거나 엉키지 않기 때문에 곧장 놀이를 할 수 있습니다.

# 표현 활동

## 역할놀이와 연극놀이

### 역할놀이와 연극놀이의 뜻

네 살 시기에는 상상놀이 시대라고 하는 세 살 시기가 이어져서, 점점 역할놀이를 풍부하게 넘치듯이 합니다. 세 살 때보다 역할놀이에 좀 더 익숙해지고, 경험을 많이 쌓았기 때문입니다. 그러나 한편, 정신이 앞 시기에 견주에 뛰어나게 발달하는 네 살 후반기는 역할놀이를 할 때도 세 살에서 대여섯 살로 넘어가는 중간 단계이기 때문에 균형을 제대로 잡지 못하고, 지도하기도 어렵습니다. 역할놀이를 가르칠 때도 어디에서 무엇이 어떻게 바뀌는지 제대로 판단하는 것이 중요합니다.

먼저 역할놀이, 연극놀이를 받아들이는 방법이나 용어의 개념을 정확하게 해 두겠습니다.

두 살 때 하던 흉내놀이는 세 살 때 몸짓 표현으로 바뀝니다. 또한 상상력이 늘어 상상놀이를 하면서 현실에서 떨어져서 이미지를 만드는 힘이 점점 또렷해집니다. 이 두 가지가 만나서 세 살 어린이는 자신이 무엇인가가 되어 버리는 역할놀이의 앞 단계 놀이를 합니다. 네 살이 되면 역할놀이를 할 수 있어서 몸짓, 상상, 역할 세 가지가 만나 제대로 된 역할놀이를 할 수 있습니다.

자동차놀이를 할 때 아이들은 몇 가지 운전을 싫증내지도 않고 되풀이합니다. 이렇게 되풀이하는 것은 역할놀이에서 나타나는 특징입니다. 하지만 자동차 사고가 나서 다친 사람이 생기면 구급차를 부르고 이는 곧 병원놀이로 발전합니다.

이처럼 되풀이하던 역할놀이에 우연한 일이 생기면 그 자리에서 줄거리가 생겨서 초보 수준의 즉흥극놀이로 바뀝니다. 우연하게 갑자기 생기는 줄거리가 아니라 그림책의 이야기처럼 미리 정해져 있는 줄거리를 넌지시 비추어 가면서 노는 활동을 이야기 극 놀이라고 하겠습니다.

즉흥극놀이도 이야기 극 놀이도 네 살 때는 아직 초보 단계로, 대여섯 살 어린이가 연극놀이를 할 때처럼 역할놀이에서 갈라져 나온 놀이로 발선한 것은 아닙니다. 네 살 어린이는 연극놀이 같은 놀이를 하면서 대여섯 살 때 하는 연극놀이의 싹을 틔우지만, 그것은 아직 역할놀이에 속해 있습니다. 그래서 이 책에서는 세 살까지는 역할놀이와 연극놀이를 나누지 않습니다.

쉬운 흉내놀이에서 어려운 이야기 극 놀이까지를 모두 통 털어서 이것이 다른 놀이와 질적으로 다른 점은 이 놀이들이 모두 상상으로 뒷받침되는 '거짓말쟁이'의 놀이라는 점입니다.

그러므로 어린이가 바라는 것을 올바르게 이끌어 내고, 또 교사가 지도하는 것이 그 시기 활동에 나타나는 특징과 서로 맞물리면 네 살 어린이는 신바람이 나서 활발하게 활동합니다. 그 힘에 교사는 쩔쩔맬 정도로 아이 키우는 맛을 느낄 수 있습니다.

### 특징과 주의할 점
네 살 전반기에 하는 놀이는 대체로 세 살 때 하던 놀이와 크게 다르지 않고, 후반기가 되어 다섯 살이 가까워지면 질이 크게 바뀝니다.

손발과 몸의 운동 기능이 더욱 정교하고도 부드러워지고, 이것을 어우러지게 하는 힘이 생기면서 한쪽 발을 들어 올리면서 앞으로 뛰는 앙감질을 할 수 있듯이 두 가지 행동을 하나로 모아 할 수 있습니다. 이 힘은 '……하면서 ……하는' 행동이라고 하는데, 앞 시기보다 눈에 띌 정도로 몸을 정교하게 움직이고, '……답게' 하는 표현을 할 수 있습니다.

자아가 확실히 싹트고 견주는 힘도 생기기 때문에 좋고 싫은 것이 뚜렷해집니다. 좋아하는 그림책에서 따온 이야기 극 놀이를 할 때는 신명나게 놀고, 싫증내지도 않고 계속 하려고 합니다.

말을 확실히 하고, 이미지를 말로 표현할 수 있습니다. 교사가 하는 말에 맞춰 이미지를 하나하나 만들어 가고, 집단이 이미지를 공유할 수 있습니다. 집단에서 거짓말놀이를 하면 몇 배나 더 즐거워집니다.

"왜?" 하는 질문을 엄청나게 많이 하는데, 이것은 어린이 생각 속에서 초보 수준의 인과 관계가 성립했다는 뜻입니다. "염소는 배가 너무 고파서 다리를 건너고 있는 거야." 같은 행동을 이해합니다.

밖에서 규제하는 것을 이해하고, 그것을 자기 마음 속에 받아들여 자신을 조절할 수 있는 힘이 싹틉니다. "……하지만, 그래도 ……한다."는 것을 할 수 있습니다.

위에서 말한 것들은 놀이를 할 때 역을 맡아 할 수 있다는 뜻이고, 이것은 네 살 후반기에 들어와 뛰어나게 발전하는 역할놀이와 연극놀이에서 나타나는 가장 큰 특징입니다.

역 인식과 표현 | 역할놀이를 할 때는 자기가 맡은 역이 어떤 것인지 알고, 그것을 어떻게 표현할 것인가 하는 것을 생각해야 합니다.

역할놀이에서 아빠 역을 맡은 아이가 아빠답게 행동하려면 아빠가 엄마나 아이한테 어떻게 행동해야 하는지 알고 있어야 합니다. 소꿉놀이에서 아버지가 된 네 살 어린이에게 "불났다."고 갑자기 상황을 설정해 주니 갓난아기는 그냥 내버려 둔 채 도망쳤습니다. 하지만 아버지 역을 맡은 여섯 살 어린이는 여자와 어린이들을 피신시키고 불 끄는 것을 도왔습니다. 이것은 아빠는 무엇을 해야 하는지를 알고 있다는 뜻입니다.

이렇게 생각하는 힘은 나는 아버지, 다른 사람은 그 밖의 사람들이라는 문맥 속에서 그것을 체계화하는 능력이 있어야 생깁니다. 또 자기 아버지를 넘어서 일반화되고 객관화된 아버지의 이미지를 갖고 있어야 합니다. 따라서 경험이 적고, 나와 남, 주관과 객관이 나누어지지 않은 네 살까지는 역의 성격을 제대로 생각하지 못합니다.

그러나 네 살이라도 자기가 아버지가 되었다고 생각하고 연기하는 것은 아버지다운 행동 양식을 몇 가지 알고 있다는 뜻입니다. 그것을 겉으로만 흉내내서 놀이에 이용하는 것이기 때문에 다른 장면에서는 응용하지 못합니다.

네 살 전반기까지는 역의 성격을 이해하는 앞 단계라고 할 수 있습니다. 네 살 후반기부터 이 힘이 싹트기 시작하지만 완전하지 않습니다. 네 살 때 역할놀이를 할 때는 자기에 맞춰 한쪽 방향으로만 생각합니다. 예를 들어 아버지 역을 한다면 자기가 생각하는 자기 아버지의 이미지에 머물러 있습니다. 아버지가 되어 아내나 아이를 바라보거나 제삼자의 처지에서 바라보지 못합니다. 경험한 내용이나 질도 적기 때문에 아버지 역을 한쪽으로만 생각하지도 않지만 여러 면으로 생각하지도 않습니다.

늑대 이야기를 연기한다면, 네 살 어린이는 자신들을 새끼염소와 동일시하고 새끼염소의 처지에서 이야기를 받아들이기 때문에 늑대 역을 맡은 어린이는 아무래도 어중간하게 움직입니다. 그러나 여섯 살이 되면 염소를 잡아먹으려고 하는 늑대를 확실하게 연기합니다. 여섯 살이 되어야 이 방향을 이해하거나 제삼자의 처지에서 객관화하면서 역의 성격을 생각할 수 있습니다. 다섯 살이 될 무렵부터 다른 방향에서 생각할 수 있게 가르치면 맡은 역을 깊이 이해할 수 있습니다.

"자, 모두 이번에는 늑대가 되어서 이 책을 보자. 앗, 맛있게 보이는 염소가 있구나. 어떻게 해서 문을 열게 할까. 그렇지 엄마라고 해서 속이자." 하는 식으로 그림책을 들려주면 좋겠지요.

연극놀이를 할 때 자기가 맡은 역을 제대로 이해하지 못한 채 연기하면 행동은 어정쩡해지고, 가르쳐 준 것만을 기계처럼 되풀이합니다. 또 놀이로 소화하지도 못 합니다.

세 살 어린이는 스스로 아버지라 하고 아버지다운 몇 가지 행동을 겉으로만 흉내내서 자신이 그대로 아버지가 되었다고 생각하며 놉니다. 역을 이해하지 못하는 아이들은 대부분 자신의 성격이나 바람대로 연기를 합니다. 아버지답지 않게 행동해도 자신이나 상대 역을 맡은 아이들도 모두 아무렇지도 않게 즐기면서 놉니다. 버스놀이를 할 때도 손님이 운전을 할 경우도 있습니다. 조역을 맡은 어린이가 실제로 힘이 세면 염소를 해치워 버립니다. 한편 염소 역을 맡은 아이들도 상대 역을 맡은 아이가 연기를 잘 못 해도 다섯 살 어린이처럼 따지지 않고 자기가 그대로 싸웁니다. 그렇기 때문에 연극놀이를 하다 서로 대립하는 장면이 나오면 아이들은 진짜 싸우기도 합니다.

세 살 어린이는 행동 하나하나가 아버지답지는 못해도 마치 자기가 실제로 아버지가 된 것처럼 아주 진지하게 연기합니다. 말하자면 "……처럼 돼 버렸다."고 말할 수 있는 단계입니다.

그러나 네 살 중반이 되면 앞에서 말한 것처럼 "……하면서 ……한다."는 행동을 할 수 있습니다. 또 인과 관계를 생각하고 행동하는 동기를 이해할 수 있습니다. 역할놀이를 할 때 자기가 맡은 역을 이해하고 역 내용을 바깥에서 규제하면 마음 속에서 받아들입니다. "나는 정말 힘이 세지만, 조역이니까 연극놀이에서는 지는 거다." 하고 생각할 수 있습니다. '……답게' 연기하는 것을 흥미로워하고, 상대 역에게도 '……

답게' 하기 바랍니다. 참 역할놀이를 할 수 있는 것입니다.

이 시기에 '……답게' 연기하기 위해서는 역을 폭넓고도 깊게 이해할 수 있도록 '……답게'의 내용을 가르쳐야 합니다. 네 살 후반기부터 말을 확실히 이미지로 만들 수 있습니다. 아버지는 이럴 때 어떻게 할까 하면서 여러 장면을 설정하여 서로 이야기하는 것도 좋겠습니다. 아버지가 등장하는 다양한 그림책들을 읽어 주고 견주면서, 아버지들은 여러 가지 일을 한다는 것을 알게 하는 것도 좋습니다.

**상상놀이** | 상상놀이도 세 살 때보다 내용이 풍부해지고 발전합니다.

세 살 어린이는 골판지 상자를 그냥 이리저리 움직이다가 그것을 자동차로 상상합니다. 그런데 네 살 후반기에는 먼저 자동차놀이를 하고 싶다는 동기가 있고, 거기에 우연히 골판지 상자가 있을 때 그것을 자동차로 상상합니다. 그러나 대여섯 살처럼 자동차놀이를 할 때 골판지 상자를 자동차로 하면 좋겠다고 생각하여 상자를 찾아서 놀지는 못합니다.

또 세 살 어린이는 이미 자기가 생각한 대로 무엇이 되었다는 것에만 빠져들어 대상물이 알맞은지 아닌지는 별로 마음쓰지 않습니다. 그러나 네 살 어린이는 대상물이 그럴 듯한지 아닌지에 집착합니다. 그래서 상자에 전조등을 달거나 문을 그려 넣으면 아주 좋아합니다. 하지만 아직 대여섯 살처럼 핸들에 액세서리를 달고 진짜 자동차처럼 꾸미는 것에는 관심이 없습니다.

상상놀이를 할 때 아이들은 현실과 비현실을 나누어 생각하기 때문에 이렇게 놀 수 있습니다. 세 살 때는 아직 현실과 비현실을 뚜렷하게 나누어 생각할 수 없지만, 네 살 때는 현실과 비현실을 나누어 생각합니다. 그런 만큼 오히려 상상놀이가 어려워질 때도 있고, 상상놀이를 흥미로워하지 않는 아이도 나옵니다.

상상놀이를 할 때는 자동차 운전을 하고 싶은데 쓸 수 있는 것이 골판지 상자밖에 없으면 그 모순을 상상으로 메웁니다. 하지만 진짜와 꼭 빼

닮은 배터리 차가 있으면 어린이들은 아주 좋아하면서 올라탑니다. 그러나 이것은 어디까지나 조작놀이이지 상상놀이가 아닙니다.

그런데 현실의 실제 사물과 관계를 맺어야 생각을 할 수 있는 젖먹이 아기 때는 생각이 아직 동물 수준에 머물러 있습니다. 사람이 지적 활동을 할 때는 현실과 동떨어져 이미지를 만들어 머릿속에서 생각하는 특징이 나타납니다. 어린이는 사람답게 생각할 수 있을 때 상상놀이를 합니다. 상상놀이는 어린이가 발달하기 위해 꼭 해야 하는 중요한 과제입니다. 세 살 어린이는 앞에서 말한 것처럼 대부분이 주관으로, 현실과 비현실이 나뉘지 않은 상태에서 상상놀이를 하기 때문에 그 놀이는 엄밀히 말하면 다른 놀이와 구별되지 않습니다. 네 살 후반기에 들어서야 참다운 상상놀이를 할 수 있습니다. 이 시기에는 상상이 중요하기 때문에 조작놀이보다 재미있는 상상놀이를 듬뿍 즐기게 해야 합니다.

자동차놀이를 해도 장난감 자동차가 있어야 하고, 나무 토막 장난감을 쓰면 안 되는 아이가 있습니다. 그러나 진짜와 꼭 같은 놀이 기구나 장난감을 너무 많이 주어도 안 됩니다. 소꿉놀이하는 곳에 진짜와 똑같은 플라스틱 과일이나 음식을 차려 놓으면 안 됩니다.

네 살 어린이가 상상놀이를 할 때 나타나는 또 다른 특징은 집단에서 상상놀이를 하는 것입니다. 그래서 교사가 말을 걸어 주어 저마다 갖고 있는 이미지를 되도록 하나로 모아 집단의 이미지를 함께 만들 수 있어야 합니다. 이미지를 공유한다고 해도 네 살 어린이는 아주 작은 것에까지 얽매이지 않기 때문에 대여섯 살 어린이처럼 그림책을 자세하게 보고 받아들이면서 세밀한 이미지를 만들 수는 없고, 또 그렇게 하지 않아도 됩니다.

하지만 이미지를 어느 정도 공유해야 집단에서 상상놀이를 할 수 있습니다. 세 살 때는 자리나 도구를 서로 차지하겠다고 다투지만, 네 살 때는 "여기는 다리야, 길하고는 달라!" 하고 주장하는 것처럼 자기 이미지를 주장하기 때문에 많이 다툽니다. 그래서 집단 상상놀이를 할 때는 교사가 중재자가 되어야 합니다.

**몸짓 표현** | 몸짓 표현은 사람이 자기를 표현하는 가장 본능에 가까운 표현 형식이고, 어린이가 아주 좋아합니다. 또 역할놀이부터 연극놀이에 이르기까지 놀이를 할 수 있는 바탕이 됩니다. 이 놀이를 할 때도 세 살부터 다섯 살에 걸쳐서 나타나는 특징이 다릅니다.

세 살 어린이가 곰을 보고 감동하면 놀이할 때 완전히 곰이 되어 버립니다. 하지만 대여섯 살이 되면 그렇게 간단하게 곰 역에 빠져 버리지 않습니다. 곰은 다른 동물과 달리 어떻게 움직이는지 잘 관찰하거나, 곰의 특징을 어느 정도 알고 있지 않으면 좀처럼 흉내내려고 하지 않습니다. 역할놀이를 할 때 말한 것처럼 '……답게' 표현하려고 합니다.

세 살 어린이는 조금 '……답게' 되지 않아도 마음으로 자기가 그것이 되어 버립니다. 대여섯 살 때는 '……답게'를 먼저 생각하고, 연기하면서 마음으로는 무엇인가가 되어 있습니다. 어른이 어떠한 역을 하면서 사는 상태와 조금 닮아 있습니다. 대여섯 살 어린이는 "……답게 하면서 ……이 되어 버린다."고 하는, 두 상태가 겹친 역을 표현할 수 있습니다. 그러나 여섯 살이 되면 '……이 되어 버리는 것'이 약해지는 것도 부정할 수 없습니다. 그렇지만 그것은 어린이가 발달한다는 뜻입니다. 여섯 살 어린이는 '……답게' 연기하려고 좀 더 노력하면서 그것이 된 기분에 빠져드는 것 같습니다.

네 살은 세 살과 대여섯 살의 중간에 있습니다. '……이 되어 버리는 것'과 '……답게'의 가운데 시기라고 하는 것은 '……이 되어 버리는 것'에서 점점 '……답게'가 더해 간다는 뜻입니다.

세 살 어린이에게는 '……답게' 표현하라고 해도 관심이 없습니다. 여섯 살 어린이는 '……답게' 즉, 사실처럼 표현하는 것을 확실히 칭찬해 주면 신바람이 나서 그것이 된 기분에 빠져듭니다. 그러나 네 살 때는

'……답게' 표현하는 것을 지나치게 칭찬해 주면 사실처럼 표현하는 데 마음을 빼앗겨 '……이 되어 버리는' 기분에 빠져들지 못합니다. 그렇다고 해서 세 살 어린이가 '……이 되어 버리는 것'을 지나치게 칭찬해 주면 언제까지나 세 살 단계에만 머물러, 늑대 역은 교사가 하거나 어린이가 한다 하더라도 염소보다도 순한 늑대가 되어 버려서 재미가 없어집니다. 이는 네 살이 과도기이므로 지도하기 어렵기 때문입니다.

처음 놀이할 때는 늑대가 된 것을 확실히 칭찬해 줍니다. 그러나 그냥 늑대가 된 것에만 만족하지 말고 "좀 더 무서운 얼굴을 하고, 무서운 소리를 내야 돼." 하거나, "좀 더 빨리 덮쳐야 먹이를 잡지." 하면서 '……이 되어 버리는' 상태를 유지하면서 천천히 '……답게' 연기하도록 하면 좋겠습니다.

네 살 어린이에게 나타나는 또 다른 특징 하나는 즉흥성입니다. 서너 살 어린이는 즉흥 연기의 천재라고 합니다. 하지만 실제로는 즉흥성을 살릴 수 있을 때만 연기를 할 수 있습니다. 놀이를 할 때 대사나 몸짓이 정해져 있으면 아이들은 규제와 제약으로 받아들여 부담스러워합니다. 그러나 네 살 어린이는 세 살하고는 차이가 있어서 이러한 제약도 받아들입니다. 문제는 그 방법입니다. 네 살 어린이는 작은 이미지로 움직입니다. 그러나 또 이미지가 조금 부풀어 오릅니다. 그 이미지에 따라서 움직이면 또 이미지가 솟아오르는 식으로, 움직이고 나서 생각하는 것이 네 살 어린이에게 나타나는 즉흥성의 특징입니다. 생각하고 나서 움직이는 여섯 살 어린이하고는 아주 다릅니다. 따라서 네 살 어린이에게 몸짓으로 표현하는 것을 가르칠 때는 여섯 살 어린이처럼 서로 확실하게 이야기를 나누고 움직이게 하는 것이 아니라, 움직이면서 조금씩 이야기를 나누게 해야 합니다.

### 역할놀이와 연극놀이의 예

슈퍼맨 놀이 | 네 살 전반기에는 텔레비전 인기 프로그램에서도 영향을 받습니다. 텔레비전에서 좋아하는 인물이 나오면 평소 활발하지 않던 아이까지 눈빛이 달라집니다. 그러나 텔레비전을 모두 보고 있다고 단정할 수 없고, 소재는 교육적이지 않고 역할놀이로 발전하지도 않습니다. 그래서 여러 인물의 이미지를 더하여 역을 만듭니다. 슈퍼맨은 누구나 간단하게 공통 이미지를 만들 수 있습니다. 이 때 이름은 어떤 것이라도 좋습니다. 다음은 슈퍼맨 놀이를 해 본 기록입니다.

**교사**  슈퍼맨 알아?

**어린이**  알고 있어요.

**교사**  망토를 입고 푸우하고 달려요. 아주 빨라요

**어린이**  힘이 세요. 하늘을 날아요. 나쁜 놈 무찔러요.

**교사**  모두 슈퍼맨이 되어 볼까?

**어린이**  좋아요. 되고 싶어요.

벌써 이 단계부터 놀이에 빠져듭니다.

**교사**  자, 모두 슈퍼맨으로 변신한다. 변신.

어린이도 저마다 몸짓을 하며 변신합니다.

**교사**  저기 슈퍼맨이 달리고 있어요.

모두 같이 보육실을 달리면서 돕니다. 역을 맡는 데 시간을 많이 들이지 말고 어찌 됐든 먼저 움직이게 합니다. 움직이면서 짧게 서로 이야기하고 점점 이미지를 키워 나갑니다.

**교사**  와, 모두 자동차처럼 빠르구나. 굉장한데.

교사가 그 기분에 빠져들어 슈퍼맨이 된 어린이를 놀라워하면서 봅니다.

**교사**  이번에는 더 빨리 달려 볼까. 슈퍼맨이니까, 기차처럼 빨리 달리

는 거야.

아이들은 모두 힘을 다해 달립니다. 복수 담임이라면 이쯤에서 교사끼리 이야기하면서 어린이들이 어떻게 움직이는지 평가합니다.

**교사 1** 저것 봤어요? 이 슈퍼맨들 굉장히 빠르죠.

**교사 2** 깜짝 놀랐어요. 획하고 달리니까 기차 같아요.

**교사 2** 슈퍼맨은 하늘도 난다니 정말이에요?

**교사 1** 진짜예요. 그렇군, 망토를 걸쳐야 날 수 있어요.

그 날은 수건을 등에 걸쳐서 망토로 가정하고 하늘을 납니다. 여기까지 교사는 사람입니다. 다음에 교사 '1'은 큰 보자기를 망토로 걸치고 슈퍼맨 대장이 되어 전체 행동을 이끌어 갑니다. 교사 '2'는 현실에 서서 아이들을 옆에서 지도해 줍니다.

**교사 2** (어린이들에게) 슈퍼맨 대장 멋있지요. 대단하지.

**교사 2** (교사 1에게) 대장님, 슈퍼맨은 대장 말을 아주 잘 듣는다면서요?

**교사 1** 그렇지, 슈퍼맨이니까 모두 잘 듣는다고.

이렇게 해서 힘이 센 슈퍼맨들이 보육실을 나갑니다. 두 살 어린이 방에서는 낮잠을 자려고 이부자리를 펴고 있습니다.

**교사 1** (어린이들에게) 슈퍼맨들은 마음씨가 착하니까 이부자리를 펴줄까?

어린이들은 모두 찬성합니다.

**교사 1** (두 살 어린이 반 교사에게) 슈퍼맨이 도와 주려고 왔습니다. 이부자리를 깔아 드리겠습니다. 슈퍼맨은 힘이 세다고요.

어린이들은 다같이 이부자리를 폅니다. 교사 '2'와 두 살 어린이 반 교사들은 슈퍼맨이 힘이 세어 놀랍니다. 물론 이 때는 두 살 어린이 반 교사에게 미리 말해 두어야 합니다.

보통 때는 자꾸 힘들다고 하며 달리려고 하지 않던 어린이도 전체 분위기에 물들어 힘차게 달리고 있습니다.

다음 날은 저마다 집에서 가지고 온 색색 가지 목욕 수건을 걸치고 색깔 있는 모자를 썼습니다. 나흘 뒤에는 색도화지를 둥그렇게 말아서 팔찌를 차고, 가슴에는 슈퍼맨 마크로 커다란 노란 별을 만들어 달았기 때문에 아이들은 무척 좋아했습니다.

체육 놀이 기구를 바다나 산으로 가정하니 잘 넘지 못하는 아이들도 눈 깜짝할 사이에 넘어 버렸습니다. 추운 날 수건 마찰을 할 때도 꾸물거리거나 늑장을 부리지 않습니다. 이 아이들이 네 살 아이들일까 하고 생각할 만큼 한 줄로도 잘 서고, 정리, 정돈도 제대로 합니다. 편식 왕들도 "슈퍼맨은 무엇이든 다 먹어요!" 하고 대장이 말하자 싫어하는 양파도 모두 입에 넣고 먹어 버렸습니다. 괜찮을까 하고 교사가 불안해할 정도였습니다. 그러나 벽장 속에 들어가서 놀고 있던 아이들은 사람 역을 맡은 교사 '2'가 아무리 주의를 주어도 멈추지 않았습니다. 벽장 속에 들어가서 노는 매력에는 못 당합니다. 거기에 다른 아이들이 놀러 갑니다. 그래서 교사 '2'는 교사 '1'에게 큰 소리로 물었습니다.

**교사 2** 대장님, 슈퍼맨이 이런 놀이를 해도 됩니까?

**교사 1** (현장에 와서 대장으로서) 슈퍼맨은 벽장 속에서는 놀지 않아.

이렇게 한 마디를 하니 다섯 아이들이 눈 깜짝할 사이에 밖으로 나왔습니다. 집에서도 부모가 "슈퍼맨." 이라고 하면 텔레비전을 끄고 착착 잠자리에 듭니다. 마치 마법에라도 걸린 듯합니다. 이렇게 해서 날마다 슈퍼맨 놀이를 해야 했습니다. 마당을 청소하는 것부터 두세 살 어린이를 돌봐 주는 것까지 했습니다.

이렇게 하는 것을 '역할놀이 지도'라고 합니다. 역할놀이에 담겨 있는 교육적 기능 몇 가지를 보육 과제를 이루기 위해 수단으로 이용하는 것입니다. 하지만 여기에는 엄청난 함정이 도사리고 있습니다. 슈퍼맨이 되지 않으면 아이들은 정리, 정돈이나 심부름도 마음을 내어 하려고 들지 않습니다. 절대로 넘치지 않게 해야 합니다.

대장 역을 맡은 교사는 어린이와 충분히 이야기하고, 어린이가 바라는 것이나 의견을 받아들입니다. 그리고 노력하면 이룰 수 있는 목표를 정해서 뚜렷하게 합니다. 어린이 모두에게 왜 그것을 해야 하는지, 행동 목표를 뚜렷하게 해 줘야 합니다.

연극놀이 | 슈퍼맨 놀이처럼 일상에서 이룰 수 있는 것을 목표로 하여 행동하는 것뿐만 아니라 꿈을 넓히는 연극놀이도 해야 합니다.

### ● 이야기

교사가 역을 맡은 우주 두목에게 어린이 하나가 납치당했습니다. 슈퍼맨은 우주선을 타고 구조하러 갑니다. 두목 별에 가서 깡통 나막신으로 만든 우주 신발을 신고 불바다를 탈출합니다. 납치당한 어린이는 험한 산 속에 있는 깊은 감옥에 갇혀 있습니다. 슈퍼맨들은 가파른 언덕을 기어 올라가서 공격합니다.

도둑들도 큰 바위를 굴려 떨어뜨리며 싸웁니다. 슈퍼맨은 대여섯이 한 몸이 되어 굉장한 힘으로 바위를 치우고, 우주 두목이 있는 힘을 다해 막고 있는 문을 밀어 넘어뜨리고 잡힌 어린이를 살려 냅니다. 그리고 별을 탈출해서 돌아옵니다.

체육 과제를 모두 모아 놓은 이러한 연극놀이는 그대로 운동회에서 할 수 있습니다. 언제나 동무들이 노는 모습만 가만히 보고 있던 아이들도 "구출하러 가자." 하면서 손을 잡고 슈퍼맨들 사이로 들어갔습니다. 운동회가 끝난 뒤에는 모두 혼자서 기운차게 뛰고 달렸습니다.

연극놀이 '돼지와 늑대' | 네 살 후반기에는 교사 대 어린이가 아니라 어린이 대 어린이로 역을 나누어 놀 수 있습니다. 그러나 역은 두 가지만 대립시키고, 양쪽 모두 교사가 붙어서 이끌어 가야 합니다. 교사가 혼자

일 때는 양쪽에 동등하게 들어가거나, 제삼자가 되어 사회자처럼 놀이를 끌어갑니다. 역은 그림책 같은 데서 가져와도 좋고, 어린이들과 이야기를 나누어 역을 만들어 내도 좋습니다. 이야기 줄거리는 교사가 미리 생각해 둔 것을 그때 그때 말하면서 즉흥극처럼 놉니다. 네 살까지 하는 연극놀이는 역할놀이와 같아서 즉흥으로 해야 합니다.

이야기 극 놀이를 할 때는 그림책 줄거리로 여러 번 하기 때문에 정해진 대사를 하는 장면이 있지만, 몇 번이고 같은 것을 되풀이해도 그때 그때 즉흥극처럼 연기해야만 놀이가 됩니다. 대사나 동작을 지시해서 연습시키는 것처럼 하면 절대 안 됩니다.

여기에서는 그림책 《새끼돼지 세 마리》나 《늑대와 일곱 마리 아기염소》 같은 데서 본 등장 인물의 이미지대로 돼지와 늑대가 대립합니다. 돼지는 집을 짓고 밭을 갈며 엄마와 함께 평화롭게 지내려고 합니다. 늑대는 두목이 지시하는 대로 발톱과 손톱을 갈고 닦고, 이빨을 날카롭게 해서 먹이를 많이 잡는 연습을 합니다.

이처럼 돼지나 늑대의 행동 목표를 굵게 설정합니다. 폭풍으로 돼지가 사는 집이 허물어지거나 밭에 심은 채소를 도둑이 훔쳐 가고, 새끼늑대가 길을 잃어버리기도 하지만, 그 밑바탕에는 모두 앞에서 말한 행동 목표가 있습니다. 이 행동 목표는 돼지와 늑대를 결정적으로 대립하게 만듭니다. 이렇게 해서 극적 장면들이 만들어집니다. 숲 속으로 열매를 따라 간 돼지가 늑대 소리를 듣고서 재빨리 집으로 돌아옵니다. 늑대는 교사가 역을 맡은 토끼를 잡아먹어 버립니다. 그러나 늑대들은 금세 배가 고파져 토끼보다도 맛있는 돼지를 먹고 싶어서 계획을 짭니다.

이렇게 그날 그날에 따라 여러 가지 장면을 만들어 내어 즉흥성을 살려 놉니다. 마음에 드는 재미있는 장면이 만들어지면 같은 것을 몇 번이고 되풀이하면서 즐깁니다. 이 때, 돼지와 늑대가 대립할 때 결말을 맺지 않아야 계속 즐겁게 놀 수 있습니다. 이런 저런 이야기가 생겨 행동은 이래저래 바뀝니다.

네 살 어린이는 갑자기 한 아이가 생각이 번뜩 스쳐 행동하면 여기에 휘둘립니다. 그러므로 교사는 기본으로 설정한 행동 목표를 어린이가 잊지 않도록 끌어가야 합니다. 이렇게 해서 이삼 주 동안 연극놀이를 즐기고 나서 결말을 맺으려면 돼지와 늑대가 결정적으로 대립하는 장면을 설정하면 됩니다. 내일은 어떠한 장면을 만들어서 놀 것인가 하고 생각하는 것이 보육 계획입니다.

결말은 변신하여 사람으로 되돌아온 어린이들의 이야기로 정합니다. 늑대들이 돼지가 사는 집을 에워싸고서도 어떻게 할 수 없어서 체념하고 다른 숲으로 멀리 떠나 버리는 것으로 해도 좋고, 돼지와 늑대 사이가 좋아져 돼지가 키운 채소를 다른 동물들이 훔쳐 가지 못하도록 늑대에게 망을 보게 하는 것도 좋습니다. 어느 한쪽이 전멸하는 결말을 짓지 않는 것이 좋습니다.

단, '늑대와 일곱 마리 아기염소' 같은 이야기 극 놀이에서는 염소와 늑대를 화해시키면 안 됩니다. 이야기에서 논리가 성립하지 못하기 때문입니다. 어린이들은 자신들과 염소를 동일시하면서 그림책을 봅니다. 네 살 무렵에는 늑대를 연기하면서 노는 아이도 있습니다. 하지만 이야기가 처음부터 염소에 대한 이야기이기 때문에 늑대 역을 맡은 어린이도 염소의 시점에서 연기하는 것 같습니다. 이야기 극 놀이를 한 다음에 늑대 역을 맡은 아이에게 물으니 "늑대 해치워서 다행이야." 하고 말합니다. 하지만 앞에서도 말했듯이 어린이들이 이야기를 만들어 내서 아무렇게나 할 수 있는 연극놀이에서는 늑대 역은 처음부터 늑대의 처지에서 극을 전개시키고, 돼지의 처지가 되지 않습니다.

이렇게 해서 모두가 함께 만들어 낸 재미있는 이야기를 생활 발표회 때 발표할 수 있습니다.

그 밖의 놀이 | 연극놀이와 역할놀이를 아직 제대로 나누어 하지 못하는

네 살 어린이는 다른 놀이에 빠져듭니다. 아이들이 좋아하는 소재는 교사가 기가 질릴 정도로 얼마든지 있습니다.

•평소에 겪은 일을 재현한다

흔히 말하는 소꿉장난입니다. 음식을 만들거나, 장을 보러 가거나, 전화를 거는 따위 어른의 생활을 단편으로 연기하면서도 아버지와 어린이, 어머니와 갓난아기, 운전사와 손님, 의사와 환자 같은 역을 정해 놉니다.

•특별한 경험을 재현한다

잔치 때 장식수레놀이하는 것, 운동회 때 여러 가지 놀이 하는 것, 다섯 살 어린이들이 《숲은 살아 있다》를 연극으로 하는 것들을 보고 감동받은 네 살 어린이는 이것을 역할놀이에서 재현합니다.

•몸짓 표현으로 발전한다

카레라이스를 만드는 소꿉장난이 아니라 자신이 그대로 양파나 감자가 되어 풀럭풀럭 끓는 카레라이스 놀이, 세탁물이 되어 빙글빙글 도는 세탁기놀이 따위도 아주 재미있게 합니다. 또 물이 차 있지 않은 수영장에서 수영놀이를 하면 무척 신이 나서 가짜로 물을 끼얹는 시늉을 하고 이리저리 시끄럽게 굽니다. 다이빙도 할 수 있고, 헤엄도 마음대로 칠 수 있기 때문에 만족하는 것 같습니다.

이처럼 네 살 어린이가 역할놀이를 할 수 있는 소재는 가는 곳마다 있습니다. 교사는 그것들을 언제, 무엇으로 어떻게 할 것인지 잘 생각해야 할 것입니다.


## 조형 활동

"몇 살이야?" "네 살." 그렇게 말하면서 어린이는 함께 펴지려고 하는 새끼손가락을 누르면서 나머지 손가락 네 개를 펴듭니다.

요시무라 마리코는 《네 살 어린이의 보육 수첩》에서 이 시기에는 "손가락을 움직이는 놀이나 가위 같은 도구를 써서 무엇인가를 만드는 활동을 하면서 유아기 조형 활동의 기초가 되는 힘을 몸에 익혀 간다."고 했습니다.

생활을 보아도 종이를 접거나 자르고 풀칠을 하며 놀거나, 찰흙이나 블록을 가지고 놀거나, 끈을 꿰는 것처럼 손가락을 움직여서 많이 논다는 것을 알 수 있습니다. 이 시기에는 실뜨기도 합니다.

네 살 시기에는 생활 속에서 여러 가지 놀이를 하면서 많은 사물과 소재를 만져 보게 하고, 조형 활동의 기초가 되는 힘을 길러 주어야 합니다.

손과 손가락을 튼튼하게 하고 도구를 잘 다루도록 힘을 키우는 것은 바깥세상에 다가가는 일을 배우고, 새로운 문화를 만들어 가는 사람다운 자질을 키우는 것입니다. 만드는 기쁨은 가장 사람다운 기쁨 가운데 하나라고 할 수 있습니다.

## 네 살 어린이와 조형 활동

네 살 어린이의 발달 특징 | 실제 나이 네 살 중반 무렵부터 다섯 살 중반 무렵까지를 맡아 돌볼 때 가장 중요한 임무는 네 살 시기를 벗어나 이차원의 안정된 세계로 옮겨 가게 하는 것입니다.

먼저 이 시기에는 크고 작음, 길고 짧음, 가로 세로 같은 관계를 알고, '여기저기' 라는 방향도 이해합니다. 두 손이 따로 움직이면서 한 가지 행동을 할 수 있고, 다섯 살부터는 왼손 오른손을 반대로 움직일 수 있습니다. 그리고 대상이나, 다른 사람과 자기가 다르다는 것을 깨달으면서 "……이지만 ……하고 싶다." 는 마음이 싹틉니다.

그런데 네 살 어린이가 이렇게 발달하려면 이차원으로 확실히 조작할 수 있는 활동과 집단이 있어야만 합니다.

조형 활동 | 그러면 네 살 어린이는 어떤 조형 활동과 조형 활동의 바탕이 되는 활동을 해야 할까요. 먼저 표 10을 참조해 주십시오.

**표 10 네 살 어린이 발달과 조형 활동**

| 소재<br>발달 단계 | 물 | 모래 | 흙 | 찰흙 | 종이 | 나무 |
|---|---|---|---|---|---|---|
| 이차원 형성기 말기<br>(네 살 반~다섯 살 무렵)<br>한쪽 손으로 돌리지 못하고 다른 한쪽 손으로 함께 돌린다. | | • 흙과 거의 같다. | • 울퉁불퉁 새알을 만든다.<br>• 터널과 물길을 만든다. | • 만든 것들을 붙여 하나로 만든다. | • 가위를 쓴다. | |
| 이차원 획득기<br>(다섯 살~다섯 살 반 무렵)<br>오른쪽과 왼쪽 손을 반대로 움직일 수 있다. | | • 흙과 거의 같다. | • 동그라미 새알을 만든다.<br>• 다른 아이가 만든 산, 물길과 합친다. | • 사람 얼굴이나 동물을 만든다.<br>• 한 가지 틀 속에 이미지를 가득 표현한다. | • 자기가 생각하는 이미지대로 자르수 있다. | • 못을 박을 수 있다. |

작성 : 데라다 모리세키

여러 가지 소재를 사용하는 놀이나, 조형 활동을 할 때 모래, 흙, 찰흙, 종이를 가지고 노는 놀이는 세 살에 이어서 더욱 발전시켜야 하는 기반 활동입니다. 흙과 찰흙 놀이는 이 시기에 조형 활동이라고 해도 무리가 없을 만큼 발전하고, 흙이나 찰흙으로 음식이나 사람, 동물 같은 이미지를 뚜렷하게 만들 수 있습니다.

이런 기반 활동을 밑바탕으로 하여 네 살 어린이는 '종이를 자르는 가위'를 다루는 활동이 중심 활동으로 자리매김합니다. 세 살 어린이 반을 졸업할 무렵부터 네 살 어린이 반에 막 들어가서까지 가위라고 하는 일정한 목적이 있는 도구를 쓸 수 있고, 네 살 어린이 반에서 그것을 다루는 법을 발전시켜 가기 때문입니다.

또 네 살 어린이 반을 졸업할 즈음, 즉 다섯 살이 조금 지날 무렵에는 손 힘도 세지고 아주 정확하게 움직입니다. 그래서 이 시기에는 나무에 못을 박아 보기 전에 준비 활동으로 지면, 스티로폼, 골판지 상자 같은 데 못을 박아 보게 하는 것도 좋습니다.

가위를 다루는 활동을 이야기하기 전에 날마다 하는 종이접기에 대해서 생각해 보도록 하겠습니다.

### 그냥 접고 놀다가 모양을 접는다

**교사와 어린이가 이야기하면서 |** 흙과 물, 찰흙과 함께 종이는 생활 가까이에 있어서 유아기에 걸맞는, 모양이 바뀌는 소재입니다. 종이접기에 눈을 돌려봅시다.

네 살 어린이들은 종이를 접을 때 처음부터 뚜렷한 이미지를 가지고 앞을 미리 내다보며 목적을 세워 접는 것이 아니라, 무조건 여기저기를 한 번 접어 봅니다. 그러면 종이의 크기와 모양이 바뀝니다. 거기에 여러 가지 이미지를 섞어서 "지붕이다." "굴이다." 하고 좋아하고, 다시 한두 번 접고 나서 "로켓이다." 하면서 그것을 가지고 달려 나갑니다.

교사가 네모난 종이를 세모로 접어서 보여 주면 어린이들도 혼자서 접어 보고는 "산이다." "샌드위치 같다." 하며 좋아합니다. 그리고는 거꾸로 들고 턱에 붙여서 "산타클로스 수염이다." 해 가면서 놉니다. 그림 그릴 때처럼 세 살, 네 살 전반기는 뜻을 붙이는 시기로 상상놀이 시기이고, 행동이나 그 결과에 말과 이미지로 뜻을 붙이는 시기입니다.

따라서 교사가 정한 대로 접게 하거나, 이미 만들어진 것에 마음쓰게 하지 않고, 어린이가 종이를 가지고 놀면서 모양을 바꾸고 스스로 뜻을 붙이는 활동을 하게 해야 합니다.

이러한 것은 찰흙놀이를 할 때도 마찬가지입니다. 모양을 비슷하게 해서 미끈하게 만드는 것보다 뜯고, 둥글게 하고, 뭉치고, 늘리면서 손을 활발하게 움직이게 하여 뜻을 붙이고, 이미지를 풍성하게 이야기하도록 해야 합니다.

도리이 아키미는 《만들어서 노는 종이접기, 그 이론과 발전》에서 "종이접기 문화는 어른이 어린이에게 손수 장난감을 만들어 주는 문화이고, 어린이의 놀이 속에서 성장한 민족의 전승 문화"라고 했습니다. 그렇기 때문에 종이접기는 접는 법만을 가르치는 것이 아니라 교사가 어린이를 곁에 두고 이야기를 들려주고 노래도 하면서 만들어 보이는 것입니다. 교사가 "끝과 끝을 맞춰요." 하고 말하면서 종이를 접으면, 어린이는 종이 모양이 바뀌는 것을 보며 즐거워합니다.

종이접기는 집중해서 보아야 더욱 잘 할 수 있습니다. 집중해서 교사가 접는 것을 본 다음에는 혼자서 접어 보고, 그 다음에는 그것을 동무에게 전하면서 놀이와 동무 관계를 넓혀 가게 합니다.

네 살 어린이는 세모나게 접기만 하고 한가운데 구멍을 내기만 해도 아주 좋아하고 거기에 뜻을 붙여서 놉니다. 이처럼 세모나 네모 모양으로 접어서 뜻을 붙이는 놀이를 기본으로 하면서, 그것을 발전시켜 튤립, 고양이, 개, 컵 같은 모양으로 접고 놀면서 무조건 접기만 하는 데서 종이접기 활동으로 나아갑니다. 종이접기는 눈과 손이 어우러지는 활동이면서, 앞을 미리 내다보고 차례를 생각하며 일하는 능력과, 사물에 정성을 기울이는 태도를 길러 줍니다.

네 살 시기에는 이런 종이접기를 비롯하여 우유팩으로 장난감을 만드는 활동처럼 손과 손가락을 움직이는 놀이나 활동을 평소에 활발하게 할 수 있도록 해 줘야 합니다. 그와 함께 이 시기의 조형 활동에서 중심이 되는 가위를 써서 표현하는 활동을 같이 해 나가도록 합니다.

### 가위로 표현하는 활동

**도구 문화를 만나게 한다** | 가위는 사람이 노동으로 쌓아 온 기술 문화를 맨 처음 만나게 해 주는 도구입니다. 어린이는 가위로 표현하는 활동을

즐기면서, 숟가락이나 젓가락 같은 도구나 놀이 기구, 장난감을 포함해서 생활에 필요한 것을 만드는 노동과 생산에 대한 개념을 알아 갑니다.

가위는 종이나 천을 자르기 위해서 만든 도구입니다. 그리고 가위의 윗날과 아랫날이 맞물리면서 종이나 천이 잘리지만, 가위의 날이 이것들과 직각이 되어야 잘라집니다. 결국 어린이는 가위를 쓰면서 이치에 맞게 도구를 써야 한다는 것을 체험합니다. 어린이는 손이나 몸을 도구에 맞추어야 한다는 것, 자신이 대상을 제대로 다뤄야 목적을 이룰 수 있다는 것을 깨닫습니다.

**여러 방향으로 깨끗이 잘라서 표현한다** | 가위는 천, 실, 끈, 종이 같은 소재를 가공하는 도구입니다. 그런데 종이는 만들어질 때 가로 세로 방향이 정해집니다. 어린이는 종이를 잘게 찢으면서 가로로 찢을 때와 세로로 찢을 때 차이가 난다는 것을 알아 갑니다. 종이를 세로로 찢으려고 하면 생각대로 찢어지지 않는다는 것도 깨닫습니다.

그 때 가위를 줍니다. 가위는 종이를 가로, 세로, 대각선, 곡선 여러 방향으로 자르고, 여러 가지 모양을 만들어 냅니다. 결국 가위는 이미지에 눈을 뜬 어린이가 소재를 자기가 상상한 모양대로 자를 수 있게 합니다.

**손과 머리와 마음을 어우러지게 한다** | 가위는 손과 머리, 마음이 어우러져야 쓸 수 있습니다. 가위를 쓸 때는 두말 할 필요도 없이 양쪽 손이 따로 움직여야 합니다. 그와 함께 가위를 다루는 활동은 눈으로 보면서 앞으로 잘라 나가는 활동이기 때문에 '여기에서 저기로' 라든가, '곧바로, 옆으로' 라는 생각을 할 수 있어야 합니다.

가위를 다룰 때는 무서운 것도 알아야 합니다. 그리고 무섭지만 어른처럼 마음먹은 대로 잘라 보고 싶어하고, 무엇이라도 깨끗하게 자를 수 있는 가위를 보며 놀라워할 줄 알아야 합니다. 이러한 뜻에서 가위를 다루어 표현하는 활동은 어린이의 온 신경을 끌어 오는 활동입니다. 그리고 정신과 몸을 긴장하면서 자르고 난 뒤에 생각한 만큼 잘 잘랐으면 즐거움도 맛볼 수 있습니다.

긴장이 즐거움으로 바뀌면서 어린이가 느끼는 만족감은 우리가 상상하는 것보다 훨씬 더 클 것입니다. 가위를 쓸 때는 반드시 '손과 머리와 마음이 어우러져야' 하므로 네 살을 막 지난 때나 네 살 중반 무렵부터 쓰도록 해야 합니다.

### 가위를 쓰는 능력

가위를 쓰는 능력의 발달 | 먼저 표 11을 봐 주십시오. 이 표는 어느 단계에서 어떤 활동을 많이 해야 다음 단계로 활동이 발전하고, 나아갈 수 있는지도 나타내고 있습니다.

세 살 후반기 무렵부터 네 살 초반 무렵에는 가위로 한 번 자르거나 몇 번쯤 이어서 자르게 해 볼 수 있습니다.

그리고 여러 번 연속해서 자르고 나면 정확하게 기본형을 자르기 전에 이미지를 자르게 해 보는 것이 좋은데, 가위 지도를 할 때 핵심은 이 연속 자르기와 이미지 자르기 사이에 있는 단계를 어떻게 지도할 것인지 연구하는 것입니다. 그리고 이 단계는 네 살 어린이 반 보육에서 거의 대부분을 차지합니다. 이 시기에 지도를 어떻게 하느냐에 따라 다섯 살, 여섯 살 어린이 반에서 목적을 세워 생각하면서 가위를 쓸 수도, 못 쓸 수도 있습니다.

이제까지 실천한 것에서 시작하여 동그라미를 자르게 하기 전에 곧은 방향으로 자르던 데서 '지나는 길에 들르는' 단계를 넣거나, 왼손을 돌리면서 계속해서 네모난 각을 잘라 내는 단계를 넣는 것이 좋습니다. 그리고 이 단계는 가위 다루기에서 상상 활동을 하는 단계라고 할 수 있는데, 서두르지 않고 네 살 일 년을 잘 계획해야 합니다.

이렇게 생각한 대로 잘라 표현하는 단계가 지나면 실제 모습과 비슷하게 자를 수 있습니다.

표 11 **가위를 쓰는 능력이 발달하는 과정**

| 나이 | 손 운동 능력과 이미지 | 활동의 특징(단계) | 알맞은 가위 | 알맞은 종이 | 알맞은 작품 예 |
|---|---|---|---|---|---|
| 네 살이 지남 | 왼손은 움직이지 않고 오른손으로 자른다. | 한 번 자른다. | 둥글고 짧은 가위 | 종이 테이프나 리본 같은 것 | 눈놀이 따위 |
| 네 살 중반 | 왼손을 조금씩 움직이면서 오른손으로 이어서 자른다. | 이어서 자른다. | 짧은 가위 | 색종이나 작게 자른 종이 | 국수 따위 |
| 다섯 살 | 왼손을 움직이고 반만 돌리면서 오른손으로 이어서 자른다. | 여러 방향으로 곡선과 각으로 자른다. | 짧은 가위 | 커다란 종이 | 모양이 바뀌는 것을 깨닫는 놀이(상상놀이) |
| 다섯 살 중반 | 왼손을 돌리면서 오른손으로 이어서 자른다. | 이미지를 자른다. (동그라미를 자른다. 생각해서자른다.) | 길쭉한 가위 | 좀 두꺼운 종이 | 식물(역할놀이) |
| 여섯 살 | 목적에 맞춰 손을 움직인다. | 기본형을 자른다. 표현을 자른다. | 길쭉한 가위 | 얇고 커다란 종이 | 종이를 오려 붙여 사물 모양을 만든다. |
| 일곱 살부터 | 목적에 맞춰 손을 움직인다. | 선과 조형을 자른다.(전개도를 잘라 낸다.) | 길쭉한 가위 (날과 등 사이에 조금 불룩한 부분이 있는 것) | 두꺼운 종이 | 입체 |

작성 : 데라다 모리세키

**가위의 선택과 관리 |** 네 살 어린이가 가위로 표현하는 활동이나, 대여섯 살 어린이가 목적을 세워 작품을 만드는 활동을 할 때는 이런저런 지도를 하는 것보다 능력과 활동에 알맞은 가위를 골라 주고, 관리해 주는 것이 가장 중요합니다. 더구나 맨 처음에는 어린이의 손바닥이나 손가락에 딱 맞고 물체를 잘 자를 수 있는 가위를 골라 주어야 합니다. 그렇지 않으면 필요 없는 곳으로 힘이 쏠리고 그것이 버릇이 되어 버립니다. 결국 나중에도 가위질을 잘 못 해서 가위질을 싫어하게 됩니다. 네 살 어린이를 중심으로 어린이가 쓰는 가위는 다음과 같은 것이어야 합니다.

첫째, 되도록 강철로 만들고 질이 좋은 것이어야 합니다.

둘째, 가윗날이 되도록 짧은 것, 즉 조그만 가위여야 합니다.

셋째, 가윗날을 맘껏 벌려도 어린이의 손이 가위 손잡이에 들어갈 수 있는 것이 좋습니다.

넷째, 가위 손잡이가 너무 크지 않아 어린이가 잡기 쉬운 것이어야 합니다.

다섯째, 가윗날 끝 각이 45도쯤 되고, 날에서 등으로 가면서 볼록해지고 뒤를 깎아 놓은 것이어야 합니다. 그래야 자를 때 힘이 계속해서 들어갑니다.

어린이에게는 위의 조건을 만족시키는 것으로 네 살 어린이에게는 작은 가위를, 대여섯 살 어린이에게는 큰 가위를 줘야 합니다. 그리고 가위는 무엇인가를 자르는 도구이기 때문에 언제나 날이 잘 들게 해 놓아야 합니다. 그래서 가위 다리가 맞물리는 곳에 박아 놓은 사북이 헐렁해져 흔들거리지 않는지, 녹이 슬거나 때가 끼지 않고 깨끗한지 잘 살펴야 합니다. 사북이 헐렁하면 종이가 끼이기만 하고 잘리지 않습니다. 녹이나 때가 끼었을 때는 틀 기름으로 살짝 닦아 금속이 녹스는 것을 막는 종이에 싸서 상자에 보관합니다.

**네 살 어린이의 가위 지도**

● 가위로 자르는 것을 즐기게 한다

가위를 쓸 때 중요한 것은 '한 번 자르기→연속 자르기→곡선 자르기→지그재그 자르기→동그라미 자르기→이미지 자르기→표현 자르기→입체 조형 자르기'로 나아가는 것처럼, 가위로 무엇을 자르는 것에만 그치지 않는다는 것입니다. 어린이는 자르는 것을 그대로 즐기고 잘라서 표현 놀이를 합니다. 이것을 교사가 잘 생각해야 합니다. 그렇게 해서 아이들은 대여섯 살이 되어 무엇인가를 만들기 위해 가위를 쓰고, 어른이 되어서 생산을 하기 위해 가위를 쓰는 것으로 나아가고 발전해 갑니다.

**그림 6 가위 부위 이름**

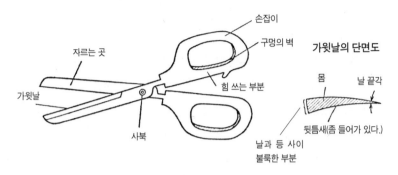

손잡이
구멍의 벽
자르는 곳
가윗날
힘 쓰는 부분
사북

**가윗날의 단면도**

몸
날 끝각
뒷틈새(좀 들어가 있다.)
날과 등 사이
불룩한 부분

●곧은 선을 먼저 자르게 한다

먼저 곧은 선을 많이 자르도록 해야 합니다. 그리고 어린이마다 단계에 맞는 작품을 몇 가지 만들어서 놀 수 있도록 해야 합니다. 가위를 다 썼다고 생각하여 교사가 곧바로 정리, 정돈하고 작품만 그대로 남겨 두면 어린이는 소외되어 버립니다.

또, 한 번 자르는 것을 잘 하지 못하는데도 작품을 만들기 위하여 종이를 자르게 하면 제대로 가위를 쓸 줄도 모르면서 앞으로 잘라 나가려고 하기 때문에 종이가 걸리기만 하고 생각대로 자를 수 없습니다. 만일 이런 아이가 있으면 앞 단계 활동부터 다시 하게 해야 합니다.

●올바르게 자르는 모습을 보여 준다

교사는 가위를 올바로 써야 합니다. 네 살 단계에서는 아직 상대방의 행동을 자신에게 제대로 옮겨 놓지 못합니다. 그래서 어린이와 마주하여 자르는 것을 보여 주는 것보다 어린이 한 사람 한 사람의 등 뒤나, 아이들에게 붙어서 자르는 것을 보여 주는 것이 좋습니다. 그리고 그저 "이렇게 하는 거야." 하면서 보여 주는 것이 아니라 말로 부추기면서 해 줘야 합니다. 와다나베 요코가 '가위 사용법 지도'(《어린이의 교육》, 예술교육연구회 편)에서 말한 것처럼 가윗날을 벌리고 오므리는 것을 악어의 큰 입으로 상상하면서 지도하는 것도 좋습니다.

• 가위를 안전하게 다루게 한다

가위도 어떻게 다루느냐에 따라 위험하기도, 위험하지 않기도 합니다. 가위를 쓰고 싶어하는 마음이 넘칠 때야말로 가위를 올바르게 다루는 방법을 가르칠 수 있는 때입니다. 가위를 다른 사람에게 줄 때는 가윗날의 몸체를 확실하게 잡고 반드시 손잡이 쪽을 상대방에게 내어 준다는 것, 가윗날을 벌린 채 책상 위나 책상 끝에 놓아 두지 않는다는 것, 주머니 속에 넣고 놀지 않는다는 것, 가윗날 끝을 앞으로 해서 걷지 않는다는 것, 장난치면서 동무의 얼굴을 찌르는 시늉을 하면 절대로 안 된다는 것을 처음부터 확실하게 가르쳐야 합니다.

■참고 문헌

《인간의 발달과 과학》, 다나카 마사히토 글
《네 살 어린이의 정》, 다나카 마사히토 글
《어린이의 인격 형성과 미술 교육》, 도리이 아키미 글
《가위로 만든다》, 하마모토 마사야스 글
《종이 이야기》, 마쓰오카 쥰이치 글
《가위》, 오카모토 세이지 글

# 그림 그리기

### 그림의 특징

네 살 중반 무렵부터 다섯 살 중반 무렵까지는 그림 표현이 뛰어나게 발달하여, 빗금을 마구 긋는 데서 형태를 그리는 데로 나아갑니다.

이 때는 목적을 세워 활동하고, 손이 움직이는 대로 닫힌 동그라미를 기본으로 그리는 것이 특징입니다. 단순히 동그라미 하나하나에 제목을 붙일 뿐만 아니라, 그림을 그리고 거기에 이야기를 붙입니다. 처음부터 '목적을 세워 닫힌 동그라미를 그리면서 이야기하는 활동'을 충실하게 하면서, 다섯 살 무렵에는 동그라미나 선을 구성해서 모양을 만들고 실제 이미지인 모양을 그리는 것으로 표현이 뛰어나게 발달해 갑니다.

그림을 그릴 때는 상상 활동을 마음껏 할 수 있게 하여 빗금을 그리는 데서 모양을 그리는 데로 잘 넘어갈 수 있도록 해야 합니다.

### 풍성한 상상 활동

닫힌 동그라미를 보고 이야기하는 활동은 세 살 시기부터 네 살 시기에 걸쳐서 좀 더 잘 하는데, 네 살 후반에는 커다란 동그라미와 조그만 동그라미, 동그라미와 직선을 조합하여 그리는 것처럼 두 세계를 더욱 확실하게 생각하면서 그림을 그립니다.

세 살을 막 지날 때부터 '다른 사람과 나' '좋고 싫음' '크고 작음' 같은 두 세계를 생각하는데, 네 살 시기에 들어가면 한결 뚜렷하게 깨닫습니다. 이렇게 두 세계를 깨닫는 힘은 "내가 할게." 하는 자기 주장이나 자립심을 형성하는 기초이면서, 사물의 관계를 생각하는 힘이 됩니다. 이처럼 네 살 시기에는 두 세계를 뚜렷하게 깨달으면서 자기를 확립해 간다고 할 수 있습니다.

어린이들은 화면 공간 속에서 현실 생활 공간을 대응시켜 펼치면서 그 때의 감동을 이야기합니다. 이처럼 두 세계를 스스로 구성해 나가면서 생각을 이야기하는 힘이야 말로 크고 작은 동그라미나 직선을 섞어 모양마다 개념을 만들어 가는 힘이면서, 모양에 기대어 생각을 이야기하는 기반이 됩니다.

그러나 세 살 시기나 네 살 시기에 그림을 그릴 때는 상상 활동이 풍성하게 펼쳐지지 못하는 것도 사실입니다.

그 첫 번째 까닭은 "그림이란 모양을 그리는 것이다." "모양을 그릴 수 있게 하는 것이 발달하게 하는 것이다."고 하는 편견이 아직 뿌리 깊게 박혀 있기 때문입니다. 다른 하나는 풍성하게 그림을 그리려면 일상 생활에서 감동을 받아야 그릴 수 있기 때문입니다.

만약, 이 시기에 특정한 모양 즉 표현 양식을 가르친다면 그것을 그릴 수는 있습니다. 그러나 그렇게 그리는 것은 단순하게 도형을 그리는 것뿐이며, 그 속에는 어린이의 마음이나 하고 싶은 이야기가 전혀 담겨 있지 않습니다. 그리고 같은 양식을 되풀이해서 그리기 때문에 표현이 굳어 버립니다.

우리의 목표는 단순히 모양을 그릴 수 있는 어린이로 키우는 것이 아니라 마음을 담아서 모양을 그리는 어린이로 키우는 것, 그리고 모양에 기대어 이야기를 할 수 있는 어린이로 키우는 것입니다. 그러므로 결코 모양을 그릴 수 있는 것이 목표가 아닙니다. 모양을 그리는 것은 생각을 이야기하는 새로운 출발점이어야만 합니다. 그런 만큼 모양을 그릴 수 있을 때까지 거쳐 오는 세 살, 네 살 시기가 중요합니다.

이 시기에 가장 중요하게 해야 할 것은 될 수 있는 대로 빨리 모양을 그리게 하는 것이 아니라, 상상 활동을 풍성하게 할 수 있게 하여 생각을 이야기하는 힘을 잘 키워 주는 것입니다. "할 수 있으니까 시키는 것이 아니라, 이 시기에 하지 않으면 안 되는 것을 시킨다."는 원칙을 여기에서도 중요하게 생각해야 합니다.

네 살 어린이는 주체성이 아름답게 빛을 내는 시기이고, 네 살 어린이가 생각한 대로 활동하는 모습은 앞날로 나아가는 모습이라고 합니다. 그림을 그리고 동그라미에 기대어 생활과 감동을 이야기하는 것은 틀림없이 네 살 어린이에게 알맞은 활동이고, 앞날로 나아가는 모습이라고 할 수 있습니다. 이렇게 이 시기에는 생활에 뿌리를 둔 그림을 풍성하게 그리는 것을 목표로 해야 합니다.

### 얼굴 모양을 그리는 시기

크고 작은 동그라미나, 동그라미와 직선 같은 두 세계를 잘 표현하면 이것을 바탕으로 네 살 후반기부터 다섯 살 초반에 이르러 바깥 사물을 보고 생각하는 힘도 발달하여 두 세계를 실제 이미지로 짜 맞추고 구성하여 모양마다 개념 즉 표현 양식을 만들어 갑니다.

큰 동그라미 속에 작은 동그라미로 눈을 그려 넣어 만든 '얼굴' 모양은 실제 이미지로 표현하는 첫걸음이면서, 두 세계를 구성한 것입니다.

따라서 네 살 초반부터 얼굴 모양을 가르치면 크고 작은 동그라미나 직선을 여러 가지 것으로 상상하면서 생각을 이야기하는 활동을 풍성하게 펼쳐 나가지 못하도록 하는 것입니다. 얼굴 모양을 그리는 것은 네 살 후반기가 되어서 가르치는 것이 좋습니다. 이렇게 네 살 후반기가 되어서 자신이나 선생님, 동무들 얼굴을 그릴 때는 자기 중심으로 생각하는 단계를 훌쩍 뛰어넘어 객관성을 띱니다.

### 삶을 이야기하는 그림

모양을 그리는 다섯 살 무렵에는 관심 있는 인물과 동물 모양을 화면 가득 되풀이해서 많이 그립니다. 이 시기에는 아직 모양과 모양을 화면 속에서 관계를 맺어 표현하지 못하고, 화면을 메울 듯이 그냥 늘어놓습니다.

또 이 시기에는 처음으로 사람을 그리는데, 머리에서 바로 손과 발이 나오게 그리기 때문에 '머리와 발만 있는 사람'이라고 합니다. 그리고 이 때는 화면의 위아래를 뚜렷하게 알지 못하기 때문에 우주에서 헤엄 치는 듯한 그림도 많이 그립니다.

또 자신이나 교사와 동무들을 화면 가득히 그립니다. 마음 속에서 가 장 좋아하는 교사나 동무들이 가득 살고 있는 그림을 그리는 것입니다. 혼자서 텔레비전만 보고 있는 어린이의 마음 속에는 텔레비전에 나오는 만화 주인공의 이미지밖에 들어 있지 않겠지요.

인형이나 텔레비전 주인공만을 그리는 어린이로 키울 것인지, 아니 면 삶을 이야기하는 어린이로 키울 것인지에 대한 열쇠는 네 살 시기에 어떻게 아이를 키우느냐에 따라 달라진다고 생각합니다.

네 살 후반기에 그림 그리기의 기본 목표는 화면 속에 자신이나 교사 와 동무들을 가득 넣어, 삶의 이미지를 표현하는 어린이로 키우는 것입 니다.

### 주의할 점

네 살 시기에 그림을 지도할 때는 어린이들이 평소에 풍성하게 말하 는 것을 그림으로 이어 가게 하는 것이 가장 중요합니다.

그렇게 하기 위해서는 그리고 싶을 때 그릴 수 있게 하고, 그리기 좋은 시간대나 그림 재료를 골라 주고, 쉽게 이야기를 꺼낼 수 있는 환경이나 조건을 만들어 주어야 합니다.

또 교사의 처지에서 보면 "어린이의 그림은 보는 것이 아니라 듣는 것 이다."고 하는데, 이것을 어린이들 처지에서 말한다면 "그림이란 모양을 그리는 것이 아니라, 동그라미나 선에 기대서 자신을 이야기하는 것"이 므로 이러한 활동을 잘 할 수 있는 상황을 만들어 주고, 동그라미나 선 에 담겨 있는 어린이의 생각을 어른이 공감하고 받아들여야 합니다. 더구나 네 살 시기에는 단순하게 이름을 붙이는 게 아니라, 이야기를 더욱 잘 해 나갈 수 있도록 들어주고 이야기를 나누어야 합니다.

그림 재료나 빈틈없이 칠하는 문제는 세 살 시기와 공통되는 점도 많기 때문에《세 살, 우리 아이 어떻게 키울까?》를 참조하면 됩니다.


## 노래부르기

### 노래는 즐거워

네 살 어린이가 피아노 반주에 맞춰서 노래 부르는 것을 듣고 있으면 몸 전체로 노래를 부르는 것 같습니다. 정말로 즐기면서 노래를 부르는구나, 노래 부르는 것은 즐겁구나 하고 늘 생각하게 됩니다.

새로운 노래를 네 살 어린이에게 가르칠 때는 어린이들은 조금이라도 더 빨리 그 노래를 배우겠다고 오로지 교사의 입과 얼굴을 계속 쳐다봅니다. 그리고 "부를 수 있는 데부터 불러 보렴." 하고 함께 부르면 한 번 들었을 뿐인데도 가사는 모르지만 제법 웬만한 가락은 따라 합니다.

네 살 어린이는 소리를 꽤 정확하게 낼 수 있습니다. 그래서 지금까지 부르고 싶어도 입이 잘 움직여지지 않은 탓에 부분으로밖에 부르지 못하던 노래를 마음껏 자기 입으로, 자기 말로 부를 수 있습니다. 어떠한 제약도 받지 않고 자유롭게 부를 수 있는 기쁨이 더해져서인지 정말로 노래를 좋아합니다.


### 어린이가 음악을 만날 때

어린이는 이 세상에 태어난 순간부터 노래를 만납니다. 어머니가 갓난아기에게 들려주는 자장가, 텔레비전에서 흘러나오는 노래, 거리에서 스피커로 흘러나오는 음악. 그러한 음악은 그 자리에 있는 한 좋든 싫든 귀에 들립니다.

그러면 어린이는 음악을 어떻게 만나야 좋을까요?

**기계 소리는 들려주지 않도록** | 어른은 사람 목소리와 마이크를 거쳐 나오는 기계 소리를 거의 구별합니다. 같은 소리라도 목소리와 기계에서 나오는 소리는 파장이 다릅니다. 그러므로 파장이 다르고 목소리보다 자극이 강한 기계에서 나오는 소리를 처음부터 많이 들으면 귀가 기계에서 나오는 소리는 잘 알아듣지만 목소리는 잘 알아듣지 못합니다.

"음반을 틀어 놓고 우유를 마시게 하면 잘 마셔요.""기저귀를 갈 때 가만히 있지 않아서 텔레비전을 틀어 줘요. 그러면 차분해집니다." 이런 이야기가 자주 들립니다. 당치도 않은 이야기입니다.

갓난아기는 조금 떨어진 곳에서도 엄마 소리가 들리기만 하면 팔짝팔짝 움직이며 좋아하고, 엄마 소리를 확실하게 알아듣습니다. 눈이 아직 잘 보이지 않는 때지만 엄마와 다른 사람을 정확하게 구별합니다. 물론 소리도 구별해 냅니다.

어린이가 여러 사람의 소리를 정확하게 구별해 낼 수 있으면 음반이나 텔레비전 소리를 들려주세요. 집에서만 이렇게 해야 하는 것이 아닙니다. 어린이집이나 유치원에서 한 살 어린이 방에 전축을 설치해 둔 것을 많이 볼 수 있습니다. 언제 그것을 쓰는지 늘 궁금합니다. 듣지도 않는데 보육실에서 늘 음반을 틀어 놓고 있는 것도 자주 봅니다.

"노래가 서툴러서, 소리가 안 좋아서, 오히려 음반이 좋다고 생각해서.""다양한 노래를 모르니까." 하며 음반을 트는 까닭을 말합니다. 그러나 아이들에게 가장 좋은 것은 아무리 노래를 못 해도 사람이 소리 내어 부르는 노래를 들려주는 것입니다. 어린이가 가장 좋아하는 엄마나 교사가 애정을 담아서 부르기 때문입니다. 그리고 노래를 부르는 얼굴이 보여 사람 표정을 읽을 수 있기 때문입니다.

"잘 못 부르는 노래를 들려주면 음치가 될지도 몰라." 하고 걱정하지 않아도 됩니다. 엄마나 교사가 노래를 불러 주면 어린이들은 그저 노래만 듣는 것이 아니라 그 밖에 다른 많은 것을 받아들입니다. 눈과 눈을 꼭 맞추고 목소리로 노래를 들려줍시다.

어린이의 마음 속에 밝게 다가가는 음은 좀 높은 음입니다. 다장조로 말하면 솔, 라, 시, 도, 레와 가까운 음이 좋습니다.

어린이에게 맞는 박자는 아주 느린 박자입니다. 어린이는 교사가 노래 부르면 몸을 흔들고 반응합니다. 그 리듬에 맞출 정도로 느긋한 박자로 노래를 듬뿍 불러 주도록 합시다.

**한 살 시기에 아주 주의해야 할 것** | 집에 있는 갓난아기는 괜찮겠지만, 한 살 때부터 집단에서 자라는 어린이들에게 노래를 불러 줄 때는 아이마다 교사가 노래 부르는 데 반응하는지, 안 하는지를 확인합니다. 어린이들은 지금까지 아빠나 엄마 소리만 듣고 살았습니다. 교사가 다른 음색으로 노래를 불러 주면 웬만해서 반응을 하지 않습니다.

한 살 담임을 맡은 어느 해 4월, 노래를 아주 좋아하는 어린이들로 만들려고 열심히 노력했습니다. 아이들이 자리를 잡아가자 열심히 노래를 불렀습니다. 그런데 어린이들이 듣는 것 같지 않았습니다. 이상하다, 웬일일까, 하고 이리저리 생각하다가 책을 찾아보았습니다. 《어린이의 음악 교육》(바바장 글)을 보니 "어린이는 아직 한 아이 한 아이마다 따로 음악을 듣게 해야 하고, 어린이 하나하나에 맞는 음악을 들려주어야 합니다. 그 아이가 소리나는 쪽으로 머리를 돌리고, 주의를 흐트러뜨리지 않도록 필요한 만큼 거리와 시간을 보면서 노래를 불러 주고, 놀아 주어야 합니다." 하고 쓰여 있었습니다.

바로 그 때문이었습니다. 어린이들에게는 교사가 내는 소리가 잡음으로 들린 것입니다. 그 다음부터는 어린이들을 하나씩 만날 때, 예를 들어 기저귀를 갈아 줄 때나 옷을 갈아입힐 때 얼굴을 찬찬히 들여다보면서 이야기하거나 노래를 불러 주었습니다.

시간이 지나면서 교사가 노래하거나 이야기하면 아이들이 교사의 얼굴을 찬찬히 보고, 몸을 팔딱팔딱 움직이면서 반응했습니다. 그러던 어느 날, 아침 간식을 먹고 몇몇 아이는 변기에 앉아 있고, 몇몇 아이는 기어다니면서 놀고 있었습니다. 한 교사가 옷을 갈아입히면서 노래를 불렀습니다. 그러자 갑자기 조용해졌습니다. 아이들이 노래를 부르고 있는 교사를 빤히 쳐다보면서 손을 두드리고 발을 파닥파닥 움직이면서 듣는 것입니다. 나중에 노래를 불러 준 교사에게 물어 보니 "갑자기 조용해졌을 때 가슴이 설레도록 모두 쳐다보고 있어서 더 열심히 불렀어요." 했습니다.

그 뒤에도 어린이들은 노래를 잘 들었고, 교사가 말을 걸 때도 열심히 귀를 기울였습니다.

**들을 수 있는 힘과 노래 부를 수 있는 힘** | 어린이는 세 살까지 말을 잘 하지 못합니다. 노래를 부르고 싶어도 입이 잘 움직여지지 않아 안타까울 때입니다. 그러나 잘 듣고 즐길 수는 있습니다. 듣고 또 들어 확실히 저축해 둬야 할 때입니다.

어느 리듬 집회 때 일어난 일입니다. 다섯, 여섯 살 어린이가 새로 배운 노래를 모두에게 들려주었습니다. '땔감 줍기 노래'였습니다. '에이, 만들자, 땔감.'으로 시작하는 아주 힘찬 노래였습니다. 다섯, 여섯 살 어린이들이 힘차게 노래를 부르자 세 살 어린이는 그 기세에 눌려 열심히 듣고 있었습니다. 다섯, 여섯 살 어린이들은 단숨에 노래를 두 번이나 부르고 만족스러워하고, 세 살 어린이들도 홀린 듯이 보고 있었습니다. 그리고 방으로 돌아갈 때 세 살 어린이 몇몇이 "우리, 산에 있는 아이들, 우리, 산에 사는 아이들." 하고 흥얼거리는 것입니다. 그 노래는 아이들이 조금 전에 들은 노래였습니다.

**손놀이와 동요** | 몸짓과 노래가 합쳐진 손놀이와 동요는 유아에게 꼭 맞는 노래입니다.

"꼬마야, 꼬마야, 멈춰라. 멈추지 않는 꼬마는 날아가거라." 하고 한 아이에게 불러 주면 다른 아이들까지 "또 해 줘요, 또 해 줘요." 하고 손을 내밀고 옵니다.

"빵집에 메론 빵 다섯 개. 푹신푹신 맛있겠지. 순이가 혼자 와서 '아주머니 메론 빵 하나 주세요.' '네, 여기 있어요.' 메론 빵 하나 샀다." 고 하는 손놀이를 할 때, 노래 속에서 이름이 나온 아이는 "아주머니 메론 빵 하나 주세요." 합니다. 이 노래를 하면 아이들은 자기 이름을 부를 때를 진지하게 기다립니다.

사오리라는 어린이는 부끄럼을 많이 타서 모두가 보는 앞에서 자기 이름도 말하지 못했습니다. 그러다가 손놀이를 하면서 "다음은 누구로 할까." 하면 언제나 "저요, 저요." 하고 힘차게 손을 듭니다. 하지만 교사는 이름을 부르면 사오리가 말을 할까 하고 걱정했습니다. '괜찮겠니.' 하고 눈으로 신호를 보내니 '괜찮아요.' 하고 대답하는 것 같아서 "사오리가 혼자 왔어요." 하고 이름을 불러 주었습니다. 그러자 잠깐 뜸을 들이더니 "아주머니 메론 빵 하나 주세요." 하는 것이었습니다. 아이들은 모두 "말했다. 말했다. 사오리가 말했다." 하고 기뻐했습니다.

이렇게 놀이를 할 때는 생각지도 않던 좋은 일들까지 생깁니다.

놀이 하나에도 마음을 담아서 | 누구나 갓난아기에게 "어디 있니. 어디 있니. 여기 봐." 하는 놀이를 해 줍니다. 그러나 똑같은 놀이라도 어른이 갓난아기에게 어떻게 마음을 쓰고 있느냐에 따라 하는 방법이 아주 달라집니다.

"어디 있니. 어디 있니. 여기 봐." 할 때 엄마 얼굴이 나타나면 아이가 알아봅니다. 갓난아기는 "어디 있니. 어디 있니." 할 때 숨을 죽이고, 가슴을 두근거리면서 엄마 얼굴이 나타나기를 기다립니다. 그리고 "여기 봐." 하며 엄마 얼굴이 나타나면 방긋 웃습니다. 많이 웃게 하는 놀이는 아니지만 엄마와 아이가 일 대 일로 마음과 마음을 서로 주고받을 수 있으므로 부드럽고 상냥하게 해 주십시오.

**끊임없이 노랫소리를** | "보육실에서 조금도 노랫소리가 들리지 않네요." 하는 말을 자주 듣습니다. 한 살부터 세 살까지는 '많이 듣고 마음 속에 저축해 두는 시기인데 어린이 방에서 노랫소리를 들을 수 없다면 어떻게 할까? 기저귀를 갈아 줄 때, 갓난아기에게 체조를 시킬 때, 아기가 엉금엉금 기어서 마루로 갈 때, 그네를 태워 줄 때, 또 다른 상황에서도 노래가 들린다면 좋을 텐데.' 하고 생각할 때가 있습니다. 교사가 그 자리에서 만들어 부르는 노래도 좋습니다. 말에 조금씩 억양을 넣어서 듬뿍 불러 주세요.

**젖먹이 아기의 리듬** | 리듬 놀이는 몸 전체로 음악을 느끼게 하는 놀이입니다. 흉내내는 것을 아주 좋아하는 시기이므로 어린이들이 여러 가지 곡에 맞춰서 움직일 수 있도록 교사는 본을 잘 보여 주도록 합니다.

### 노래가 꽃피는 네 살

이처럼 어린이들은 여러 활동을 몸으로 익히면서 네 살을 맞이하면 노래 부르고, 음악에 맞춰서 몸을 움직이는 것을 아주 좋아합니다.

그러나 네 살이 되어서 집단에 들어온 아이들 가운데는 자기를 표현하지 못해서 운동회가 끝날 무렵까지 노래할 때 절대 입을 열지 않는 아이도 있습니다. 그런 아이를 보고 있으면 노래에 전혀 관심이 없는 것 같지만 꼭 그렇지도 않아서 노래는 가만히 듣고 있습니다. 그리고 어머니들한테 이야기를 들어 보면 "이상해요, 집에서는 어린이집에서 배운 노래라며 들려줘요." 하고 말하는 경우도 가끔 있습니다. 노래를 부르지는 않지만 확실하게 듣고 외운 것입니다. 그렇기 때문에 무리하게 노래를 시키지 말고 길게 보고 느긋하게 기다리고, 생활 전반에서 자신감 있게 활동할 수 있게 해 주어야 합니다.

**악보를 읽지 못하는 어린이들의 장점** | 어른들이 노래를 외울 때에는 악보

를 보면서 외웁니다. 반대로 악보가 없으면 좀처럼 잘 외우지 못합니다. 그러나 악보에 기대고 있기 때문에 악보를 보면 기억나겠지 하고 생각해서 좀처럼 머릿속에 노래를 떠올리지 못합니다. 또 감수성도 낮고, 어떤 음일까 하고 생각하는데 마음이 쓰여 느낌이 어떤지, 절정은 어디인지 하는 데는 마음을 쓰지 못하고 노래를 부를 때가 많습니다.

하지만 어린이들은 다릅니다. 노래를 통째로 받아들입니다. 그리고 머릿속에 나름대로 악보를 확실히 써 넣습니다. 다만, 한 번 듣고 그 인상으로 머릿속에 새깁니다. 그래서 교사는 어린이들에게 처음 노래를 가르칠 때 자기도 잘 모르는 노래를 대충대충 흐리터분하게 가르쳐서는 안 됩니다. 교사가 몇 번이나 틀리게 불러서 어떤 느낌이 나는 노래인지 선뜻 다가오지 않으면 단번에 노래를 싫어합니다.

"이제부터 새로운 노래를 가르쳐 줄게요. 들어 봐요." 하면서 부르면 어린이들은 기대하면서 잘 듣습니다. 그 진지한 눈빛에 대답해 주십시오. 처음에 노래를 어떻게 불러 주느냐에 따라 어린이들은 노래의 느낌을 다르게 받아들입니다.

**좋은 목소리로 부르게 한다** | "힘차게 불러요." 하고 노래를 부르게 하면 어린이들은 제멋대로 큰 소리를 지르기 쉽습니다. 그렇게 되면 듣는 사람도 괴롭습니다. 그럴 때는 반드시 노래를 멈추게 합니다.

"힘은 있는데 소리가 좋지 않아요. 좋은 소리, 고운 소리로 불러요." 하면 가느다란 소리로 부릅니다. 너무 힘이 안 들어가면 "고운 소리는 됐는데, 이번에는 힘이 없네. 힘차고 고운 목소리는 어떤 것일까. 생각해 봐요." 한 다음 노래를 부르게 합니다. 그리고 좋은 소리가 나오면 "그 목소리 멋있어요, 그런 소리가 좋아요." 하고 확실히 칭찬해 줍니다. 하지만 다시 큰 소리로 고함치듯이 부르기도 합니다. 그 때마다 되풀이해서 확실히 방향을 잡아 주면서 합시다. "힘차고 고운 목소리는 이런 소리예요." 하고 교사가 노래를 들려주는 것도 좋습니다.

**어떤 때, 어떻게 부르게 할까** | 세 살까지는 피아노 반주에 맞춰서 부르게 하지 않고 언제 어디서나 "하나, 둘, 셋."이라고 신호를 하면 부르게 하다가, 네 살이 되면 갑자기 피아노 둘레에 앉혀 놓고 노래를 부르게 하지는 않았습니까? 어느 나이든 좀 더 자유로운 분위기에서 노래를 부르게 하는 것이 좋습니다. 네 살 무렵이 되면 피아노 반주에 맞춰서 집단으로 부르는 기회를 만들어야 할 때도 있습니다. 하지만 좀 더 자유로운 분위기 속에서 노래를 부르게 하는 게 좋습니다.

피아노 둘레에서 노래를 부를 때도 "지금부터 노래 불러요." 하고 말하지 않고, 자유롭게 놀고 있는 시간대에 교사가 피아노를 치면 반드시 몇몇이 다가옵니다. 때로는 나이가 다른 아이들이 올 때도 있습니다. 그 아이들과 함께 노래를 부릅니다. 어린이들이 해 달라고 하는 노래를 불러 주는 것도 좋습니다. 계속해서 피아노를 치면서 새로운 노래를 넣어도 좋습니다.

몇몇 아이에게 노래를 가르쳐 주고, 그 아이들이 반 아이들에게 가르치게 하는 것도 좋습니다. 때로는 "한 사람씩 부르자." 하면서 노래 자랑 대회를 할 수도 있습니다. 저녁때 아이들이 놀이에 지칠 때쯤 하면 나이가 다른 아이들도 들어와 노래를 부를 수 있는 좋은 시간이 됩니다.

**어떤 노래를 부르게 할까** | 네 살 어린이에게 맞는 노래는 무엇일까요?

먼저 교사 자신이 어느 정도 노래를 알고 있는지가 중요합니다. 노래는 그림책을 고르는 것처럼 고를 수 있는 것이 아닙니다. 악보를 읽고 "응, 이 노래는 네 살 어린이에게 딱 맞아." 할 수 있으면 좋겠지만, 실제로는 그렇게 되지 않습니다. 그렇기 때문에 교사는 평소에 조금이라도 많은 노래를 알려고 노력해야 합니다.

노래에 대한 연간 계획은 만들지 않는 것이 좋습니다. 실제로도 만들 수 없습니다. 올해 네 살 어린이에게는 이런 노래들을 부르게 해야지 생각하고 몇 곡쯤 골라 놓는 것은 좋지만, 그것을 어느 달쯤에 부르게 할지는 어린이의 상태나 반의 분위기를 살핀 다음에 결정해 주십시오.

문학이라면 나이에 따라서 그림책을 어느 정도 고를 수 있습니다. 노래도 고르려고 한다면 몇 가지 고를 수 있지만 무척 어려운 문제입니다. 어떤 노래가 어려운지, 그 예를 들면 '민들레' 라고 하는 귀여운 곡이 있습니다.

'민들레' 는 '민들레가 피었다 / 샛노랗게 피었다 / 꽃잎이 꽃잎이 / 방긋 웃으며 피었다.' 이런 노래입니다. 이 노래 가사는 네 살 어린이에게는 꼭 맞는 노래입니다. 그리고 대여섯 살 어린이에게 부르게 해도 아주 좋습니다.

네 살 어린이는 '민들레' 를 천진난만하게 부릅니다. 다섯 살 어린이는 공원에서 손으로 다 잡을 수 없을 만큼 민들레를 꺾어 보았을 것입니다. 머리가 어질어질할 정도로 민들레 씨앗을 불어서 날려 본 적도 있습니다. 그런 경험을 많이 하고 나서 노래를 부르기 때문에 민들레에 대한 애정을 담아서 부릅니다. 어느 쪽도 나름대로 맛이 있기 때문에 좋습니다. 그래서 '민들레' 는 엄밀하게 말하면 네 살 어린이가 즐겁게 부를 수 있는 노래가 못 됩니다.

이처럼 어린이는 노래 하나를 부를 때도 나이와, 발달 상태에 따라 자기가 경험한 것을 넣어 부르기 때문에 나이마다 노래를 따로 하는 것이 좋습니다.

네 살 어린이의 리듬 놀이 | 네 살 어린이에게 나타나는 큰 특징은 흉내 내면서 익혀 온 모습이나 움직임을 어린이 자신이 다시 한 번 고쳐 생각하는 것입니다. 그리고 몸의 부분 기능이 많이 발달합니다. 그러므로 "발뒤꿈치를 들어 보렴." "좀 더 손을 쫙 펴 봐." 하고 확실하게 바라는 것을 이야기해 주어야 합니다.

네 살 어린이는 한쪽 발로 두 번씩 껑충껑충 뛰면서 앞으로 나아갈 수 있습니다. 모두가 이렇게 할 수 있도록 키웁시다.

교사도 기꺼이 노래를 즐겨 부르십시오. 교사가 좋아하는 노래는 모두 어린이들에게 불러 주세요.

나들이 나갔을 때 자연스럽게 노래가 나오는 집단은 정말로 노래를 좋아하는 집단입니다. 그러한 네 살 집단을 만들어 주세요.


## 어린이와 그림책

### 한 살에서 세 살까지 어린이와 그림책

어린이와 그림책은 떼려야 뗄 수 없는 관계입니다. 더구나 어린이집에서 집단 생활을 하고 있는 어린이에게는 그림책이 때로는 동무들과 이어지게 해 주고, 때로는 동무가 될 때도 있습니다.

네 살 어린이와 그림책을 생각하기 전에, 한 살 시기, 두 살 시기, 세 살 시기에 그림책을 만나는 것부터 이야기하겠습니다.

한 살 시기 | 어린이들이 길 수 있으면 스스로 옮아다니기 때문에 둘레에 있는 어떤 사물에라도 관심을 기울입니다. 그 가운데 하나가 그림책입니다.

아이들은 아직 제대로 발달하지 못한 손가락을 최대한 힘껏 움직여 책장을 넘깁니다. 몇 번이나 실패하고 나서 겨우 책장을 펼치면 지금까지 알던 세계와는 다른 세계가 펼쳐집니다. 아이는 깜짝 놀란 듯이 그림책을 뚫어져라 내려다보다가 "다음에는 뭐가 나올까?" 하고 또 손을 뻗칩니다. 그러는 사이에 책장을 넘기는 데 빠져 계속 되풀이해서 넘깁니다. 한 살 어린이가 이런 행동을 할 때 교사가 무릎에 앉히고 그림책을 보여 주면서 말을 건네면 아주 기뻐하며 꼼짝 않고 봅니다. 그런 아이들을 모아서 책을 읽어 주면 여럿이 모여 있는데도 주의를 기울이면서 잘 듣습니다. 그리고 한 권으로는 모자란다는 생각이 들어 "더 읽어 줘." 할 때도 있습니다.

이 시기에는 어른과 어린이의 공감을 불러일으키는 《갓난아기의 책》이 아주 좋습니다. 《없다, 없다, 봐》와 같이 놀거나, 《태워 줘, 태워 줘》에 나오는 '정지' 부분에서는 반드시 손을 듭니다. 《예쁜 얼굴》에서는 자기도 예쁜 얼굴을 합니다.

또 가까이 있는 동물과 탈것에 관심을 기울이기 때문에 《동물의 어미와 새끼》, 《자동차》, 《채소》, 《과일》 같은 책처럼 자기 둘레에 있는 사물을 확인할 수 있고, 세밀하게 사실처럼 그린 그림책을 어린이들 가까이에 놓아 둡시다.

**두 살 시기** ㅣ 두 살 시기에는 어린이들이 좋아하는 그림책이 많이 늘어납니다. 재미있는 책이면 이야기 줄거리도 모두 외워 버리고, 책장을 건너뛰어 읽으려고 하면 험악하게 화를 냅니다. 이 시기에는 줄거리가 단순하고, 색채가 아름답고, 특징을 잘 잡아 대담하게 그린 것을 좋아합니다. 예를 들면, 《어린이가 처음 만나는 그림책》 시리즈 같은 책입니다. 또 두 살 어린이의 마음을 잘 읽고 있는 《싫어, 싫어, 그림책》 시리즈도 아주 좋습니다.

또 이 시기에는 그림책 속에 나오는 글이 마음에 들면 생활할 때 말로 그대로 표현합니다. 《빨간 사과》를 되풀이해서 읽고 있을 동안, 밥이나 간식을 먹을 때 교사가 "입을 크게 벌려요." 하고 말하면 어린이가 "따악." 하고 입을 벌려서 교사가 깜짝 놀라는 경우도 있습니다. 《빨간 사과》 속에 그 말이 들어 있는 것입니다. 두 살 무렵에는 "활활 타올라요" "활활 빨갛네" 같은 말들을 태연하게 합니다.

《논탕 놀자고요》(논탕 시리즈 : 기요노 사치코가 쓴 논탕 그림책 시리즈) 시리즈는 두 살 어린이가 좋아하는 책입니다. 번갈아 하거나, 차례대로 하는 것을 이해하지 못해서 자주 싸우는 아이들도 《논탕 놀자고요》에 "게다가, 게다가 기차 뽀뽀, 뽀오하고 울리면 바꿔요." 하는 말이 나오는 데서 도움을 받아 자연스럽게 차례를 이해합니다.

그 밖에도 가벼운 리듬감이 있는 표현이 나오는《어린 치이와 세발자전거》나《코끼리의 나들이》, 어린이가 자립하는 과정을 그린《어떻게 하면 좋을까?》,《잘 먹겠습니다》,《안녕하세요》같은 그림책도 아주 좋아합니다.

두 살 시기에는 한 살 시기보다 교사가 들려주는 그림책을 함께 잘 들을 수 있습니다. 한 아이 한 아이에게 차분하게 읽어 주는 것도 중요하게 하면서, 동무들과 공감을 넓히도록 집단에서 그림책을 적극 들려줍시다.

세 살 시기 | 한 살 시기부터 그림책을 본 어린이들은 이제 줄거리가 있는 이야기를 들을 수 있습니다. 그러나 이 때까지 전혀 그림책을 보지 못한 아이도 있습니다. 이런 아이들에게는 그 아이에게 맞는 그림책을 찾아 들려주면서 조금씩 그림책을 읽어 주어야 합니다.

어휘가 풍부해지는 세 살 시기에는 같은 그림책이라도 어느 정도 줄거리가 있는 그림책을 좋아합니다. 그리고 자신들이 생활하는 모습이 나오는 그림책을 좋아합니다. 예를 들면《밖으로 나가기 전에》,《새끼곰 그림책》시리즈,《아기 그림책》시리즈,《하마 아저씨》,《금붕어가 도망쳤다》같은 그림책입니다.

확실하게 자립하면 그러한 자신에게 자신감을 가질 수 있는《벗었다, 벗었다》,《처음으로 집 보기》같은 책도 읽어 줍니다.


### 네 살 어린이와 그림책

발달 단계에서 볼 때 질적 전환기라 할 수 있는 네 살은 그림책도 이전 시기와는 완전히 다르게 만납니다.

좋아하는 그림책을 되풀이해서 읽는다 | 네 살 어린이는 무엇인가에 쉽게 빠져듭니다. 그래서 편식도 합니다. 그림책도 어린이마다 좋아하는 것

이 확실히 생깁니다. 어린이집에서도 나이에 따라 빠져드는 그림책이 나옵니다. 어느 해는 자나 깨나 《도깨비》, 또 어느 해는 《작은 복숭아》를 좋아하는 아이가 많이 나오는 식입니다. 부모와 교사는 '이제 좀 다른 책을 읽으면 좋을 텐데.' 하고 걱정합니다. 그러나 좋아하는 책이 생긴다는 것은 다른 것과 견주는 힘이 확실히 생긴다는 뜻입니다. 자아가 싹트고 있다는 증거입니다. 넓게 내다보면서 인정해야 합니다. 어느 시기가 오면 다시 여러 가지 책에 흥미를 보입니다.

하지만 교사는 어린이들이 시야가 넓어지도록 좋아하는 책만 읽게 하지 말고, 낮잠 자기 전이나 틈이 날 때 여러 가지 책을 읽어 주는 게 좋습니다.

두 살 시기나 세 살 시기에는 여러 가지 책을 보여 주는 것보다 같은 그림책을 되풀이해서 보여 주는 것이 좋지만, 네 살 시기에는 경험을 넓혀 주기 위해 점점 여러 가지 그림책을 보여 주어야 합니다.

**역할놀이나 연극놀이로 발전할 수 있는 그림책을 좋아한다** | 네 살 어린이는 놀이하는 천재입니다. 아주 활발하게 놀고 할 일을 간단하게 나누어 맡을 수 있습니다. 그렇기 때문에 그림책도 이야기가 있어서 놀이로 할 수 있는 책을 좋아합니다. 《늑대와 새끼염소 일곱 마리》, 《우락부락 염소 세 형제 이야기》, 《새끼돼지 세 마리》 같은 책을 적극 보여 주고 살려 가도록 합니다.

또 이 시기에는 혼자서 그림책을 보다가 중얼거리기도 하고, 두셋이 모여 같은 책을 넘겨 가면서 재잘거리기도 합니다. 방 한구석에 그림책 보는 곳을 만들어 주고 어린이들이 자유롭게 보아도 좋은 책을 놓아 두면 좋습니다.

### 그림책 읽어 주기

《우락부락 염소 세 형제 이야기》는 북유럽 민화인데, 마샤 브라운이 훌륭한 그림책으로 만들었습니다. 물 속에 산다는 상상의 동물이 나오는데, 얼굴이 붉고 코가 높으며 신통력이 있어서 하늘을 자유롭게 날아 다니며 깊은 산 속에 삽니다. 북유럽에 사는 어린이들에게는 아주 낯익은 괴물인 트롤입니다. 또 염소도 귀엽거나 순하지 않고 자연 그대로 억세고 거친 성질이 살아 있습니다.

이러한 것들을 배경으로 이 그림책에서는 염소를 첫째 염소, 둘째 염소, 막내 염소로 대비시키고, 모습이나 표정, 목소리, 염소가 다리를 건널 때 나는 소리를 뚜렷하게 구별해서 그려 놓았습니다. 게다가 간단하게 말을 주고받거나 줄거리를 되풀이하면서 긴장감을 맛보게 하고, 마침내 염소가 트롤을 해치우는 절정까지 어린이들을 확실히 이끌어 갑니다. 역할놀이나 연극놀이로 하기 쉽고, 네 살 시기 어린이가 좋아하는 요소를 많이 포함하고 있는 그림책입니다.

**들려주기** | 어린이들이 흉내말, 경쾌한 말, 트롤을 묘사하는 말들을 자기도 모르게 장단에 맞춰서 흥얼거릴 수 있을 만큼 되풀이해서 읽어 주세요. 교사가 들려주는 그림책을 듣고만 있는 것보다 아이들이 노래를 듣고 있는 것처럼, 막히지 않고 매끄럽게 말이 들릴 때까지 읽어 주면 어린이들은 이야기의 세계로 빨려 들어갑니다.

**흉내말을 함께 소리 내어** | 막내 염소, 둘째 염소, 첫째 염소가 다리를 건널 때 나는 소리는 모두 다릅니다. 그림에서도 크기가 다르지만, 다리를 건널 때 나는 소리가 조금씩 다른 것에서도 염소 세 마리가 다르다는 것을 느낄 수 있습니다. 게다가 성격 차이까지도 알 수 있는 것 같습니다. 어린이들에게 "또각, 또각!"이라든가, "뚜걱, 뚜걱!" 부분을 말하게 해보면, "또각, 또각!"을 말할 때는 조금 높은 목소리로 작고 귀엽게 말합니다. 꼭 약하고 귀여운 염소를 상상하면서 말하는 것 같습니다. "뚜걱, 뚜걱!" 할 때는 낮고 굵으면서 강하게 소리 냅니다. 트롤을 해치우는 힘센 염소를 상상하고 있는 것이겠지요.

"막내 염소가 어떻게 소리 내면서 다리를 건넜지?""또각했어.""그랬지.""그럼 둘째 염소는?""첫째 염소는?" 하고 차례대로 물어 보고, "그럼 다시 한 번 읽을 테니까 또각또각하는 소리가 날 때는 모두 함께 또각또각해요." 하며 처음부터 다시 읽어 줍니다.

어린이들은 그 장면이 언제일까 하며 숨죽이며 기다립니다. 그리고 목소리를 맞춰서 "또각, 또각!" 하며 기뻐합니다. "다시 한 번 해요." 하고 반드시 말합니다. 때때로 성난 목소리로 "또각, 또각!" 하고 말하는 아이도 있습니다. 그럴 때는 "막내 염소가 그렇게 소리 낼까?" 하고 문제를 제기하면 "더 작은 목소리야.", "귀여운 소리를 내며 건넌다고." 하며 다른 어린이들이 말해 줍니다. 이렇게 해서 성난 목소리를 낸 아이도 작은 염소의 분위기를 알아 갑니다.

이렇게 흉내말이나 간단하게 이야기가 나오는 부분에 어린이들을 참여시켜 책을 읽으면 아이들이 좋아하고, 어린이들이 그림책을 어떻게 이해하고 있는지 알 수 있습니다.

**교사** 막내 염소가 다리를 건너 왔을 때 트롤이 뭐라고 했지?
**어린이들** 너희를 한 입에 꿀꺽 삼켜 버리겠다고 했어요.
**교사** 그래서 막내 염소를 먹어 버렸니?
**어린이들** 아니 먹지 않았어요.
**교사** 왜?
**어린이들** 막내 염소가 말했어요. 잡아먹지 마세요. 나중에 둘째 염소가 온다고 그랬어요.
**교사** 왜 둘째 염소가 온다고 하니까 안 잡아먹었지?
**어린이들** 둘째 염소가 더 맛있을 거라고 생각해서요.

이렇게 간단하게 이야기를 나누면서 아이들은 더욱 깊이 그림책을 이해할 수 있습니다.

**연극놀이로 발전 |** 실제로 염소가 되거나 트롤이 되어서 몸을 움직여 보면 이야기를 더 깊이 이해합니다. 이것에 대해서는 연극놀이를 설명하는 곳에서 자세하게 다루고 있습니다.

### 마무리

네 살 시기에는 생활에서 확실하게 자립할 수 있는 힘을 쌓아야 하고, 젖먹이 시기에서 벗어나 유아기로 가는 힘을 하나하나 몸에 익혀야 합니다. 그러나 현실에서는 모순이 많습니다. 응석을 부리거나 토라질 때도 있고 때로는 어른에게 지지 않을 만큼 형이 된 것처럼 행동합니다. 마음이 많이 흔들립니다. 그러나 이리저리 동요하면서도 확실히 자립하기 위해 나아갑니다.

이렇게 흔들리는 마음을 그림책 속에 나오는 세계가 많이 도와 주고 있다고 생각합니다. 마음이 앞서고, 무엇에라도 자신감을 가지는 네 살 어린이의 마음을 그림책으로 만족시켜 줍시다.

또 그림책의 세계에서는 무엇이라도 할 수 있습니다. 그림책은 저런 것을 해 봤으면, 이런 것도 해 봤으면 하는 마음을 채워 줍니다. 또, 행동 범위가 넓어진다고 해도 현실 생활은 한계가 있습니다. 그것을 그림책이 많이 채워 줍니다. 이렇게 하고 싶어하는 마음을 채우고 시야를 넓히면서, 현실에서 자신의 힘과 마음을 점점 조절할 수 있습니다. 그림책이 허구의 세계와 현실의 세계를 연결시켜 주는 구실도 해내고 있기 때문입니다.

# 집단 만들기

어린이가 성장하고 발달하는 기반은 바로 생활입니다. 생활은 어른과 어린이, 어린이와 어린이가 관계를 맺으면서 꾸려지고 이어집니다. 어린이집과 유치원에서도 마찬가지입니다.

집단은 이렇게 당연한 사실에서부터 만들어 갑니다. 집단은 교사가 어린이들과 관계를 맺으면서 어린이와 어린이들이 동무를 만들어 가게 합니다.

동무 관계를 가르치는 것은 어린이가 자기 생활은 자기 스스로 만들어 가는 '생활의 주인공'으로 커 나가기를 바라기 때문입니다. 동무를 아끼고 소중하게 여길 수 있어야 이러한 '생활의 주인공'이 될 수 있습니다. 또 서로가 대등하고 평등한 관계를 만들어 내어야 합니다. 때로는 상대방을 믿기 때문에 바라는 것을 말할 수 있어야 합니다. 그리고 그 속에서 서로 권리를 지켜 주면서 동무가 바라는 것과 자기가 바라는 것을 잘 맞춰서 한 가지 바람으로 만들어 내고, 그것을 현실에서 이루기 위해서 서로 돕고 힘을 모을 수 있어야 합니다.

집단을 만드는 것은 어린이 한 사람 한 사람이 이러한 생활의 주인공이 될 수 있는 힘을 쌓아 가기를 바라기 때문입니다. 이것은 하루아침에 이루어지지 않습니다. 교사가 끊임없이 가르칠 때 동무 관계도 발전합니다. 그리고 그 속에서 어린이 한 사람 한 사람이 생활의 주인공이 되는 힘을 한 발 한 발 스스로 몸에 익혀 가야만 이루어질 수 있습니다.

네 살에서 다섯 살 어린이 집단은 이러한 관점에서 발전해야 합니다.

어린이들이 생활 속에서 주인공이 되게 하려면 지금 가르치는 내용이 중요합니다. 어린이를 생활 속에서 주인공이 되게 하려면 지금 무엇을 해야 하는지 실천 사례를 검토하면서 네 살 어린이 집단을 만드는 관점을 생각해 보겠습니다.


## 집단을 만드는 관점

네 살 시기에는 자기 아닌 다른 아이에게 눈을 돌리고 관심을 나타냅니다. 다른 아이와 관계를 맺으면서 자기를 깨닫고 주장할 수 있습니다.

자기가 행동하는 것과 다른 사람이나 둘레에서 일어나고 있는 일이 어떤 관계가 있는지 이해하고, 그 속에서 자기라는 것을 확실하게 깨닫습니다. 자기 주장도 "싫어."에서 "내가 할게."로 바뀌면서 내용이 깊어집니다.

무엇인가 '하려고 하는 마음'과 '하고 싶어하는 마음'은 '하려고 마음 먹는 것'으로 이어지고, '할게' 하는 자립심이 됩니다.

"내가 할게." 하는 자립심은 "내가 할게." 하는 것 속에 들어 있는 자랑스러움과 재미, 즐거움을 찾는 것이고, 어른이 어린이의 자립심과 자주성을 북돋워 주고 칭찬해 줄 때 "내가 할게." 하는 마음이 드높아지고 힘이 됩니다.

그러나 "내가 할게." "내 것이야." "나는 ……을 가지고 싶어." 하고 자기 주장을 하면 집단 속에서 어린이들끼리 싸우게 되고, 그대로 두면 안 되는 상황이 벌어집니다. 그렇기 때문에 네 살 어린이 집단에서 자기를 주장하여 서로 싸울 때는 어떻게 지도해야 하는지 꼭 생각해야 합니다.

네 살 후반기에서 다섯 살 전반기 사이에 앞 시기에 견주어 눈에 띄게 발달하는 시기로 들어가면 '크다와 작다', '남자와 여자', '강하다와 약하다.'는 개념의 대립 관계를 더욱 확실하게 알 수 있고, 그 속에서 자기를 무조건 정당화시키고 다른 것에 다가갑니다. "나는 슈퍼맨이니까 내가 하는 거다." "나는 갓난아기하고 다르니까 참아야 한다."는 생각이 싹트고, 마음 속에서 다른 사람과 관계를 맺으면서 강하고 약한 것은 다르다는 것을 이해합니다.

어린이는 이렇게 자립하는 자아를 확립하면서 새로운 관계 속에 자기를 자리매김합니다. 여러 갈등을 되풀이하면서 갈등을 이겨 내고 자제심을 배워 갑니다.

갈등 상황을 이겨 낼 때는 자기 조절 기능을 하는 말이 아주 중요한 노릇을 합니다. 그렇기 때문에 이 시기에는 자신의 말을 표현할 수 있도록 하고, 다른 아이와 관계 맺을 때도 말을 하면서 사귈 수 있도록 가르쳐야 합니다.

또 네 살 후반기가 되면 어색하기는 하지만 자기가 바라는 것을 할 수 있습니다. 그리고 "내가 할게."하는 힘을 동무와 함께, 모두를 위해서 쓸 수 있습니다.

이러한 발달 특징을 보이는 네 살 어린이에게는 다음과 같이 할 일을 정해 주고, 집단 생활을 하고 발전시켜 나갈 수 있도록 해 줘야 합니다.

첫째, 싸움이 일어나면 집단에서 생활할 때 지켜야 할 규칙과 약속을 이해시키고, 다른 아이와 폭넓게 사귈 수 있도록 해 줍니다.

둘째, 어린이들끼리 함께 웃거나 기뻐하며 감정을 공유할 수 있는 관계를 넓혀 갈 수 있도록 해 줍니다.

셋째, 생활의 기초 단위로 반을 만들고, 어린이들끼리 깊이 사귈 수 있게 하여 동료 의식을 키울 수 있게 해 줍니다.

넷째, 반 운영과 관계 있는 당번 활동을 하게 합니다.


## 집단을 만들 때

여기에서는 네 살 어린이 집단을 만들 때 중요하게 해야 할 핵심 사항을 중심으로 실천 사례를 검토하면서, 자세하고 뚜렷한 방법과 관점을 명확하게 밝혀 두도록 하겠습니다. 가장 핵심에 가까운 실천 사례라고 해도 이미 실천하고 있는 사례 가운데서 뽑은 것들뿐이기 때문에 핵심 사례가 아닐 수도 있습니다. 실천 사례는 어디까지나 실천을 위한 실마리로 보고 참고해 주시기 바랍니다.


### 규칙이나 약속을 만든다

자기 주장을 인정하고, 규칙이나 약속을 만들고, 동무를 더욱 폭넓게 사귈 수 있도록 합니다.

4월 초에는 어린이들이 물건을 서로 뺏고, 물고, 때리고, 여기저기에서 울기 때문에 거기에 휘말려 놀이가 발전하지 못합니다.

이 시기에는 어른에게서 독립하여 혼자서 뭐든지 해 보고 싶어 합니다. 교사는 어린이들이 서로 부딪치는 것을 소중하게 여기면서, 어린이들끼리 어울려 놀 수 있도록 약속을 정하고 규칙을 만들어 갔습니다.


**어린이 타** '마' 가 물었어요. 싫다고 했는데.

또 '마' 어린이가 행패를 부렸습니다. '마' 어린이는 동무가 만든 새 알을 깨부수고, 그림책을 뺏고, 장난감을 뺏어 가고 해서 가는 곳마다 문제가 생깁니다. '마' 어린이도 동무들과 어울리고 싶은데 어떻게 어울려야 할지를 몰라 모든 것을 자기 중심으로 하고 손이나 이로 해결해 버립니다.

서로 싸우고, 울고, 싫어하는 것을 되풀이할 것이 아니라, 서로 싸워도 그것이 다른 모습으로 발전해 갈 수 있다는 것을 모두에게 알리고 싶어서 이야기를 해 보았습니다.

**교사**  입은 무슨 일을 하지?

**어린이 마**  간식 먹어요.

**어린이 아**  밥 먹어요. 채소도, 우유도.

**교사**  그렇구나. 먹을 것을 씹어서 잘게 만들어 위로 보내지. 그래서 우리 모두 크는 거야. 하지만 그것뿐일까? 다른 것 또 하는 것 없어?"

**어린이들**  ?

**교사**  봐, 선생님이 지금 입으로 뭐 하고 있지? 너희들에게.

**어린이 하**  이야기.

입은 밥이나 간식을 먹고, 입 속에서 음식을 잘게 만들어 위로 보내고, 그렇게 해서 들어간 것들은 피와 살이 된다는 것을 쉽게 설명해 주면서 자기 마음을 상대방에게 전할 때도 입으로 말을 한다는 것을 설명해 주었습니다. 무엇인가 가지고 싶은 물건이 있을 때나 바꾸면 좋겠다고 생각할 때는 입으로 "바꿔요." "주세요." "이렇게 해 줘요." "기다려요." 하는 것이라고 이야기해 주었습니다. "모두 입으로 말할 수 있어요?" 하고 물으면 "할 수 있어요." 하고 다들 입으로 말합니다.

그러나 네 살 어린이에게 말로만 동무를 어떻게 사귀는지, 규칙은 어떤 것인지 이해시키는 것은 무리였습니다. 정작 행동에 들어가면 손이나 발이 나오고 금세 싸우고 말았습니다. 그때 그때마다 바로 해결하는 방법이 있어야 했습니다.

"안 돼, 안 돼, 내 거야."

'자' 어린이가 세발자전거에 달라붙어서 외치고 있습니다. 다섯 대밖에 없는 세발자전거를 둘러싸고 어린이들은 끊임없이 다툽니다. 더구나 아이들은 타기 좋은 새 세발자전거에 모여들기 때문에 다른 세발자전거는 내버려 둔 채 서로 가지려고 합니다.

어린이들이 서로 다투는 것을 소중하게 생각하면서 "나도 타고 싶은데, ○○도 타고 싶어해. 그러면 어떻게 할까. 어떻게 하면 좋을까?" 하고 '자' 어린이와 '하' 어린이에게 말을 걸어 보았습니다.

**교사** '하'도 세발자전거 타고 싶어?

**어린이 하** …….

**교사** 타고 싶어, 안 타고 싶어?

**어린이 하** 타고 싶어요.

**교사** 타고 싶으면 아무 말 없이 그냥 뺏는 거야?

**어린이 하** 말로 해요.

**교사** 뭐라고 하지?

**어린이 하** 바꾸자.

**교사** 그렇지 말로 '바꾸자'고 하는 거지.

그 뒤 '하' 어린이는 '자' 어린이한테 가서 "바꾸자."고 말했지만 '자' 어린이는 싫다고 하고 바꿔 주지 않았습니다. '하' 어린이는 교사를 보고 울상을 지었습니다.

교사는 가운데 마당을 돌고 와서 자기 반 앞에서 바꿔 타자고 했습니다. 둘은 서로 받아들이고 바꿔 탔기 때문에 놀이는 이어졌습니다.

그리고 가운데 마당을 돌아서 자기 반 앞에서 바꿔 타는 규칙은 같은 반 다른 아이들에게도 전해져 크게 유행했습니다. 처음에는 한 번씩 돌고 나서 바꿔 타다가, 다음에는 두 번씩 돌고 나서 바꾸었습니다. 돌고 오면 자동으로 바꿔 타던 것을 가위 바위 보를 하게 해서 이기면 한 바퀴 더 돌게 했습니다. 이렇게 규칙을 발전시켜 나갔습니다.

점심을 먹고 나서 어린이들은 세발자전거 타는 것을 즐거워했고, 반 전체로 퍼져 나갔습니다. 어린이들은 자전거를 타기 전보다 동무들을 더 많이 사귀고, 생활은 활기를 띠었습니다.

이 실천 사례는 자기 주장이 강한 네 살 어린이들에게 동무들과 어울려 놀려면 바라는 것을 말로 표현해야 하고, 더욱이 약속이나 규칙을 정하고 그것을 지켜야 한다는 것을 깨닫게 해 준 사례입니다.

이 실천 사례에서 중요한 것은 어린이들이 서로 다투는 것을 안 좋게 생각하지 않고, 오히려 어린이들의 발달 요구로 받아들이면서 그것을 발전시켰다는 점입니다. 어린이들이 서로 다투는 것을 교사는 어울리고 싶지만 어떻게 해야 할지 모르는 것으로 받아들이고, 원만하게 어울리려면 어떻게 해야 하는지 가르치는 장면이 그것을 말해 줍니다.

집단을 만들려면 뿔뿔이 흩어져 있는 어린이들을 서로 어울리게 하고, 관계를 맺게 해야 합니다. 서로를 어울리게 하고 관계를 맺게 하는 방법은 어린이들 생활 속에서 많이 찾을 수 있습니다. 이 실천에서는 서로 다투는 것을 어린이 집단을 만드는 실마리로 삼고 있습니다.

이것은 중요한 것입니다. 어린이들이 자기 주장을 하면 집단 속에서 서로 부딪칩니다. 서로 부딪치는 것을 이 실천처럼 서로 어울리게 하고 집단을 만드는 실마리로 만드느냐, 아니면 어쩔 수 없는 싸움으로 받아들여 "싸우면 안 돼." 하고 교사가 무조건 억누르느냐에 따라 어린이 집단은 전혀 다른 집단이 되어 버리기 때문입니다.

이러한 차이는 교사가 목표로 하는 집단의 모습과 집단을 바라보는 관점이 뚜렷하게 있느냐, 없느냐 하는 데서 나옵니다. 앞의 관점은 '유아기의 자치 집단'을 만드는 데 목표를 두고 실천합니다. 뒤의 관점은 집단을 만들어 어떠한 어린이로 키워 낼 것인지, 어떠한 집단을 목표로 하고 있는지가 뚜렷하지 않거나 미처 생각하지 않은 상태입니다.

교사는 먼저 집단을 바라보는 관점과 집단의 모습을 뚜렷하게 세우고 있어야 합니다. 그 다음에 나이에 맞는 과제를 정하고 목적을 세워 아이들을 지도하여 집단을 만들어 가야 합니다. 어린이들이 집단 생활에서 일으키는 여러 가지 일들에 교사가 방향과 생각 없이 즉흥으로 대처한다면 어린이 집단은 만들어지지 못하고 발전하지도 못합니다.

자기를 주장하는 시기에 집단 생활을 더욱 즐겁게 발전시켜 나가기 위해서는 생활과 놀이 속에서 규칙과 약속이 있어야 한다는 것을 깨닫게 하고, 약속이나 규칙을 지켜서 동무 관계를 더욱 넓혀 갈 수 있게 지도해야 합니다.

### 공감대를 넓힌다

어린이들이 서로 공감대를 넓히고, 어울려 노는 기쁨을 몸으로 깨닫고, 서로 이해하고 인정할 수 있게 합니다.

방 앞에 카펫을 깔고 책상을 내놓고 화로 덮개를 덮어 씌워 소꿉장난을 했습니다.

(큰 그릇 속에 나무 토막 장난감을 넣고 휘저으면서 말한다.)

**다카시** 아빠 음식 잘 만들지? (종이 막대를 들고) 이건 아빠 식칼이야.

**아키** 선생님 병문안 갔다 올게요.

(아키는 주머니를 들고 나간다.)

**교사** 어디로?

**아키** 할머니한테요.

**가즈오** 과자 갖고 가, 배고프면 껌 씹어.

(다른 곳에서 놀고 있던 아야가 들어오면서 말한다.)

**아야** 텔레비전 어디 있어?

**교사**  이 집에는 텔레비전이 없어. 전파상에 부탁해야 돼.

**다카시**  내가 가서 부탁하고 올게.

(나가려고 한다.)

**교사**  텔레비전은 비싸, 엄마 아빠 돈 있어?

**다카시**  그럼 많이 있지, 여기.

(주머니에서 종이를 꺼낸다.)

**아야**  모두 잔치 보러 가자.

**주리**  밥해 놓을게 갔다 와요.

**다카시**  불꽃놀이도 한다고.

**교사**  아빠 솜사탕 사 와.

**다쿠야**  금붕어 노래 부른다.

놀이는 이렇게 잔치놀이로 변합니다.


어린이들이 역할놀이하는 것을 보고 있으면 단순하게 흉내내는 데서 점점 자신이 경험한 것과 그림책에서 본 것들을 재현하는 것으로 나아가고, 더 나아가면 사회 생활을 폭넓게 흉내내는 것으로 발전합니다. 사람과 사람이 관계 맺는 방법을 흉내내면서 동무들과 어울리는 것 같습니다.

네 살 어린이가 역할놀이를 하면서 동무와 어울리는 것은 이 실천에서 보는 것처럼 그때 그때 옆에 있는 사물이나 사람에 따라 바뀌는 경우가 많고, 계속 관계를 이어 가는 것은 아직 무리입니다.

어린이들은 경험이 한정되어 있고 말도 잘 하지 못합니다. 그렇기 때문에 어린이들이 어울려 즐겁게 놀 수 있도록 하기 위해서는 위에 사례를 든 것처럼 교사가 해야 할 일이 있습니다.

교사는 어린이와 함께 놀고, 그 속에서 어린이들이 이야기를 하도록 이끌어 갑니다. 그리고 배역을 뚜렷하게 정해 주거나, 놀이에서 빠져 나간 아이를 다시 끌어들여 놀이가 발전할 수 있도록 관계를 맺어 줍니다.

물론 늘 중재자가 있어야 하는 것은 아닙니다. 놀이를 되풀이하는 동안에 어린이들은 자기네들끼리 놀 수 있습니다. 그렇게 되기까지는 중재자가 있어야 합니다. 어린이들은 교사가 중재자가 되어 함께 놀아 보면 "아 재밌다." "즐거웠다." 하며 공감하고, "함께 놀면 재미있다." 하면서 동무들과 어울려 놀고 싶어합니다.

교사는 어린이들이 재미있고, 좀 더 함께 놀고 싶다고 생각할 수 있도록 그 몫을 잘 해 나가야겠습니다.

### 모둠을 만든다

생활의 기초 단위로 반을 만들고, 반에서 활동하면서 자주적이고 민주적으로 관계를 맺고 어울리게 하고, '자기를 위해서 ……하는' 행동에서 '모두를 위해서 ……하는' 행동으로 폭을 넓혀 주면서 집단을 발전시킵니다.

네 살 어린이 반이 되어 한 달 남짓 지나면 어린이들은 여러 모습을 보입니다. 사이가 좋은 동무들과 잘 노는 아이, 언제나 혼자서 멍하니 의자에 앉아 있는 아이, 잘 놀고 있는 아이한테 가서 괜히 참견하고 물건을 뺏는 아이들이 있습니다.

두세 어린이들을 활동에 참가하도록 하는 것뿐만 아니라, 서로 어울리면서 생활 속에서 할 수 있는 것들을 스스로 하게 해야 한다고 생각해서 모둠을 만들기로 했습니다.

모둠을 만들 때는 다음과 같이 목적을 정했습니다.

첫째, 적은 인원 속에서 자기 생각을 말하고 동무들 의견을 듣고 관계를 만들도록 합니다.

둘째, 모둠 활동을 하면서 동무들과 함께 하는 즐거움과 기쁨을 깨닫게 합니다.

셋째, 앞날의 자치 집단을 미리 내다보고, 네 살 어린이 나름대로 자기 모둠이나 반의 일을 서로 의논하거나 결정하는 힘을 키우도록 합니다.

모둠 이름은 어린이들이 정했습니다. 처음으로 한 가지 일을 넷이 의논해서 결정해 보기 때문에 저마다 하고 싶은 말을 주고받았습니다.

모둠 이름을 정할 때는 교사가 "처음에는 어린이 한 사람 한 사람이 붙이고 싶은 이름을 서로 이야기하고, 다음에는 그 가운데서 모두가 가장 좋다고 생각하는 이름을 정한다."고 이야기해 주자 모두 "수박 모둠으로 하자."고 했습니다.

처음에는 모둠으로 행동을 함께 하거나 놀면서 "나는 …… 모둠이다." "'아' '카' '마'와 같은 모둠이야." 하는 것을 알게 하였습니다.

모둠 활동은 나들이 갈 때 모둠끼리 모여 반 전체가 함께 목적지까지 가고, 모둠끼리 릴레이 경기를 하고, 노래 부를 때는 모둠끼리 부르거나 반 전체가 함께 부르는 것으로 했습니다.

• 나들이 갈 때 모둠끼리 모이는 장면

교사가 "지금부터 오다후쿠 공원에 나들이 가요. 그 때 같은 모둠에서 두 사람씩 손을 잡고 모둠끼리 가자. 같은 모둠에서 누구하고 손을 잡아도 좋아요." 하자, 어린이들 와와하며 옆에 있는 아이, 앞에 있는 아이와 손을 잡고 기뻐했습니다.

나들이 나가는 뒷문에서 기다리고 있으니 어린이들은 둘이서 손을 잡고 있거나, 혼자 있거나, 방 안에서 어물어물하고 있습니다.

**교사** 오렌지 모둠, 수박 모둠, 레몬 모둠, 눈사람 모둠, 메론 모둠 동무들 다 있니?"

**어린이 마** '아'가 없어요.

**교사** '아'는 무슨 모둠이지?

**어린이 사** 수박 모둠.

**교사** 수박 모둠에 있는 '마' 가 가서 '아' 를 찾아와요.

하고 말하자 '사' 어린이와 '하' 어린이까지 나서서 찾으러 나갑니다.

'아' 어린이는 화장실 세면대에서 물장난을 하고 있다가 모둠원에게 이끌려 뒷문으로 옵니다.

'아' 어린이 밖에도 오렌지 모둠에 있는 '하' 어린이는 방에서 그림책을 보고 있고, 메론 모둠에 속한 '차' 어린이는 모래밭에서 혼자 놀고 있습니다. 그래서 모둠원이 모두 함께 모이는 것은 어렵습니다.

모둠마다 두 줄로 서고, 빨리 모인 모둠부터 차례대로 줄지어 서서 떠나기까지는 십오 분이나 걸렸습니다.

오타후쿠 공원에 가서 모둠끼리 릴레이 경기를 해 봤습니다. 릴레이 경기는 대여섯 살 어린이들과 섞여 아침이나 저녁때 하고 있었는데, 처음으로 네 살이 되어 모둠끼리 나누어 해 보았습니다.

색깔 머리띠로 모둠을 구별했습니다. 바통도 같은 색으로 해서 다른 모둠과 쉽게 구별할 수 있도록 했습니다. 빠른 달에 태어난 '아' 어린이는 모둠 릴레이 경기를 어떻게 하는지 이미 알고 있었기 때문에 '하' 어린이를 열심히 응원했고, 바통을 주고받을 때 "○○에게 넘겨 줘." 하고 달려 온 아이에게 가르쳐 주었지만, '아' 어린이나 '차' 어린이는 좋아하는 다른 모둠 아이에게 바통을 넘겨 주었습니다.

이제 막 모둠 활동을 시작했기 때문에 어린이들은 아직 어리둥절해 하고 갈피를 잡지 못하는 모양입니다. 경험을 쌓으면서 어린이들은 모둠을 생각하고 동무 관계를 넓혀 가고, 자기 반에서 당번 활동도 서로 힘을 모아 해 나갈 것이라고 기대하면서 진행하고 있습니다.


이 실천은 모둠을 만든 목적을 뚜렷하게 보여 주고 있지만, 중요한 점은 교사가 보육 활동을 잘 하기 위해서 모둠을 만들거나, 모둠 활동을 집단을 만드는 목적으로 삼고 있지 않다는 것입니다. 어디까지나 대여섯 살 시기에 집단을 만드는 바탕이 되는 네 살 모둠을 분명히 자리매김하고 있습니다.

모둠은 왜 필요할까요? 네 살 어린이는 '모두'를 자기가 중심이 되어 사이좋은 동무 여럿을 받아들이는 것으로 생각하는 경우가 많고, 처음부터 반 아이들을 '모두'라고 생각하기는 어렵습니다. 더구나 반에서 연대감을 갖지는 못합니다.

그래서 반 집단을 적은 인원으로 나누어 모둠을 만들고, 그 모둠을 생활 단위로 해서 지도해 가는 것입니다. 적은 인원이 모인 모둠에서 안정감을 갖게 하고, 단순히 사이좋은 동무에서 동료로 발전시켜 가도록 합니다. 예를 들면, 집단에 속한 한 사람이라는 것을 가르쳐 '나는 …… 모둠'이라는 것을 알게 합니다. 집단을 가르치고 집단과 개인의 관계를 깨닫게 하는 것입니다. 그렇기 때문에 모둠은 교사가 반을 관리하기 위해서나 자기 형편에 따라서 만드는 것이 아닙니다. 네 살 어린이 나름대로 자기 반에서 일어난 일은 반 아이들이 생각해야 한다는, 자주 정신으로 생활하는 태도를 기르기 위해서 만드는 것입니다. 그러므로 모둠을 짤 때는 어린이들이 바랄 때까지 기다리지 않고 교사가 먼저 만들어 나가야 합니다.

모둠을 만들면 어린이들에게 모둠 활동으로 무엇이든 시킨다고 생각하는 사람도 있는데, 그것은 옳지 않습니다. 네 살 어린이가 자립하기 위해서는 아직 교사가 도와 주어야 합니다. 모둠에 속해 있는 어린이 한 사람 한 사람을 자립시키기 위해서 제대로 관심을 기울여야 합니다. 교사가 어린이 한 사람 한 사람을 따로 따로 만나는 것과 모둠을 만들거나 모둠 활동을 지도하는 것은 서로 반대되는 개념이 아닙니다. 이것을 하나로 어우러지게 해서 지도할 때야말로 어린이도 발달하고, 집단도 발전합니다.

## 당번 활동을 한다

당번 같은 반 운영 활동은 어린이들이 하고 싶어하는 마음을 소중하게 여기는 것으로, 처음에는 교사를 거들어 주게 하다가 조금씩 반 활동을 하게 합니다.

히로미는 무슨 일이든지 적극 나서는데, 교사가 앞치마를 두르고 우유와 간식을 나눠 주고 있는 것을 보고 "나도 할게요." 하면서 다가옵니다. 히로미가 앞치마를 두르고 간식을 나눠 주고 있는 것을 보고 미카와 유키가 자기들도 하고 싶다며 옵니다. 그 때마다 교사가 "히로미 다음은 미카, 그 다음은 유키." 하고 차례를 정해 주었습니다. 그런데 하고 싶다고 하는 아이가 점점 늘어나 차례도 뒤섞이고, 자주 싸웠습니다. 그래서 어린이 한 사람 한 사람마다 카드를 만들어서 차례대로 돌아가는 방법을 만들었습니다.

어린이들은 당번 활동하는 것이 즐거워서 당번하는 날에는 "일찍 일어나 어린이집으로 달려갑니다." 하고 히로시의 어머니가 말해 주듯, 카드를 넘기면서 자기 차례가 돌아올 때를 날마다 확인합니다.

당번이 하는 일은 현재 두 사람이 한 모둠이 되어서 급식이나 간식을 나눠 주고, 먹을 때 아이들 앞에 서서 "…… 있습니까?" "…… 모두 함께 ……." 하고 인사하는 두 가지입니다. 아주 간단합니다.

당번의 매력은 아이들한테서 "당번 고마워." 하는 말을 듣거나, 아이들 앞에서 "…… 있습니까?" "…… 모두 함께 ……." 하고 말하는 데 있는 모양입니다.

늦은 달에 태어났고 생각도 늦은 히로키가 당번을 할 때는 잘 나눠 주지를 못해서 아이들마다 "배고파, 빨리 줘." 하고 말하기도 합니다. 그런가 하면 어린이들이 늘 채소를 남기는 바람에 당번이 "채소 모두 안 먹으면 '잘 먹었습니다.' 하고 말하면 안 돼." 하고 말하기도 합니다. 이렇게 당번을 하면서 여러 가지를 배워 가는 것 같습니다.

당번 활동을 즐기고 여러 가지 경험을 하면서 일하는 차례나 동무들을 이해하고, 서로 더 깊이 어울려 가고 있습니다.

이 때 당번은 어린이들이 하고 싶어하는 마음을 북돋우고, 모두가 하고 싶어하는 일로 자리매김했다고 할 수 있습니다.

이 단계는 당번이 교사를 거들어 주는 단계입니다. 여기에서 당번 활동은 자기 생활에 필요한 일이라는 것을 깨닫게 하고, 그래서 모두 함께 번갈아 하거나 서로 도와야 한다는 것을 알게 합니다. 그리고 반 전체에서 두 사람이 당번을 하려면 시간도 걸리고 일이 잘 되지 않는다는 것도 겪어 보고 알게 하고, 모둠 당번으로 나아갑니다.

다음으로 어린이들이 모둠 당번을 하는 모습을 보도록 합시다.

### 심부름 당번에서 모둠 당번으로

모둠 어린이들끼리 활동을 같이 하면서 관계를 맺게 하여 운동회가 끝날 때쯤에는 많이 발전했습니다. 그래서 심부름 당번에서 모둠 당번으로 바꾸기로 했습니다. 이렇게 하기로 한 목적은 어린이들이 모둠 활동을 하면서 자기 반을 스스로 이끌어 갈 수 있는 힘을 몸에 익히게 하기 위해서였습니다.

당번이 하는 일은 모둠원에게 간식과 밥을 나누어 주고, 큰 소리로 인사하고, 모둠에서 결석한 사람을 아침 조회 때 반 아이들에게 알리는 것 같은 간단한 일부터 시작합니다.

• 레몬 모둠 '하' 어린이의 당번 활동

둘이 한 모둠이 되어 반 전체 일을 할 때는 차례가 늦게 돌아오고, 교사도 함께 하고 있기 때문에 "내가 해 줄게." 하는 마음이 강하지 않았습니다. 그러나 모둠 당번에서는 혼자서 모두에게 급식을 나눠 주기 때문에 일한 보람이 있어서인지 '하' 어린이는 모둠 당번을 아주 열심히 하고 있습니다.

모둠원이 모두 모이고 난 다음에 음식을 나눠 주게 했는데, 교사가 "밥 먹어." 하고 말하기 전부터 모둠원에게 방으로 들어오라고 말할 정도입니다.

'하' 어린이는 놀이할 때는 그렇게 열중하지 않는데 당번 활동은 아주 열심히 합니다. 당번이 되면 "고마워요." "당번님, 당번님." 같은 소리를 듣고 자기 존재를 인정받는 것이 좋아서 열심히 하는 것 같습니다.

'하' 어린이가 힘차게 모둠 당번 활동하는 모습은 바로 네 살 어린이다워서 절로 웃음이 나옵니다.

네 살 어린이들은 당번 활동을 '하' 어린이처럼 즐겁고 재미있게 할 수 있으며, 모두가 기뻐해 주는 일로 알고 좋아합니다. 선생님이 "애썼구나." 하고 말해 주는 것처럼, 먼저 모두를 위해서 하는 일이 귀찮은 일이 아니라는 것을 깨닫게 해야 합니다. 모두를 위해서 하는 당번 활동은 즐겁고 좋은 것입니다. 어린이들이 "당번 하고 싶지 않아." 할 때는 무리하게 시키지 말고 그 까닭을 살펴보고 교사가 어떻게 지도했는지도 뒤돌아보아야 합니다.

당번 활동은 어린이들에게 "자기 생활을 자기가 이끌어 간다."고 하는 자치 능력을 키워 주기 위해 빼놓을 수 없는 활동입니다. 당번 활동을 어떻게 해야 하는지 자세하게 가르치면서, 당번 활동이 어린이들의 생활 속에 자리잡아 힘을 키우고 집단을 발전시켜 나갈 수 있도록 만들어 가야 합니다.


## 주의할 점

### 어린이 삶에서 시작한다

네 살 어린이 집단을 만들 때 적어도 이것만큼은 짚고 넘어갔으면 하는 것을 세 가지 핵심 사항으로 정리해서 이야기해 왔지만, 이 네 가지를 받아들여서 실천하기만 하면 네 살 어린이 집단을 쉽게 만들 수 있는 것은 아닙니다.

예를 들면, 모둠을 만들고 어린이들이 폭넓게 사귈 수 있도록 하려고 해도 모둠 속에서 교사에게 마음을 열지도 않고 다른 아이들과 어울리지도 않는 아이가 있어서 반 아이들이 즐겁게 생활할 수 없다면 먼저 그 아이에게 어떤 문제가 있는지 생각해 보아야 합니다.

어디까지나 어린이들의 현실과 반의 모습 속에서 모순을 살피고, 그것을 해결하려고 해야 합니다. 거꾸로 말하면, 어린이의 모습과 보육 조건, 교사의 능력을 전혀 생각하지 않고 세 가지 핵심 사항을 기계처럼 짜 맞추려고 하면 안 됩니다.

## 반 운영이 중요하다

집단은 두 가지 면에서 목적을 이루어 갑니다. 한 가지는 반 운영 활동, 즉 당번 활동 같은 일입니다. 나머지 하나는 놀이와 활동입니다. 이 두 가지 면을 하나로 어우러지게 실천하는 것이 중요한데, 더구나 중요한 것은 반 운영 활동입니다.

놀이나 활동을 하면서 동료를 생각하는 마음과 함께 해야 한다는 마음이 자라고, 집단이 발전해 간다고 해도 평소에 교사가 아이들을 관리하고, 어린이들이 스스로 자기 생활을 끌어갈 수 없다면 어린이는 집단을 만들어 키우려고 하는 어린이로 자라지 못합니다.

그렇기 때문에 네 살 어린이부터 모둠을 짜고, 어린이들이 간단한 당번 활동을 하면서 천천히 반 운영 활동에 참여하도록 해야 합니다. 다섯, 여섯 살 어린이 집단의 과제와 관련해 봐도 이것은 아주 중요한 문제입니다.

## 어린이가 바라는 것을 발전시킨다

어린이 집단을 만들 때는 무엇을 근거로 해서 집단을 만들고 있는가 하는 문제에 부딪칩니다. 집단을 만드는 근거는 어린이가 생활하면서 생기는 자기 바람입니다. 어린이가 바라는 것은 현실에서 여러 가지 영향을 받아 생기기 때문에 반드시 올바르다고만 할 수는 없습니다. 그리고 바라는 것이 없는 경우도 있습니다.

예를 들면, 교사가 당번 활동에 어린이들을 끌어들이려고 해도 전혀 마음 내켜 하지 않고 놀이만 열심히 하는 경우도 있습니다. 그럴 때는 어린이들이 마음껏 놀고 싶어하는 마음을 먼저 인정하고, 재미있게 놀면서 만족스러워할 수 있게 합니다. 그리고 마음껏 놀이에 빠져들 수 있는 힘을 지렛대로 삼아 교사가 생각하는 당번 활동을 할 수 있게 지도합니다. 어린이들이 바라는 것을 받아들이고 그 마음을 발전시키면서, 교사가 계획한 것과 맞춰 가야 합니다.

어린이가 바라는 것을 무시하고 교사가 자기 생각을 강요하여 기계처럼 계획을 밀고 나가면 어린이들은 진정으로 힘을 기르지 못합니다. 어디까지나 어린이들이 바라는 데 맞춰서, 어린이들이 스스로 성장해 가는 힘을 바탕으로 해서 실천해야 합니다.

## 어린이 인격을 존중한다

어린이를 키울 때는 어린이 한 사람 한 사람의 인격을 먼저 인정해야 합니다. 어린이마다 다르게 나타나는 모습이나 행동을 잘 이해하고, 아이들을 모두 평등하게 인정하고 받아들여야 합니다.

문제를 일으키는 어린이를 집단 속에서 새롭게 바꿔 나갈 때, 지나치게 성급하게 생각해서 근본 원인을 정확하게 밝히지 않은 채 어린이들이 서로 이야기하고 있는 곳에서 비판하거나 평가하고 모둠을 바꿔 버리는 경우가 있습니다. 이것은 집단을 틀에 맞춰 만들고, 그 아이를 바꾸려고 하는 태도입니다. 이렇게 지도하면 한순간 성공할지는 몰라도 근본으로 해결하지는 못합니다.

집단 만들기라는 이름 아래 어린이들끼리 쉽게 경쟁하고, 비판하게 만들어 어린이에게 상처를 주거나, 인격을 무시하면 안 됩니다. 어린이들은 교사가 잘못 가르쳐도 그것을 확실하게 비판할 수 없다는 것을 늘 생각해야 합니다.

### 교사와 부모가 함께한다

어린이 집단을 만들어 나갈 때 교사는 가장 먼저 집단을 보는 눈과 집단의 모습을 비롯해 지도 방법에 대해서 반 아이들과 어린이집 전체와 의논하고 뜻을 하나로 모아 나가야 합니다. 집단을 보는 눈과 교사가 생각하는 집단의 모습이 달라도 끊임없이 어린이들의 모습을 있는 그대로 이야기하고, 거기에서 방향을 찾아 나가야 합니다. 교사 집단을 잘 만들면 어린이 집단은 절반 넘게 만든 것이나 같다고 할 수 있을 만큼 교사 집단은 어린이 집단에 큰 영향을 미칩니다. 교사 자신이 집단을 보는 방법과 생각하는 방법을 몸에 익히고, 교사 집단 속에서 자기 자신을 성장시켜 갈 수 있도록 노력해야 합니다.

교사 집단과 아울러 중요한 것은 부모 집단입니다. 부모 한 사람 한 사람이 교사와 관계를 맺고 자기 아이를 제대로 이해하고, 부모들끼리 걱정거리나 어려움을 나누고 서로 관계를 맺어 가면서 집단의 짜임새를 갖추어 나가야 합니다. 어린이가 집단 속에서 여러 가지 힘을 익히고 성장해 가는 것처럼, 교사와 부모도 자기 집단 속에서 성장하면서 어린이들과 함께 발전해 가도록 합시다.

# 어린이 행사

## 누구를 위한 행사인가

어린이집과 유치원에서는 여러 가지 행사를 하는데, 현실에서는 행사를 위한 보육이 되기 쉽습니다. 무엇을 위한, 누구를 위한 행사인지 다시 한 번 생각해 보아야 합니다.

행사에는 일 년을 마무리하는 행사와, 어린이들이 눈에 띄게 발달하는 실마리가 되는 행사가 있습니다. 새해, 칠석제, 크리스마스 같은 행사는 일 년 행사입니다. 입학식, 소풍, 운동회, 생활 발표회, 졸업식은 어린이 발달에서 일 년을 마무리하는 행사이면서 보육 활동에서 전환점이 되는 행사입니다.

그러므로 행사는 일상 보육에서 쌓아 온 경험을 펼쳐 나가면서, 그와 함께 일상이 아닌 내용과 형식을 갖추어야 합니다. 행사를 하고 난 뒤에는 어린이들이 눈에 두드러지게 한 단계 앞으로 발달할 수 있어야 진정한 행사라고 할 수 있습니다.

# 운동회는 행사의 중심

운동회에서는 어린이들이 확실히 새롭게 바뀔 수 있어야 하며, 교사 집단도 마음을 써서 행사를 치러야 합니다. 운동회에서는 한 마디로 말해서 평소보다 하고 싶어하는 마음이 눈에 띄게 달라집니다. 나이에 맞고, 발달 단계에 맞는 마음을 낸다고 해도 되겠지요. 이것이 운동회를 계기로 이루어지는 것은 다음 세 가지 때문입니다.

첫째, 하고 싶어하는 마음은 활동의 발자취가 보이면 높아집니다. 운동회에서 하는 여러 행사는 어린이가 보는 활동이고 또 그 발자취가 보이기 때문입니다.

둘째, 하고 싶어하는 마음은 집단의 분위기가 드높아지면서 어쩔 수 없이 팽창하게 되고, 한결 기세가 오릅니다. 운동회는 점점 더 동료를 생각해서 더욱 열심히 해야 하는 분위기를 만들어 냅니다.

셋째, 하고 싶어하는 마음은 일정한 평가를 받아야 정착합니다. 운동회는 동무, 나이가 다른 어린이, 교사, 부모들이 평가합니다.

이러한 까닭으로 운동회를 일 년 행사의 중심으로 하고 그 둘레에 행사 몇 개를 넣어서 일 년 보육의 전환점을 만들어 활동하는 것이 좋습니다.


# 운동회의 목적

### 평소에 키워 온 힘을 펼친다

네 살 어린이는 운동회를 위해서 활동을 준비하는 것이 아니라, 평소에 키워 온 힘을 그대로 운동회날 펼칠 수 있게 하는 것이 좋습니다.

이 시기에는 달리고, 뛰고, 차고, 구르는 기본 동작과 그 밖에 섬세한 동작을 할 수 있어서 활동이 대범하게 발달하고 행동 범위도 넓어지기 때문에 4월부터 바깥에서 많이 뛰어놀게 합니다. 아울러 여름철에 수영장에서 물놀이를 하면서 온몸 운동을 할 수 있는 바탕을 만듭니다.

어린이들은 조금도 가만히 있지 못합니다. 높은 곳에 올라가 뛰어내리고, 기운차게 돌아다니는 것을 좋아합니다. 호기심도 많기 때문에 몸을 마음껏 움직일 수 있는 철봉, 매트, 뜀틀, 평균대 놀이를 좋아합니다. 그리고 리듬에 맞춰 한쪽 발을 들고 한쪽 발로 뛰는 리듬 놀이도 즐길 수 있습니다.

개인차가 생기는 때이므로 여러 가지 활동을 할 때 어린이 한 사람 한 사람의 모습을 확실하게 알아 놓아야 합니다. 체육 놀이 기구 같은 것도 여러 가지를 쓸 수 있도록 하는 것이 좋습니다. 네 살 어린이에게 알맞고 흥미를 끌 수 있는 방법을 창의성 있게 연구해야 합니다.

네 살 어린이는 여러 아이들이 보는 앞에서 무엇인가를 하고 싶어합니다. 그렇기 때문에 분위기를 타면 잘 할 수 있지만, 한 번 부끄러움을 타면 잘 하지 못합니다. 사람들 앞에서 계면쩍어하거나 부모를 보고 마음이 움직여 생각지도 않은 행동을 하기도 합니다. 또 동무들을 생각해서 이겨야 한다는 마음이 아직 없습니다. 그래서 달릴 때는 동무들과 함께 달리는 것이 중심이기 때문에 상대를 기다렸다가 나란히 달립니다. 교사는 이러한 것에도 마음을 써야 하겠습니다.

### 동무와 도와서 열심히 준비한다

이 시기에는 개인차가 생기므로 네 살 어린이들이 집단 속에서 힘을 기를 수 있도록 여러 가지 활동을 느긋하게 하고, 운동회에 흥미를 가질 수 있도록 합니다. 흥미가 생긴 시점에서 운동회 때까지 열심히 하면 잘 할 수 있는 내용을 활동 목표로 정합니다.

동료 의식도 싹터 있기 때문에 잘 하는 어린이가 발달이 늦은 어린이를 응원하거나 도울 수 있도록 합니다. 모두가 다 할 수 있는 것을 집단의 목표로 정합니다. 교사와 동무들이 도와 주고 격려해 주는 가운데 노력하여 할 수 있었다는 기쁨을 모든 어린이들이 누릴 수 있어야 합니다.

### 간단한 규칙을 익힌다

네 살 초반에는 아직 줄을 서거나 기다리지 못합니다. 여러 가지 용구나 놀이 기구는 한 사람만 쓰는 것이 아니라 모두 함께 쓰는 것이라는 것을 점점 알아 가므로 번갈아 하거나 차례를 기다릴 수는 있지만, 다른 어린이를 밀어 제치거나 반대 방향에서 들어오거나 해서 서로 많이 싸우기도 합니다.

위험하지 않게 즐겁게 놀 수 있도록 하기 위해서 차례대로 하기, 번갈아 하기, 빌려 주기 같은 규칙이나 약속을 익힐 수 있는 놀이를 하거나, 평소에 동무들과 같이 하는 방법을 지도하면 좋습니다. 그리고 운동회를 하면서 줄을 서고, 기다리고, 청군 백군으로 편을 가르는 기본 규칙을 몸에 익히도록 합니다.


## 운동회날

### 운동회하는 곳

운동회를 할 때는 어린이집 마당이 좁으면 어린이집 밖에서 넓은 곳을 빌려 하는 경우도 있습니다. 여기에서 예로 드는 어린이집은 그렇게 넓다고는 할 수 없지만 운동회를 열 수 있을 만한 마당이 있어서 어린이집에서 운동회를 열었습니다. 부모들은 운동회날 아침에 함께 모여 땅을 고르고, 줄을 긋고, 어린이들이 만든 만국기를 달고, 안내문 표지를 붙이고, 텐트를 치고, 방송 설비를 설치했습니다.

### 입장과 체조

어린이들은 부모들이 지켜보는 가운데 나이 많은 어린이 반부터 차례대로 운동장에 들어갑니다. 똑같은 옷을 입고 있어서 누군지 알아볼 수 있도록 이름표를 달았습니다. 네 살 어린이 반부터 교사가 옆에 붙어 있지 않아도 괜찮습니다. 체조는 평소 즐겨하는 것으로 다섯, 여섯 살과 함께 합니다.

### 달리기

달리기를 할 때는 두 살 어린이 반부터 여섯 살 어린이 반까지 차례대로 세 사람씩 직선 코스를 달립니다. 달리기는 규칙이 간단해서 알기 쉽고, 온몸을 움직여서 하는 것이기 때문에 어린이들이 아주 좋아합니다. 네 살 어린이는 평소에 교사와 함께 달리기를 하고 있습니다. 출발점을 정하고 '미끄럼틀 건드리고 돌아오기' 같은 목표를 세워서 "준비 땅, 하면 뛴다." 하고 규칙을 확실하게 가르쳐 줍니다. 정해진 규칙을 지키게 하고 목표를 이루기 위해 힘껏 달리면서 만족감을 맛보게 합니다.

### 체육 놀이

반마다 평소에 해 온 평균대, 뜀틀, 매트, 철봉, 트램펄린 같은 놀이를 섞어서 합니다. 이 어린이집에서는 4단 뜀틀에 올라가 매트 위에 놓아둔 훌라후프 안에 정확히 뛰어내리고, 매트를 두 장 겹쳐서 그 위를 두 사람이 손을 잡고 호흡을 맞춰서 옆으로 구르고, 철봉에 발을 걸고 거꾸로 버티고, 지면에 줄세워 놓은 훌라후프를 앙감질을 해서 뛰어넘는 네 가지 활동을 하고 있습니다. 이러한 활동들은 아침마다 어린이집 마당에 있는 놀이 기구를 차례로 돌면서 타고, 실내 한 귀퉁이에서 앙감질로 놀 수 있는 곳을 만들어 놓았기 때문에 편안하게 할 수 있습니다.

### 리듬 운동

네 살, 다섯 살, 여섯 살 어린이 반이 같이 하는 리듬 운동은 담임 선생님들이 함께 모여서 창작하는 것이기 때문에 모든 사람이 기대하는 종목입니다. 올해는 어린이들이 잘 알고 있는 이야기를 주제로 구성해 보았습니다. 다양한 동물이 장면에 따라 여러 가지 다른 몸짓을 하며 나오는데, 네 살 어린이들이 잘 움직일 수 있는 활동을 골라 연기하게 했습니다. 같은 모둠에 있는 여섯 살 어린이가 끌어가면 어떻게든 따라 해 보는 장면도 있습니다. 4월부터 계속해서 어린이집 전체에서 리듬 운동을 하고 있기 때문에 안정감 있게 하나하나 움직일 수 있는 것으로 짜 넣었습니다.

### 운동회날 할 일

도구를 내오고 들여가는 준비 단계를 비롯해서 그 날 할 일을 부모에게 부탁합시다. 배치도를 확실히 만들고 도구를 거꾸로 늘어놓지 않도록 미리 이야기해 놓습니다.

### 주의할 점

네 살 어린이반은 다섯, 여섯 살 어린이 반과 보조를 맞추려고 여러 종목을 하기도 하는데, 어린이의 체력이나 상태에 맞추어서 해야 합니다.

또 세 살 어린이까지는 자기 할 일이 끝나면 부모에게 보내는 경우가 많지만, 네 살 어린이부터는 마지막까지 반 집단으로서 참가하기 때문에 다른 반에서 하는 것을 재미있게 보게 해 주는 것이 좋습니다. 예를 들면, 프로그램을 구성할 때도 네 살 어린이가 오랫동안 구경만 하지 않고 교사가 설명을 하거나, 아이들이 응원을 하게 해서 재미를 붙이게 합니다.

중간에 화장실을 가거나 해서 자리를 비우는 경우도 많기 때문에 자리를 정할 때도 생각을 잘 해야 합니다. 담임이 한 사람이면 미리 응원하는 어린이를 정해 놓습니다.

네 살 어린이는 반의 구성원으로서 이끌어 가야 합니다. 출발점과 결승점처럼 두 개로 나뉘어 있는 활동도 많기 때문에 응원하는 어린이가 있어야 합니다.

운동회를 마치면 어린이 한 사람 한 사람이 눈에 띄게 발달할 수 있는 활동을 합니다.

연습은 정성껏 합니다. 될 수 있는 대로 처음에 정한 목표를 이루어 나가도록 해야 합니다. 중간에 그만두는 일은 삼갑니다.

부모와 함께 어린이들이 노력하는 것을 지켜보고 칭찬해 줍니다. 부모들이 운동회에서는 내 아이가 아니라 집단의 힘을 평가해야 한다는 것을 깨닫게 합니다. 또, 운동회날에는 결석하지 않도록 해 달라고 부모에게 적극 이야기합니다.


## 그 밖의 행사

### 소풍

운동회는 봄부터 여름에 걸쳐서 해 온 온몸 운동을 풍부하게 펼치는 행사입니다. 한편, 평소에는 온몸 운동을 풍성하게 하는 나들이와 물, 모래와 흙 놀이, 수영장 물놀이를 하고 있습니다. 소풍을 가면 이러한 활동들이 모두 나타납니다. 소풍에는 다음과 같은 뜻이 있습니다.

첫째, 소풍은 나들이를 행사로 만든 것으로 먼 곳까지 걸어서 나가는 것이 중심 내용입니다.

둘째, 4월부터 나가는 나들이를 뿌리내리게 하고, 나들이의 질을 바꾸는 활동입니다.

셋째, 소풍은 어린이가 활동과 체험을 폭넓게 하고, 경험을 충실하게 하도록 해 줍니다.

넷째, 소풍에서 경험한 것은 놀이에 반영되고 역할놀이의 질을 높입니다.

소풍은 온몸을 움직이는 놀이나 나들이를 하고 싶어하는 마음을 불러일으킵니다.

### 생활 발표회

뜻 | 어린이들은 운동회에서 몸 전체의 기능이 눈에 띄게 발달하고, 자신이 활동한 자취를 집단이 성장하는 데서 확인할 수 있었습니다. 이제 어린이들은 그 힘을 표현의 세계로 충실하게 이어 갑니다.

가을을 지나고 겨울을 맞이하는 동안 표현을 풍부하게 하는 활동을 하는데, 그 하나로 생활 발표회나 작품 발표회가 있습니다. 생활 발표회에는 다음과 같은 뜻이 있습니다.

첫째, 집단은 어린이 한 사람 한 사람이 내면을 갈고 닦아 그림 그리기나 작품 만들기, 연극놀이 같은 활동으로 표현할 수 있도록 뒷받침합니다. 운동회가 주로 온몸 운동을 해 온 자취를 표현하는 데 중심이 있다면, 생활 발표회는 어린이의 내면이 발달해 온 자취를 표현하는 데 중심이 있습니다. 어린이 한 사람 한 사람의 내면이 성장하는 것을 차분하게 바라보고 받아들여 줍시다.

둘째, 어린이는 내면이 충실하면 활동하려는 마음도 폭넓어집니다.

셋째, 그러므로 동무 관계도 더욱 폭넓어집니다.

생활 발표회는 운동회에서 생긴 힘을 발전시켜 다음 단계로 나아가는 행사입니다.

목적 | 일 년 보육을 정리하면서 생활 발표회를 합니다. 생활 발표회에서는 이제껏 어린이들이 해 온 여러 활동을 모아 발표하고, 어린이들이 좋아하는 연극놀이나 노래, 악기놀이를 하는 경우가 많습니다. 그러나

보여 주는 것을 너무 생각해서 어린이의 발달 단계나 생활을 무시하고 내용을 무리하게 집어넣지 않도록 해야 합니다.

첫째, 함께 역할놀이를 즐기면서 어린이 한 사람 한 사람의 표현을 이끌어 내어 연극놀이로 발전시킵니다.

네 살 어린이는 생활 발표회를 할 무렵이 되면 협동심이 조금씩 자라고, 모둠 단위로 놀이를 연구할 수 있습니다. 여러 역에 빠져들어 놀고, 마음에 들면 그것을 되풀이합니다. 네 살 어린이는 아직 다른 아이가 행동하는 것을 차분하게 보고 있지 못합니다. 다른 것이 좋아지면 금세 눈을 돌리고 맙니다. 이러한 특징을 생각하면서 교사가 아이들과 동무가 되어 역할놀이를 풍부하게 하게 해 주고, 연극놀이로 이어 나가게 해 줍니다.

이 시기에는 좋아하는 그림책이나 이야기로 역할놀이하는 것을 좋아하기 때문에, 네 살 어린이가 좋아하는 되풀이 구조나 악역이 확실하게 드러나는 것으로 고릅니다. 어린이는 연극놀이를 되풀이하면서 저마다 좋아하는 역을 맡아 보고, 또 여러 역들을 번갈아 하면서 자기 나름대로 표현을 이끌어 냅니다. 그런 다음에 마지막으로 역을 정합니다. 어린이가 싫어하는 역은 교사가 맡아서 합니다.

둘째, 함께 노래를 부르거나 악기를 가지고 노는 즐거움을 맛보게 합니다.

네 살 어린이는 반주나 동무들 목소리에 맞추어서 노래를 부르거나, 악기로 리듬을 맞출 수 있습니다. 자기들이 만든 악기로 합주하기도 합니다. 너무 규제하지 않고 자유롭고 즐겁게 악기에 익숙해지게 합니다. 악기를 올바로 다루는 법도 가르쳐 줍니다.

그 밖에 활동 | 말, 몸짓, 집단 놀이 같은 것을 할 수 있는 내용을 고릅니다. 크고 작은 도구들도 어린이들과 함께 만들면서 연극놀이에 관심을 높일 수 있게 합니다. 몸에 붙이는 소품들은 움직이는 데 방해가 되지

않도록 상징을 담은 것으로 하는 것이 좋습니다.

네 살 어린이는 다른 아이들 속에 섞여서는 잘 하지만 사람들 앞에 서면 부끄럼을 타서 비실비실대기도 하고, 그 날 감정에 따라 움직이기 때문에 교사가 생각한 대로 잘 되지 않습니다. 하지만 자기 마음을 조절할 수 있는 힘이 있으므로 격려하면서 잘 이끌어 나갑시다.

맡은 역을 이해하게 해 주고, 연극놀이를 모두가 즐길 수 있도록 규칙을 정해 다른 사람이 하는 것을 차분하게 볼 수 있도록 합니다. 어린이들은 다른 사람이 하는 대사나 다른 반, 더구나 나이 많은 반 아이들이 부르는 노래는 놀랄 정도로 잘 기억하고 있습니다.

운동회와 마찬가지로 생활 발표회는 부모들이 어린이가 집단 속에서 생활하는 모습을 볼 수 있는 큰 행사입니다. 부모에게 결과뿐만 아니라 과정을 알리고, 활동하는 목적을 이해할 수 있도록 합니다.

## 작품 전시회

손과 손가락을 움직여 작품을 만드는 활동도 하게 합니다.

네 살 어린이는 자기 둘레에서 일어나는 일은 어느 정도 할 수 있습니다. 자기 둘레에서 일어나는 재미있는 일에는 집중할 수 있기 때문에 교사나 동무들이 무엇인가 만들고 있는 것을 보면 자기도 하고 싶어합니다. 여러 가지 도구를 써서 여러 소재를 다루게 하고, 무엇인가를 만드는 것을 경험하도록 하기 위해서는 환경을 잘 만들어야 합니다. 잘 정리되어 있는 모래밭보다는 나이 많은 아이들이 놀면서 만들어 놓은 산이나 댐 같은 데가 남아 있는 모래밭을 흥미로워합니다.

하지만 이미지를 작품으로 만들려면 아직은 교사가 도와 주어야 하기 때문에 미리 만들게 하고 싶은 것들을 생각해 두고 "이런 것을 만들어 보자." 하고 이미지를 넓히면서 하도록 해 줍니다.

# 4

# 어린이집 교사와 부모가 할 일

# 교사는 어린이의 모범

## 골목대장이 될 수 있는 교사

새해에 네 살 담임을 맡으면 아마 벌집을 쑤신 것처럼 떠들썩한 아이들 모습이 머릿속에 떠오를 것입니다. 다른 교사들에게서 "네 살 어린이 정말 힘들어요. 하지만 보람 있어요." 하는 말을 듣기도 합니다. 힘들다는 것과 보람 있다는 말 속에는 여러 가지 뜻이 담겨 있습니다. 담임은 무엇보다도 먼저 건강해야 합니다. 그리고 골목대장이 되겠다고 마음을 다잡아야 합니다.

### 교사는 골목대장

세 살 때는 "내가 해, 내가 해." 하고 평소에 자기가 할 수 있는 것을 넓혀 나가다가, 네 살이 되면 아이들마다 바라는 게 서로 부딪치면서 싸우고, 자기 주장을 강하게 해 나갑니다.

어른이 말하는 대로 되지 않고, 다루기 쉽지 않은 때도 있지만 이른바 반항기라고 치부해 버리지 말고 어린이의 마음에 다가가 봅니다. 그러면 어린이가 자기 주장을 하면서 새로운 자아를 만들어 가고 있는 것을 볼 수 있습니다. 주인이 되어 무엇인가를 하려고 하는 모습을 읽을 수 있습니다. 주인 정신으로 무엇인가를 하면 알고 싶어하고 하고 싶어하는 마음이 충족되어 다음 활동으로 넘어가는 계기가 됩니다.

네 살 어린이는 호기심쟁이고 돌진하는 행동가이기는 하지만, 어린이가 행동하게 하려면 교사가 먼저 몸과 행동으로 본을 보여 주어야 합니다. 교사가 골목대장이 되어서 본을 보여 주어야 하는 것입니다.

교사는 어린이가 하기를 바라는 활동과 발달 과제를 정하면서 자기가 골목대장이 되어 재미있게 놀고, 즐겁게 생활하는 방법을 연구해야 합니다. 그리고 동무들과 힘을 모으는 방법을 자세하게 보여 주고, 당번 활동을 하는 방법과 차례대로 하는 것을 어린이들 앞에서 보여 주기도 하면서 어린이들이 하고 싶어하는 마음을 불러일으킬 수 있도록 해야 합니다.

교사가 바빠서 낮잠 잘 때 쓰는 이불을 무심결에 발로 펴자 그것을 거들어 주고 있던 아이들도 교사를 따라 발로 하는 것을 보고 아주 놀랐다고 하는 예도 있듯이, 교사의 행동은 어린이들한테 무조건 본이 됩니다.

꽤 쌀쌀한 아침에도 반소매로 버티는 어린이에게 부모가 긴 옷을 입히려고 하면 "선생님하고 약속했는데……." 하고 교사와 한 약속을 확실히 지키려고 합니다.

이처럼 호기심쟁이고 돌진하는 행동가인 네 살 어린이의 특징을 살리면서 즐겁게 키워야 합니다.


**하루하루를 즐기는 교사**

어린이들에게 본보기가 되려면 교사가 온몸으로 어린이를 헤아리면서 행동을 즐겨야 합니다. 담임은 힘들지만, 자기 행동이 거울이 되어 어린이들이 행동하는 데 반영된다는 점에서 보람이 있습니다. 그리고 골목대장이 되어 어린이들이 행동하는 것을 이끌어 가고, 평소에 자유롭게 말하는 어린이들과 이야기하는 즐거움을 누릴 수 있습니다. 어린이와 어린이끼리 관계를 맺도록 해 주고, 생활을 연구하고 창조할 수 있어서 즐겁습니다. 또한 어린이가 자기 주장을 하는 것을 보는 즐거움도 있습니다. 이렇게 네 살 담임은 모든 인격을 어린이들 앞에서 드러내면서 스스로 생기발랄하게 활동할 수 있어서 매력이 넘칩니다.

네 살 시기는 발달 단계에서 새로운 단계로 나가는 출발점입니다. 교사가 즐기면서 어린이 앞에 서서 행동하는 본을 보여 주고, 잘 놀아야 합니다. 교사가 마음 쓰는 데 따라 어린이들은 자기 주장을 하면서 주인 정신으로 활동하는 생활 태도를 키워 갈 것입니다.


## 관계를 키워 주는 교사


자기 주장을 하면서 새로운 자기를 만들어 내려고 하는 네 살 어린이는 당연히 자신과 상대방이 바라는 것이 부딪치면서 많이 싸웁니다. 교사는 자기 생각을 제대로 전할 수 없는 어린이들 사이에 서서 어린이들이 자신과 상대방의 생각이 다르다는 것을 깨달을 수 있게 도와야 합니다.

"사이좋게 지내요." 하고 말만 할 것이 아니라, 상대방과 모순되는 것을 정확하게 가르쳐 주고, 해결할 수 있는 실마리를 함께 찾아 주어야 합니다. 같은 놀이 기구를 서로 차지하려고 싸우는 경우도 많습니다. 선생님처럼, 동무들처럼 하고 싶다는 생각을 하면서 놀이할 실마리를 찾아 내는데, 그 속에서 어린이들은 연구를 합니다.

네 살 어린이는 교사가 "'아' 어린이는 재미있게 노는데." 하고 칭찬이라도 하면 모두 '아' 어린이가 하고 있는 놀이를 좋게 봅니다. 그렇게 해서 '아' 어린이와 같은 놀이 기구를 서로 차지하려고 싸웁니다. "차례대로.""번갈아 가며.""빌려 줘." 할 수는 있지만, 자기가 가장 먼저 하고 싶다는 생각이 앞서면 결국 힘센 아이가 뜻을 이룹니다. 모두가 하고 싶어한다는 것은 멋진 일입니다. 그러나 힘센 아이도, 힘이 약한 아이도 모두 하고 싶은 활동을 마음껏 할 수 있게 해야 합니다.

네 살 어린이 반에서 마음껏 자기 주장을 하면서 자라면 반 집단은 벌집을 쑤신 듯이 떠들썩하고, 밝아집니다. 어린이들이 싸움이나 모순을 함께 해결할 수 있는 실마리를 찾고, 함께 생각할 수 있는 생활 태도를 길러 주어야 합니다.

자신이 하고 싶어하는 활동과 모두가 하고 싶어하는 활동이 같다면 실제 사실에서 시작하여 인간 관계를 키워 가야 합니다. 인간 관계를 키우지 못하는 한쪽이 불안해지도록 문제를 해결하면 어린이와 어린이의 관계는 불안정해집니다.


## 어린이와 감동을 나누는 교사

### 규칙 속에서 관계를 이어 갈 수 있도록

세발자전거를 새로 샀을 때 일어난 일입니다. 여느 때처럼 힘센 '바' 어린이가 가장 먼저 자전거를 탔습니다. 다른 아이들도 타고 싶어서 좀이 쑤십니다. "빌려 줘.""응, 번갈아 타자." 하고 말하지만 '바' 어린이는 좀처럼 바꿔 주지 않습니다. "빨리 바꿔 줘." 하고 동무들이 채근대자 "나는 도쿄에 가고 있어, 아직 도착 안 했어." 하고 말합니다.

번갈아 해야 하는 것도 알고 있으면서 더 하고 싶어서 행동을 멈출 수 없는 것입니다. 그러는 사이에 "잔꾀 부리지 마." 하고 아이들이 합창을 하였습니다. 그러나 '바' 어린이는 태연하게 "어쩔 수 없어. 머니까 아직 다 못 갔어." 하고 말합니다. 이 때 교사가 "여러 사람이 함께 타는 거야." 하고 명령하면 간단하게 해결되지만, 그것보다는 어린이가 스스로 이해해서 행동을 멈추도록 해야 합니다.

교사가 "그럼 어떻게 할까? '바'가 아직 다 가지 못했다고 하는데." 하니 다른 아이들은 불만을 터뜨립니다.

"어디 간다고 하지?" 하고 물으면 '바' 어린이도, 다른 아이들도 "도쿄요." 하고 다 같이 대답합니다. "'마'야, 전차는 어떻게 달리지!" 하고 물으면 탈것을 아주 좋아하는 '마' 어린이는 씩씩하게 대답합니다. "역에서 출발하는 종이 울리면 떠나는 거야. 손님을 가득 태우고 기찻길을 달리는 거야. 그리고 도쿄라고 한다면 도쿄 역에 서는 거야."

교사가 "이야기 잘 들었지. '바' 어린이는 지금 기찻길을 달리고 있겠지. 그러니까 멈추지 못하는 거야. 모두 타고 싶은데 말이야. 빨리 역에 도착해야 하는데." 하고 말하자, 그 말을 듣고 있던 '바' 어린이도 분위기에 맞춰서 "멀어서 아직 못 갔어." 하고 시치미를 뚝 뗍니다.

이야기를 듣고 있던 '아' 어린이가 큰 나무 토막 장난감을 가지고 오더니 그 나무 토막 장난감 위에 올라서서 "삐, 삐, 도쿄, 도쿄." 하고 외칩니다. 역을 만든 것입니다. 그것을 보고 교사가 "도쿄다. '아'는 역장님인가?" 하니 불만스러워하던 어린이들은 '아' 어린이가 하는 것을 흉내내어 "삐, 삐, 도쿄 역에 왔습니다. 내려 주세요." 하며 모두가 역장이 되어 놀이를 했습니다.

동무들이 불만스러워하는 것을 알고 있으면서도 행동을 멈추지 못하던 '바' 어린이도 역에서 멈추고 말쑥한 얼굴로 내려왔습니다. 그 다음에는 교사가 돕고, '아' '마' '바' 어린이가 중심이 되어 놀이가 이어졌습니다. 저마다 승객이나 차장, 검표원 역을 맡아서 즐거운 교통놀이로 발전시켜 갔습니다.

이처럼 주인 정신으로 사물에 관계하거나 스스로 선택해서 행동을 끝내게 하고, 생활이나 놀이 속에서 규칙을 발견하게 하려면 어른이 도와 줘야 합니다.

네 살 어린이가 규칙을 만드는 것은 어린이와 어린이의 관계를 이어 가는 것이므로 소중하게 다루어야 합니다. 그리고 그 규칙을 정할 때는 한 아이라도 불만을 갖지 않게 해야 합니다.

어린이 집단에 문제를 제기해서 어린이들이 해결할 수 있는 실마리를 찾게 하고, 같은 생각을 할 수 있게 하는 것이 중요합니다.

동무들과 부딪치면서 자아를 만들어 가고, 동무들 생각도 받아들일 수 있는 정감 있는 반 집단을 만들어야 합니다. 그러한 집단은 다섯, 여섯 살 시기에 활동을 잘 할 수 있게 도와 줍니다.

### 차이를 깨달으면서 발전할 수 있도록

네 살 시기에는 함께 하는 행동을 마음껏 하면서 모두 자기 의견을 말하고, 또 다른 아이들의 의견을 받아들이면서 같이 놀아서 즐거웠고, 함께 해서 좋았다고 감동하고 공감할 수 있어야 합니다. 그렇게 하면서 어린이들은 반 아이들이 함께 뭉쳐서 행동하는 것을 즐거워합니다. 다른 아이들과 함께 하면서 자기와 동무의 힘이 서로 다르다는 것을 인정하고, 차이를 깨달으면서 어린이 한 사람 한 사람이 자립에서 자율로 발전할 수 있도록 도와 줍시다.


## 개인차를 인정하는 교사


네 살 어린이는 혼자서 할 수 있는 일들이 늘어나고, 자립한 것처럼 보이지만 아직도 개인차가 큽니다. 어디에서 막혀 있는지 태어난 달을 다시 검토하면서 친절하게 한 사람 한 사람을 지도해야 합니다.

여러 동무들과 함께 어울리지 못하고, 표정 없는 어린이는 인내심을 가지고 끈기 있게 지도해야 합니다.

네 살이 되어서도 어린이집에 와서 부모와 떨어지지 못하는 어린이, 한 가지 일이 막히면 스스로 풀어 나가지 못하고 꾸물꾸물대는 어린이는 생활 전체를 살펴면서 까닭을 찾아야 합니다. 부모와 관계가 안정되어 있는지, 생활 태도나 리듬은 무리가 없는지, 병을 앓았을 때 부모가 어떻게 했는지를 살펴봅니다. 평소에는 늘 그냥 내버려 두었는데 아플 때만 부모가 계속 곁에 붙어서 달래 주면 아이는 부모와 같이 있고 싶어서 아프기를 바라는 경우도 있다고 합니다.

네 살 시기에는 마음 속에 "……이 아니라 ……다."는 두 가지 생각이 자라기 때문에 어른이 명령하거나 강제로 하게 하면 "싫어." 하고 거부하는 것이 정상입니다. 개인차가 있다고 해도 너무 얌전하거나 기운이 없으면 제대로 자라지 않은 것입니다.

이 시기에 가장 걱정이 되는 것은 겪어 보게 하지 않고 입으로만 키운 어린이입니다. "참 영리하구나." "똑똑하구나." 하고 칭찬하면서 행동을 좁게 붙들어 매면 어린이는 자유롭지 못하고 얽매입니다. 뭐든지 어른이 말한 대로만 해서 스스로 행동하거나 자기 주장을 하지 않으면 걱정입니다. 몸으로 겪지 않고 어른이 입으로만 버릇을 들인 어린이는 어른 처지에서는 아주 편하게 느껴지겠지만 다 함께 놀며 즐거워하기보다도 옷이 더럽혀질까 봐 걱정만 하고 있습니다. 공통된 경험을 해서 함께 공감하는 데 꽁무니를 빼거나, 잘 나서지 않습니다.

즐거움을 겪어 보지 않으면 더 하고 싶어하는 마음은 길러지지 않습니다. 이런 어린이에게는 먼저 생활을 건강하게 즐길 수 있는 힘을 길러 줍니다. 스스로 몸을 움직이면서 즐겁게 놀 수 있도록 해 줍니다. 마음이 맞는 동무를 찾아서 둘이 안심하고 놀 수 있는 곳을 만들어 줍니다. "……하고 싶어? 아니면 ……해 볼까?"하고 두 가지 문제를 제기하면서 어린이 스스로 결정할 수 있는 계기를 많이 만들어 줍니다.

이렇게 교사가 끈기 있게 되풀이하여 다가가서 어린이가 "나 ……하고 싶어." 하며 스스로 선택할 수 있으면 다 이룬 것입니다. 하고 싶어 하는 활동을 마음껏 하게 하면서 동무들 사이로 데리고 들어갑니다. 어린이가 재미있어하고 할 수 있는 일부터 하여 조금씩 시야를 넓혀 가도록 해 주는 것은 네 살 어린이게만 해야 할 것이 아니라 아이를 키울 때 원칙으로 삼아야 하는 것입니다.


## 즐거움을 느끼게 해 주는 교사

어린이들의 생활 습관에서 보자면, 등을 떠밀어서 하게 하는 것보다 어린이가 할 수 있는 것부터 즐기면서 해서 조금씩 자립하게 만드는 것이 중요합니다. 스스로 하는 것이 더 즐겁고, 이제 다 컸구나 하는 것을 깨닫게 하면서 바람직한 생활 습관과 사회를 보는 눈을 기르도록 지도합니다.

온몸과 손이 어느 정도 발달했는지 살피면서, 어린이 한 사람 한 사람에게 맞게 할 일을 시키고, 도와 주어야 합니다.

보통 밥을 먹고, 똥오줌을 누고, 옷을 입고 벗고, 장난감을 정리, 정돈하는 일들은 스스로 자립해서 할 수 있으나 아직도 도와 줘야 할 부분이 많습니다.

밥을 먹을 때는 젓가락을 올바로 쥐고, 음식은 정성껏 씹고 뭐든지 기꺼이 먹을 수 있게 가르쳐야 합니다. 똥오줌을 눌 때는 화장지를 쓰는 법과, 뒤처리하는 법을 특히 친절하게 가르쳐 주어야 합니다. 4월 초기에는 모두 함께 화장실을 써 보고, 뒤처리하는 방법을 가르쳐 줍니다.

네 살 시기에는 더구나 어린이들이 깨끗하게 생활할 수 있는 조건을 만들어야 합니다. 손을 깨끗이 씻고 옷도 입을 수 있지만, 무엇을 시켜도 굼뜨고 동무들과 함께 행동할 수 없는 어린이도 있습니다. 대부분 차례대로 하는 것을 잘 몰라 이렇게 되는 것 같습니다. 또는 제대로 못 배웠거나 서두르는 것이 습관이 되어 버렸고, 늘 다른 사람이 해 주어서 스스로 많이 해 보지 않은 탓도 있습니다.

## 칭찬해 주는 교사

### 해냈다는 기쁨을 느끼도록

어린이 스스로 하는 것을 지켜보면서 잘 한 일은 칭찬해 줍니다. 처음으로 자신이 해냈다는 기쁨을 느끼면 생활에 활기가 생깁니다. 다른 아이들 속에서 해낸 일들을 기뻐해 주고, 다른 어린이를 자극하거나 스스로 다른 활동을 하고 싶어하도록 전망을 가지고 방향을 제시해 줍시다.

교사는 어린이가 어떻게 하여 스스로 일을 해냈는지, 어디에서 어려움을 겪었는지 관심을 기울이고 두루 살펴보아야 합니다. 빨리 해내는 것에만 마음을 빼앗겨 마음 속에 있는 비뚤어진 생각 때문에 관심을 주지 못한다면 큰일입니다. 어른이 칭찬해 주는 것만 바라고, 언제나 일등이 되려고 하거나, 동무들 마음 따위는 생각하지 않는 어린이가 되지 않도록 주의를 기울여야 하겠습니다.

"내가, 내가 할게." 하고 자기 주장을 하며 자란 네 살 어린이지만 다른 아이들과 힘을 모아 행동할 수 있는 터전을 마련해 주도록 합니다. 네 살 어린이는 다른 사람과 함께 물건을 나르거나 걸어갈 때 아직 상대방을 살피면서 움직이지 못합니다. 어른이 확실한 관점을 가지고 날마다 혼자만 옳다고 행동하지 않고, 다른 사람도 생각하면서 행동할 수 있도록 지도합시다.

교사가 어린이에게 바라는 관계와 어린이 자신들이 바라는 관계가 하나가 되어 생활에 뿌리내릴 수 있도록 지도합시다. 그렇게 됐을 때 어린이는 어린이집 생활을 진정으로 즐깁니다. "어린이집에서 ○○하고 함께 논다!"고 생각하면서 어린이집에 온 어린이는 마음이 설레고 뭉게뭉게 피어납니다.

이 나이에는 똥도 자주 쌉니다. 교사가 초조해하거나 야단치지 않고 상냥하게 처리해 주면 아이는 다음에는 실패하지 않겠다고 굳게 마음먹습니다.

옷 입고 벗는 것도 동무들끼리 서로 도와 주면서 할 수 있습니다. 어린이들은 어깨 단추를 서로 채워 주기도 하며, 절로 웃음이 나오는 행동을 합니다. 즐겁게 놀았다고 공감하면 평소에 아이들끼리 서로 도와 줍니다. 그리고 마음에 맞는 동무가 확실히 생겨 낮잠 잘 때 사이좋은 동무끼리 함께 눕거나 합니다.

네 살 어린이에게 반드시 가르쳐야 할 생활 습관은 자기 물건과 여럿이 함께 쓰는 물건을 관리하는 것입니다. 그리고 어른이 지시하는 규칙을 지키게 합니다. 그러면서 아이들은 집단 생활에는 누구나가 지켜야 하는 규칙이 있다는 것도 점점 이해합니다. 함께 보는 그림책을 관리하는 방법, 놀이 기구를 사용하고 관리하는 방법 같은 것을 어린이들과 잘 이야기하고, 일정한 곳에 놓아 둘 수 있도록 합니다. 물론 그 곳에는 어린이들이 쉽게 알아볼 수 있도록 표시를 해 둡니다.

넣고 닫아 버리면 잘 보이지 않게 관리하는 것보다 "이 곳은 인형이 사는 집, 이 곳은 그림책을 놓아 두는 집, 전차하고 세발자전거는 차고에서 쉬어요." 하고 말하면서 자리를 정해 주면 좋아하면서 잘 정돈합니다. 필요할 때 손으로 꺼내어 놀려면 잘 넣어 두고 챙기는 것이 좋겠습니다.

아이들은 저녁에는 자기들이 집으로 돌아가니까 장난감도 집으로 돌려보내 주어야 한다고 생각하는 모양입니다. 이렇게 즐겁게 정리, 정돈하면서 분류하거나 변별하는 능력을 익혀 갑니다.

네 살 어린이는 누가 말하지 않아도 점점 자기 물건이나 반 어린이들이 쓰는 장난감, 놀이 기구 같은 것을 관리할 수 있습니다. 하지만 모두가 함께 쓰는 물건에 대해서는 자기보다 나이 많은 어린이나 어른이 어떻게 다루고 있는지 보면서 배웁니다. 먼저 어른이 모범을 보여 주면서 어린이들이 다 함께 쓰는 물건에 대한 생각을 키울 수 있도록 해야 하겠습니다.

### 생활의 폭을 넓혀 갈 수 있도록

자기 일을 자유롭게 할 수 있는 어린이는 자기 세계를 넓혀 갈 수 있고, 동무들과 즐겁게 놀 수 있는 어린이집에 가는 것을 날마다 기다립니다.

"선생님, 오늘은 뭐 해요? 하고 묻거나, "선생님, ……하면서 놀고 싶어요." 하고 자기 생각을 가지고 어린이집에 옵니다. 교사가 날마다 청소하는 것, 이부자리 펴는 것, 급식 준비하는 것을 기꺼이 거들어 주고 싶어합니다. 네 살 어린이는 정말로 일하기를 좋아합니다.

마음이 내키지 않으면 누군가 하는 일을 거들어 줄 수 없습니다. 이렇게 네 살 어린이가 하고 싶어하는 마음을 조금씩 당번 활동으로 이어 가게 합니다. 지금까지 해 온 당번 활동과는 달리, 급식 당번이라면 모든 아이들에게 빠짐없이 급식을 나눠 줬는지, 전체를 둘러보면서 책임지고 일을 진행할 수 있도록 해 줘야 합니다.

당번 활동은 자기 일을 스스로 할 수 있는 힘을 모두를 위해 할 수 있는 힘으로 바꾸어 냅니다. 그리고 자립에서 자율로 가는 버팀목입니다. 몸과 마음이 많이 자란 네 살 어린이는 처음에는 교사가 담아 준 것을 아이들에게 나눠 주면서 동무를 하나하나 생각합니다. 친한 동무 두셋이서만 놀던 놀이가 당번 활동을 하면서 넓어지고, 동무 관계도 폭넓어집니다. 자기와 다른 능력을 가진 아이에게 먼저 다가가기도 하며 놀이와 생활의 폭을 크게 넓혀 나갑니다.

네 살 어린이들은 "……하고 싶지만 ……한다." 하고 놀이하는 것이 즐겁지만 스스로 그것을 마무리하고 급식 당번 활동을 하거나 작은 동물을 보살피러 갑니다. 여기에서 이제 어린이가 확실하게 목적을 세우고 생활하는 것을 볼 수 있습니다.

## 어린이와 마주 보고 이야기하는 교사

어린이들이 생활을 내다보고 즐기면서 사람다운 생활 습관을 배워 가는 것이 중요하지만, 그럴 때는 서로 뜻하는 것이 부딪치고, 서로 자기 생각을 매끄럽게 전달하지 못해 싸움이 일어날 때가 많습니다. 그럴 때 무슨 일일까, 왜 그럴까 하고 어린이와 함께 생각해야 어린이를 바라보는 관점을 키울 수 있습니다.

네 살 어린이 반에서 몸은 아무 문제 없는데 까닭 없이 갓난아기처럼 행동하거나, 차분히 있지 못하고 기웃거리거나, 정서가 불안하여 적절한 때에 다음 행동으로 나가지 못하는 집단을 볼 때가 있습니다. 문제점은 여러 가지가 있겠지만, 먼저 교사가 그런 어린이들과 마주해서 이야기해야 문제를 해결할 수 있습니다. 어린이는 자신을 받아들여 주는 어른을 믿고 마음을 엽니다.

어린이들은 씩씩하고 명랑하게 자라야 합니다. 늘 몸과 마음이 만족스럽지 않고 정서가 불안정하면 좋지 않습니다. 웃음과 기쁨이 없는 곳에서는 다섯 살 세계로 나아갈 힘이 자라지 않습니다. "왜." 하는 지적 흥미도 생기지 않습니다.

어린이가 자기 주장을 마음껏 하고, 생활의 주인공이 되어 놀면서 네 살 시기를 보낼 수 있도록 교사는 어린이에게 행동하는 본을 보여 줘야 합니다. 어린이 하나하나가 마음이 움직이는 곳으로 눈길을 주고 "왜, 왜 그러니? 어떻게 하면 좋겠니?" 하면서 어린이와 마주해야 합니다. 어린이가 모두 생기발랄하게 바뀔 수 있다고 굳게 믿고 어린이들과 함께 즐거운 생활을 만들어 가야 하겠습니다.

# 교직원 집단

## 모두 함께 어린이를 키운다

어린이는 어린이집에서 아침 일찍부터 저녁까지 식구들과 지내는 시간보다도 더 많은 시간을 교사와 함께 생활하고 있습니다.

대부분 어린이집에서는 교대 근무를 하기 때문에 담임 아닌 교사가 아이들을 맡는 시간도 있습니다. 이 교사들은 어린이들을 아침 저녁으로 자유롭게 만나면서 담임은 보지 못하는 모습을 보기도 합니다. 일 주일에 한 번 열리는 교사 회의에서는 여러 방향에서 바라본 어린이 모습을 이야기합니다.

어느 아이는 울보라고만 생각했는데 자기보다 나이 많은 어린이가 돌봐 주자 씩씩하게 바뀌었다거나, 편식이 심한 아이가 동무들한테 격려를 받고 노력해서 골고루 잘 먹는다거나, 기운이 없어 보여 이상하다고 생각했는데 어머니가 집을 나가서 그랬다거나 하는 이야기들뿐 아니라, 어린이가 어떤 집안과 현실에서 생활하는지 집단 속에서 확인할 수 있습니다.

스물네 시간을 내다보고, 어린이의 모습을 잘 살피고 있어야 어린이에게 뿌리를 내리고 키울 수 있습니다. 먼저 교사들이 모두 어린이의 모습을 함께 알고, 모두가 어린이들을 책임지고 키운다는 원칙을 지켜야 합니다. 물론 일상 생활은 담임이 이끌어 가는 것이지만, 다른 반은 제쳐 놓고 자기 반만 지킨다고 좁게 생각하면 앞을 미리 내다보고 아이를 키울 수 없습니다.

## 지금 눈앞에 있는 어린이를 본다

교사 집단에서 자주 이야깃거리가 되는 것 가운데 하나는 방침도 목표도 같고, 확실하게 서로 의논했는데도 실제 현장에서는 좀처럼 함께 손잡고 일할 수 없고, 이런 것이 아닌데 뭔가 다르다며 위화감을 갖는다는 것입니다. 어린이에게 말을 붙이는 방법만 봐도 서로 다르기 때문에 당황하고, 어린이들은 이런 교사들을 봅니다. 작은 차이라고 다시 생각해 보지만 그런 일이 계속 되면 마음을 내어 아이를 키울 수 없다고 고민도 많이 합니다.

넓은 관점으로 목표를 세워 어린이를 키우지만, 날마다 해야 하는 것은 하나하나 모두 상황이 다릅니다. 실제 활동이 이어지지 않고, 뜻이 하나로 모아지지 않으면 같이 세운 방침과 방향도 한꺼번에 무너집니다. 교사가 그렇게 되면 어린이는 교사가 마음 속에서 생각한 대로 자라지 않고 어린이가 행동하는 대로 자랍니다.

날마다 활동한 뒤에 나오는 결과를 내다보고 책임지면서 어린이를 키우고 있습니까? 교사 집단에서 눈앞에 있는 어린이를 어떻게 키울지 언제나 다시 생각하도록 합시다. 활동한 뒤에 그것을 확실하게 정리하면 실천은 앞으로 나아갑니다.

지난 해에 이렇게 했으니까 올해는 이렇게 한다고 안이하게 계획을 세우지는 않았습니까? 오랫동안 쌓아 온 경험에 비추어 지난 해에 맡은 어린이와 올해 맡은 어린이가 다르고, 어린이 한 사람 한 사람이 태어난 달이나 집안 배경도 다르다는 것을 생각하고, 지금 눈앞에 있는 어린이들을 제대로 키우고 있는지 되돌아봅시다.

## 저마다 잘 하는 분야부터 실천한다

어린이집마다 쌓아 온 실천 사례는 그 어린이집을 둘러싸고 있는 상황을 반영하고, 그렇게 될 수밖에 없었다고 할 수 있습니다. 중요한 것은 교사 집단에서 현재의 어린이들을 어떻게 받아들이고 확인하면서 앞날을 그려 갈 것인가 하는 것과, 어떤 어린이로 키울 것인가를 확인하는 것입니다. 발달 과정을 과학에 바탕을 두고 알아 놓고, 어린이를 어떻게 키워 갈 것인지 관점을 하나로 모은 뒤에는 교사마다 잘 하는 분야부터 실천할 수 있도록 서로 자유를 존중해줍시다.

다른 곳에서 아무리 멋있게 실천한 것이라도 검토하지 않고 흉내만 낼 것이 아니라 어린이의 모습을 비추어 보면서 교사 집단에서 토의를 거쳐 현장에서 하나하나 펼쳐 가는 것이 원칙입니다. 어린이를 키우는 책임을 지고 어린이의 현실을 확실히 알고 있는 사람도 현장에서 일하는 교사 집단이기 때문입니다.

## 동료의 의견을 받아들인다

어린이집에서는 여러 직업을 가진 사람들이 일하고 있습니다. 교사, 원장, 사무 직원, 조리사, 시간제 교사들입니다. 앞서 가는 어린이집에서는 영양사, 보건사, 간호사, 정비원 같은 직원이 보육의 한 부분을 맡고 있습니다.

원장은 어린이와 교직원을 총괄하고, 어린이집에서 일하는 여러 직업을 가진 사람들이 저마다 해야 할 일과 같이 해야 할 일을 정하고, 어린이를 잘 키우고 있는지 구석구석 살펴야 합니다. 급식 같은 경우 "너는 먹는 사람, 나는 만드는 사람."이라는 상황으로 가면 현실에 맞지 않습니다. 어린이가 무엇을 먹고 어떻게 자라고 있는가를 같이 의논하고 받아들일 수 있는 뚜렷한 방법이 있어야 합니다.

예를 들면, 어린이가 밥 먹을 때 조리사가 교사와 함께 지도하거나, 교사나 부모가 식단을 작성하는 데 참가한다면 어린이집 급식은 더욱 좋아집니다.

어떠한 경우라도 교직원 집단은 어린이를 중심에 두고 어린이가 어떻게 자라고 있는지 관점을 하나로 맞추어야 합니다.

자기가 맡은 반과 나이가 다른 아이들 반 계획을 같이 짤 때는 다른 반 담당 교사가 무엇을 바라는지 확실하게 알아본 뒤에 같이 시작합니다. 어느 한쪽이 희생이 되는 것이 아니라 모두가 함께 할 수 있는 활동을 찾아 내야 합니다. 교사들이 사이가 좋으면 어린이들도 안심하고 나이가 다른 집단 속으로 들어갈 수 있습니다. 모든 교사가 지켜봐 준다고 믿을 수 있어야 어린이들은 더욱 행동을 잘 할 수 있습니다.

# 어린이집과 집에서 하는 일

## 부모를 존중하면서

어린이가 자랄 권리는 어른이 보장해 주는 것인데, 그 가운데서도 부모는 어린이가 권리를 행사하는데 관계하고, 어린이의 권리를 대신 행사하는 존재로서 존중해야 합니다. 부모는 보육이 어떻게 이루어지고 있는지, 어린이의 상태는 어떠한지, 교사는 어떠한 생각과 바람으로 자기 아이를 키우고 있는지 알고 싶어하는데 그것을 무시할 수 없습니다. 어린이는 집과 어린이집에서 생활하면서 자라기 때문에 스물네 시간을 주기로 하는 생활 전체를 배경으로 해서 키워야 합니다. 교사와 부모가 어린이의 생활을 서로 전하고 격려하면서 어린이의 인격을 받아들여 키웁시다.

## 솔직하게 의견을 나눈다

교사와 부모는 일지, 어린이집 소식지, 반 소식지 같은 문서를 주고받거나 간담회나, 아침 저녁으로 아이를 맞이하고 보낼 때 서로 이야기를 주고받으면서 어린이가 어떻게 생활하는지 서로 전합니다. 또 부모는 운동회나 수영장 물놀이, 공개 보육, 생활 전시회, 작품 발표회 같은 큰 행사에서 어린이가 자라는 모습을 봅니다. 그러므로 때와 자리에 맞게 소식을 전하면 교사도 부모도 어린이의 현실을 잘 알 수 있습니다.

일상 생활 속에는 즐거운 일만 있는 것이 아니라 느닷없이 사고도 나고, 반성해야 할 일들도 생깁니다. 사실을 정확하게 전달하기 위해서는 얼굴을 마주 대하고 이야기를 나누는 것이 가장 좋습니다. 교사가 부모의 태도를 바꾸어야 한다고 느끼거나, 부모가 교사에게 거는 바람이 있을 때는 그냥 글로 써 놓기만 해서는 뜻이 제대로 전달되지 않습니다. 어린이를 중심에 두고 서로가 현실을 바라보고 솔직하게 의견을 나누어야 서로 기분 나쁘지 않게 문제를 해결하고 믿음을 쌓아 갈 수 있습니다.

어떤 부모들은 아이의 성장 기록을 남기려고 일지를 개인 공책에 적어 주기를 바라기도 합니다. 젖먹이 아기 같은 경우는 그날 그날 일어난 일을 자세하게 서로 전해야 하지만, 유아반은 아직 담임이 한 사람인 경우가 많아서 혼자서 날마다 스물이나 되는 어린이들이 생활하는 모습을 따로 기록하기 어렵습니다. 일지로 다 전하지 못한 부분은 반 소식지나 어린이집 소식지로 보충하고, 공개 보육이나, 행사할 때, 아침 저녁으로 부모가 데리고 마중 나올 때 전하도록 합니다. 그리고 부모 모두에게 이해를 얻고 싶은 부분은 반 모임에서 전하고, 부모 집단에게서 검토를 받으면서 부드럽게 연락하는 것이 좋습니다. 이렇게 해서 교사와 부모는 같이 이해하면서 어린이를 키우도록 합니다.

어른 집단이 서로 손을 잡을 때 어린이는 마음 놓고 교사에게 마음을 엽니다. 서로 소식을 주고받을 때는 내용에 맞춰 가장 잘 전할 수 있는 방법을 찾읍시다. 그리고 부모와 손을 잡지 않고 어린이를 키우는 것은 좋지 않다는 것을 마음 깊이 새겨 두어야 합니다.

네 살 어린이는 인상 깊거나 즐거운 일이 있었던 날에는 저녁에 어린이집으로 부모가 데리러 오면 달려가서 전하려고 합니다. 물론 어린이는 전체 내용을 전하지 못합니다. "저어, ……했어, 재미있었어." 하는 정도로 이야기합니다. 부모는 어린이가 전하고 싶어하는 것이 무엇인지 생각하며 일지를 즐거운 마음으로 기다립니다. 일지에는 있었던 사실과 교사의 생각을 전해야 합니다.

전하고 싶은 사실이 있어도 앞뒤 설명하지 않고 "누가 ……에게 물렸습니다." 하고 기록하는 것은 나쁜 기록의 표본입니다. 이렇게 기록한 것이 계기가 되어 부모와 교사 사이가 험악해진다는 예도 있습니다. 자기가 실수하지 않았더라도 좋지 않은 일을 전할 때는 기록으로 전하기보다 만나서 바로 전해야 합니다. 그리고 피할 수 없었던 일이라도 앞뒤 상황을 함께 전해야 합니다. 안심하고 아이를 맡기고 일하고 싶어하는 부모의 마음을 헤아릴 줄 아는 교사가 되었으면 합니다.


## 부모와 부모가 함께

자기 아이뿐만 아니라 반 전체 어린이의 모습을 볼 수 있도록 부모들에게 일지를 보여 주는 어린이집도 늘어나고 있습니다. 핵가족이 되면서 아이가 하나거나, 형제 자매가 적은 집이 늘고 있기 때문에 부모는 집단 속에서 서로 의지해야 합니다.

보육 일지를 보면서 어느 아이가 아프다는 것을 알게 되면 그 아이를 걱정해 주고, 또 어느 아이가 뜀틀을 뛰어넘으면 그 일을 기뻐해 주면서 부모끼리 잘 연대할 수 있습니다.

어린이집에서 행사를 할 때는 어린이가 어리기 때문에 부모가 힘을 모아야 합니다. 교사는 운동회 기구를 준비하거나, 행사 마당을 준비하려고 아침 일찍부터 어린이집에 오는 경우도 있습니다. 부모가 무슨 일에 참가하고, 도와 주면 좋을지 정확하게 표현하여 부모들이 긍정할 수 있게 합니다. 행사를 함께 만들어 간다는 뜻에서 실행위원회를 꾸려 맡길 수도 있습니다.

어린이집마다 가장 좋은 방법을 찾아 내서 한 시기의 발달을 마무리할 수 있는 창조성 넘치는 행사를 치러야 합니다. 부모가 참가하면 어린이는 하려는 마음이 드높아집니다.


## 교사의 생각을 일지에

보육 일지에는 어린이가 동무들과 어떻게 지내고 있는지, 어떻게 사귀고 있는지 하는 일들을 실제 사실을 쓰고 그에 대한 교사의 생각과 지도 관점을 적어야 합니다. 교사 처지에서 보면 대수롭지 않은 일이라도 아이의 안 좋은 모습만을 기록하면 부모는 교사를 불안해하면서 믿지 않습니다. 이런 일 때문에 부모가 아이를 키우면서 자신감을 잃어버리는 경우도 있습니다. 보육 전문가로서 부모를 격려하면서, 함께 아이를 키우는 동료로 따뜻하게 받아들입시다.

전문가로서 부모가 보지 못하는 부분을 보육 일지로 전해 주도록 합니다. 부모와 자식이 같이 놀 때 부모가 어떻게 하면 좋은지 하는 것들도 알려 줍니다. 어린이를 중심에 두고 어른이 서로 믿음을 쌓아 가는 것이 가장 중요합니다.

## 서로 믿고 지지하는 어른 집단

네 살 어린이는 집과 어린이집에서 동무와 지내면서 네 살 어린이답게 지낼 수 있어야 합니다. 어린이들은 낮 생활과 밤 생활이라는 차이를 느낄 뿐만 아니라, 다른 일을 하는 두 세계 속에서 지내면서 인격을 갖춰 갑니다. 둘 가운데 어느 하나라도 빠지면 제대로 인격을 갖출 수 없습니다.

어린이집에서는 낮 동안 생기발랄하고 기운차게 동무들과 놀 수 있도록 네 살 어린이에게 알맞은 생활과 놀이를 준비하고 있는데, 거기에는 저녁부터 아침까지 집에서 생활한 내용이 반영됩니다.

부모가 애정어린 마음으로 돌봐서 푹 자고, 잘 먹고, 똥오줌을 잘 누고, 깨끗하게 옷을 입고 즐겁게 생활하고 있는지, 부모와 어린이가 서로 마음을 주고받으며 생활하고 있는지 하는 집안의 모습이 그대로 어린이집 생활에 표현됩니다.

어린이의 나이에 꼭 들어맞는 발달 과제를 생각하면서 인격을 어떻게 갖추게 할 것인지, 그렇게 하기 위해서는 어떤 어린이와 어떻게 사귀게 할 것인지, 어린이집과 집은 어떻게 힘을 모아 어린이를 키울 것인지 하는 것들을 연구하고 실천해야 합니다.

아침 저녁으로 얼굴을 마주 대하고 교사와 어머니가 서로 마음이 맞는데도 어린이가 좀처럼 얼굴이 밝지 않을 때는 아버지하고도 이야기를 나눠 봅니다. 아이를 키울 때는 큰 관점을 생각하면서 세밀하게 계획을 짜고 보살펴야 합니다. 어머니 대신 아버지가 어린이집에 다니면서 두 관점이 하나로 모아지고, 어린이가 생기 있게 변한 예도 많이 있습니다. 아버지가 힘을 모아 어머니 부담을 덜어 주어 집안이 밝아진 예도 있습니다. 이처럼 집안이 민주화되면 어린이는 밝게 앞으로 나아갑니다.

부모와 자주 연락하고, 어린이집에서 책임질 부분과 집에서 해결해야만 할 부분을 정확하게 나누어 서로 도와야 합니다. 부모는 교사가 자기 영역에서 열심히 노력하고 있는 것을 이해하면 생각할 필요도 없이 굳게 교사를 지지해 줍니다.

어른 집단이 서로 믿고 지지하면, 어린이는 그 속에서 당연히 동무를 소중하게 여기면서 자랄 것입니다. 그러므로 생활 전체를 나누면서 본마음을 서로 말할 수 있는 관계는 귀중한 것입니다. 그런 어른 집단에서 지켜 주는 어린이들은 자기 힘을 마음껏 바깥으로 드러내면서 생활해 나갈 것입니다.

# 계획과 실천, 한 해 마무리

## 계획은 어린이에 맞게

어린이집과 유치원에는 어린이들이 한 살부터 여섯 살까지 생활하고 있습니다. 보육 계획은 나이마다 발달 과제에 따라 세우고 있습니다. 그렇다면 해마다 같은 계획을 세워도 괜찮을 거라고 생각하는 교사도 있을 것입니다. 하지만 어린이집이나 유치원에서는 대부분 한 해가 시작할 때 확실하게 토의해서 계획을 짭니다. 보육 계획은 어린이의 현재 모습과 앞으로 나아가야 할 모습 사이에서 다리 노릇을 하기 때문입니다. 어린이의 현재 모습은 엄마 뱃속에 있을 때를 포함해서 어린이가 자라 온 환경과, 지역, 경험, 식구, 사회 상황에 따라 다릅니다. 그러므로 계획을 짤 때는 먼저 어린이의 현실을 똑바로 눈여겨봐야 합니다. 그렇기 때문에 보육 계획은 당연히 지난 해에 세운 계획을 살려 가면서도 해마다 달라집니다.

또 보육 계획은 늘 눈앞에 있는 어린이의 현실을 보고 세우기 때문에 교사가 맡은 반에 알맞게 자기 손으로, 교사 집단의 책임으로 만들어 가야 합니다.

# 실천

보육 계획에 기초해서 교사가 책임지고 어린이를 키우기 위해서는 교사 한 사람 한 사람이 어린이의 현실을 알아야 합니다. 그렇게 하기 위해서는 학기 중이나 연말에 평가를 할 때 어린이 한 사람 한사람이 어떻게 자랐는지 함께 확인해야 합니다. 담임이 보고하는 것을 바탕으로 삼아 함께 의논하면서 확인해 나가야 합니다. 그리고 어린이 한 사람 한 사람에 대한 새로운 발달 과제를 확인합니다.

교사가 어린이들을 하나하나 잘 알고 있으면 날마다 어린이에게 말 붙이는 것 하나에도 차이가 나고, 어린이는 모두에게 보살핌을 받으며 자랄 수 있습니다.

실천을 기록할 때는 어린이 한 사람 한 사람이 가지고 있는 문제하고는 따로 반 집단, 교직원 집단, 지역 집단이 어떻게 힘을 모아 아이를 키웠는지 확인할 수 있게 정리해야 합니다. 그래야 다음에 실천을 더욱 잘 할 수 있습니다. 그것을 바탕으로 교재를 만들고, 부모와 함께 공부하는 마음으로 정리해 봅시다.

### 모두 함께 힘을 모아

자기가 맡은 반도 제대로 끌고 가지 못하는데 다른 반을 비판할 수 없다고 생각하면 교사 회의에서 논의를 할 수 없습니다. 이런 생각을 이겨 내기 위해서는 비판을 위한 비판을 하는 것이 아니라 교사로서 함께 성장해 가는 관계를 만들어야 합니다. 그리고 모두 함께 힘을 모아 어린이를 키우면 어린이는 바뀐다는 것을 실천으로 겪어 보아야 어려움을 이겨 낼 수 있습니다. 이렇게 되면 교사 회의도 즐겁게 할 수 있고, 자기를 중심으로 생각하지 않고 전체 관계 속에서 보육을 바라보고 실천할 수 있습니다.

## 실천을 되돌아보며

어린이의 현재 모습을 바탕으로 하여 과학에 바탕을 두고 계획을 짜고, 정리하고 다시 검토하면서 처음으로 활동 내용이 한쪽으로 쏠리거나, 모자라는 것을 알게 될 때가 많습니다. 4월부터 운동회 일정은 정해져 있고 발달 과제나 구성 내용도 계획되어 있었는데, 제대로 정리가 되어 있지 않아 행동을 뒤로 미루게 되어 크게 당황했다는 예도 많이 있습니다.

계획, 실천, 계획 수정, 실천이라는 주기를 되풀이하면서 목표를 확실히 정하고 논의해서 계획을 다시 짜고, 교사 집단에서 그것을 모두 이해하기 위해서는 늘 공부를 해야 합니다.

## 원칙으로 되돌아와서

계속 손질해서 계획을 완성해도 어린이들이 좀처럼 움직이지 않을 때가 있습니다. 어린이가 계획을 따르지 않는 것은 두 가지 까닭 때문이라고 생각합니다. 하나는 계획에 무리가 있는 것이고, 다른 하나는 방법이 좋지 않은 것입니다.

마음이 약한 교사는 어린이의 마음을 받아들이려고 어린이가 제멋대로 굴거나, 약한 모습을 보일 때 가끔 거기에 끌려 다닙니다. 그럴 때는 원칙으로 되돌아와서 '어떤 어린이로 키울 것인가.' 하고 다시 생각해 봅니다. 그리고 그 아이를 어떻게 지도했는지 다시 검토하고, 동료에게 의견을 물어 해결해 나갑니다.

## 교사가 잘 하는 것부터

교사는 저마다 잘 하는 분야가 있습니다. 리듬감이 좋은 사람, 이야기 나누는 데 자신 있는 사람, 문학에 관심이 있고 그림책을 잘 아는 사람, 몸을 잘 쓰는 사람 들이 있습니다. 교사는 자기가 잘 하는 것부터 시작하여 어린이들과 만나고, 보육을 실천해 나가도록 합니다.

### 보육 일지를 바탕으로

보육 일지는 다음 계획을 짤 때 빼놓을 수 없는 자료입니다. 날마다 일지를 기록할 때는 어린이의 모습을 잘 알 수 있도록 기록합니다. 글 쓴 사람이 아니면 이해할 수 없는 표현은 담임 교사에게만 도움이 됩니다. 될 수 있는 대로 객관으로 쓰고, 교사가 생각한 것과 감동받은 것을 덧붙여서 기록한다면 도움이 될 것입니다. 될 수 있으면 읽기 쉽게 쓰는 방법도 연구해 봅시다.


## 마무리

### 계획을 다시 검토하며

보육은 적어도 한 해에 두 번은 마무리를 해야 합니다. 전반기에 물놀이 같은 놀이를 하면서 자란 어린이는 운동회가 끝날 무렵에는 얼굴 생김생김이 확실히 유아다워집니다. 네 번째 생일을 맞는 어린이도 많아집니다. 규칙이 있는 놀이를 좋아하고, 교사가 없어도 네다섯씩 어울려 잘 놉니다. 반 동무들에게도 눈을 돌립니다.

전반기 보육을 마무리하고 후반기 보육을 충실하게 실천할 수 있도록 계획을 다시 짜거나 점검해야 합니다. 후반기는 말할 필요도 없이 연간 계획을 실천하는 시기이기 때문에 어린이가 주인이 되어 스스로 활동할 수 있도록 합니다.

예를 들면, 전반기에 자립이 잘 되지 않은 네 살 어린이 반을 후반기에 와서 어린이집에서 합숙을 시켰더니, 그것을 계기로 하여 어린이들이 확실하게 바뀌고 부모에게 어리광도 부리지 않는다는 예도 있습니다.

어린이를 지나치게 보호하거나 간섭하면 하고 싶어하는 마음을 약하게 만든다고 합니다. 위에 든 실천 사례는 합숙 보육으로 부모와 아이의 관계를 바꾸는 데 성공한 예라고 할 수 있습니다.

이처럼 어린이에게 알맞은 실천을 하는 교직원 집단을 창조해 나가야 합니다.

### 어린이의 생활을 풍성하게

네 살 후반기를 맞은 어린이들은 여러 가지 생각을 하면서 어린이집에 옵니다. "내일 또." 하고 즐겁게 열심히 놀고, 그것에 만족하여 즐거운 내일을 상상하면서 집으로 갑니다. 교사에게 가장 큰 과제는 어린이들이 놀이에 푹 빠져들 수 있도록 생활을 풍성하게 만드는 것입니다. 이것은 어린이를 강요해서 되는 것이 아니고, 어린이의 모습에서 배우면서 해 나가는 것입니다.

교사가 계획한 것을 어린이들이 자기 몸과 마음을 발달시키는 데 필요하다고 생각하여 스스로 고를 수 있도록 해야 합니다. 온몸 운동과, 손과 손가락을 정교하고 치밀하게 발달시키는 운동을 어우러지게 하면서 날마다 사람답게 자라고, 네 살 어린이답게 생각하고, 이야기하고, 표현할 수 있도록 하면 좋겠습니다.

# 5

## 궁금해요

**질문** 집에서는 말을 많이 하는데 어린이집에서는 한 마디도 하지
**①** 않고 가만히 있습니다. 어떻게 하면 좋을까요?

네 살 어린이는 "내가." 하면서 확실하게 자기를 주장하고, 자기가 본 것과 아는 것을 어른에게 "저, 말이야." 하고 전하려고 합니다. 어린이 나름대로 자기가 생각한 것을 확실히 느낄 수 있는 것입니다.

중요한 것은 "와, 뭐지?" "해 보자." "이런 거야, 저런 거야." 같은 표현을 하고, 스스로 활동하면서 상대방에게 전해 주고 싶은 것들이 많아지고, 그것을 토대로 해서 실제로 하지 않아도 마음 속에서 이미지를 만들고, 말을 익히고 있다는 것입니다.

하지만 어린이가 집에서는 말을 많이 하는데 밖에서는 가만히 있어서 활발하지도 않고 생기도 없어 보이면 자신감이나 자아가 확실히 형성되지 않아서 그럴 수도 있습니다. 노는 즐거움을 알지 못한 채 자란 것이라고 할 수 있겠지요.

유아기에 노는 것은 어른이 일하는 것과 견줄 수 있다고 합니다. 어린이는 꼭 놀아야 합니다. 하고 싶은 마음이 샘솟고, 몸으로 노는 즐거움을 알아야 상대방에게 전하고 싶어하는 마음도 생깁니다.

힘을 밖으로 내보내지 못하는 어린이는 지금까지 자라오면서 사회 관계, 즉 어른과 어린이와 관계를 제대로 맺지 못한 경우가 많습니다. 여기에 형제 자매도 적고 식구 관계도 아주 한정되어 있고, 이웃에 아는 사람도 없는 빈약한 환경도 한몫 거들어서 여러 사람 앞에서 어떻게 표현해야 할지 몰라 망설이고 불안해하는 것입니다.

아무리 작은 일이라도 스스로 해냈다고 하는 마음을 소중하게 받아들이면서 자신감을 갖게 해 주십시오. 자기가 한 일을 인정받으면 그것이 좋아서 또 동무처럼 해 보고 싶다는 새로운 마음이 생깁니다.

생활 속에서 금지하거나 강제를 많이 하면 행동해야 할 방향은 있지

만 해 보고 싶어하는 마음을 불러일으키거나, 목표를 스스로 결정하는 자주성과 적극성을 키우지 못합니다.

말을 하지 않는다는 문제를 해결하는 데만 머물지 말고, 어린이의 마음을 열게 하고, 하고 싶어하는 마음을 불러일으킬 수 있는 놀이를 할 수 있게 해 주어야 합니다.

**질문 2** **이야기를 자연스럽게 하지 못하고, 생각한 것을 잘 표현하지 못합니다. 어떻게 하면 좋을까요?**

네 살이 되면 말을 이해하고 표현하는 능력이 풍부해지고 웬만한 이야기는 할 수 있습니다. 어른이 질문하면 낱말이 아니라 문장으로도 대답합니다. 또 생활하면서 감동받은 것을 스스로 어른에게 전합니다. 말소리도 안정되고 때와 곳에 따라 소리를 조절해서 냅니다. 귓속말도 할 수 있습니다.

어린이가 말이 발달하도록 하기 위해서는 무엇보다도 둘레에서 어른들이 즐겁게 이야기하면서 생활해야 합니다. 어른이 표현이나, 이야기를 잘 못 하면 그것을 보고 자라는 어린이는 어휘가 풍부해질 수 없습니다. 어른들이 풍부한 어휘력으로 동무들과 서로 이야기하고, 아울러 어린이하고도 즐겁게 이야기를 나누도록 합니다. 부모와 아이, 교사와 아이가 이야기를 잘 나눌 때 어린이는 동무와 즐겁게 놀면서 이야기도 잘합니다.

또 자기 기분이나 감동을 확실하게 표현할 수 있도록 키우려면 어른이 어린이의 마음을 곧바로 대신 표현해 주지 않아야 합니다. 어린이가 표현하는 것을 기다리지 않고 어른 마음대로 "……이지." 하고 밀어붙이거나, "……라고 말해." 하고 무리하게 말을 시키면 안 됩니다. 말을 잘 하면서도 잘 들어주는 어른이 되어야 합니다.

그런데 어린이가 말을 풍부하게 못 하거나, 늦게 할 때는 말만 늦어지는 경우는 극히 드뭅니다. 보통은 다른 여러 기능도 늦게 발달합니다. 말하는 것만 살피지 말고 다른 기능은 어떤지 잘 살펴봅시다. 활발하게 몸을 움직이면서 놀고 있는지, 운동은 잘 하는지, 손은 잘 움직이는지 하는 것들을 살펴보아야 합니다. 말이 발달하는 것은 손이 발달하는 것과 관련이 깊다고 생각되므로 특히 주의해서 보아야 합니다. 만약 전체 기능이 늦게 발달하거나, 또 다른 것들이 걱정스러우면 어린이 상담소나 보건소 같은 데 가서 상담합시다.


**질문  다운 증후군 어린이는 어떻게 보살펴야 합니까?**

**③**

다운 증후군은 염색체 이상으로 나타납니다. 사람에게는 염색체가 23대 46개 있고, 큰 것부터 차례대로 번호가 매겨져 있습니다. 그 가운데 세포 분열할 때 이상이 생겨 21번째 염색체가 3개가 되는 경우를 21트리소미라고 하고, 그와 같은 염색체 이상이 생기면 다운 증후군이 됩니다. 21트리소미 다운 증후군 말고, 아주 드물게 21번째 염색체 가운데 하나가 다른 번호의 염색체에 끌려 가는 전좌형 21트리소미 다운 증후군이나, 정상 세포와 21트리소미 세포가 섞여 있는 모자이크형 다운 증후군도 있습니다.

다운 증후군은 지적 발달이 늦고, 얼굴 모양이 특이하며, 손과 손가락에 이상이 나타나고, 근육 긴장이 떨어지며, 귀 모양이 바뀌는 특징이 있습니다. 선천성 심장 질환이 같이 오는 경우도 많습니다.

이러한 다운 증후군 어린이를 키울 때는 다음과 같은 것을 생각할 수 있습니다.

첫째, 다운 증후군은 보통 근육이 약하고 평형 감각이 좋지 않기 때문에 온몸 운동을 제대로 하면서 근육 힘을 키우고 평형 감각을 높여야 합니다.

둘째, 다운 증후군은 손가락이 짧거나 보통 옆 방향으로 두 개가 나 있는 손금이 하나만 있기도 해서 손을 정교하고 치밀하게 움직일 수 없습니다. 이것은 다른 기능이 발달하는 데도 영향을 주는 것으로 생각됩니다. 그렇기 때문에 도구를 써서 모양이 바뀌는 소재를 다루게 하거나, 손놀이나 손가락놀이를 하면서 손과 손가락이 발달할 수 있도록 해 줘야 합니다.

셋째, 다운 증후군은 혀나 입술이 잘 움직이지 않고 발음을 뚜렷하게 못 하는 경향이 있습니다. 본인은 열심히 말을 하는데 무엇을 말하는지 다른 사람이 이해할 수 없을 때도 많습니다. 목과 어깨의 힘을 튼튼하게 하고, 단단한 것을 일부러 먹게 하면서 씹는 힘을 키우고, 나팔과 피리를 불면서 입술을 움직여서 발성 기관을 발달시켜야 합니다.

넷째, 다운 증후군 어린이는 사람을 아주 잘 따르는데, 어른이 무조건 시키면 잘 따르려고 하지 않기도 합니다. 놀이를 풍부하게 하게 해서 인간 관계를 발달시키고 집단의 규칙을 몸에 익히게끔 해 줍니다.

또 문제가 나타날 때는 장애 어린이를 배려한다고 생각해서 담임 혼자서만 끌어안고 고민하지 말고 어린이집 전체에서 함께 할 수 있게 해야 합니다. 장애 어린이를 보육할 때도 민주 교사 집단이 만들어져 있어야 합니다.

네 살 어린이는 빠르게 어휘가 늘고 말이 풍부하게 발달합니다. 자기 마음이나 감동받은 것을 말로 표현하고 싶어하는 바람도 강해집니다. 그러나 표현하고 싶어하는 마음은 강한데 표현력이 따르지 못해 더듬거리는 경우도 있습니다. 네 살 어린이는 때에 따라서는 어느 정도 더듬거리는 것이 당연하다고 생각합니다.

하지만 이 때 어른이 어떻게 대응하는가가 중요합니다. 아이가 더듬거리는 것이 마음에 걸려 어린이가 더듬을 때마다 "좀 더 천천히 말해."라든가, "한 번 더 말해 봐." 하며 하나하나 주의를 주면 오히려 나쁜 영향을 미칩니다. 자신감을 잃게 하고, 말하는 것을 싫어하게 만듭니다. 때로는 그렇게 해서 말을 더듬거리는 버릇이 굳어 버리는 경우도 있습니다. 어린이가 그렇게 말할 때 너무 화를 내지 않아야 합니다. 그리고 야단스럽게 말할 때도 주의를 주지 않도록 합시다.

그것보다도 어른들이 천천히 말을 해 주어야 합니다. 어른이 빨리 말하는 만큼 어린이는 더듬거리기 쉽습니다. 또박또박 천천히 알기 쉽게 말을 걸어 줍시다. 말을 잘 하는 어른이 되어야 합니다.

그리고 어른이 말을 들어주는 태도도 중요합니다. 어린이가 조금 말을 더듬어도 웃으면서 "그래, 그래서?" 하고 받아들여 줍시다. 여유를 가지고 들어주는 것이 중요합니다. 잘 들어주는 어른이 되어야 하겠습니다.

**질문 5** 네 살과 두 살 아이가 있는 엄마입니다. 큰아이가 요즘 들어 손가락을 빱니다. 빨지 못하게 해도 금세 다시 빱니다. 버릇이 되지 않을까 걱정이 되는데, 어떻게 하면 좋겠습니까?

작은 아이가 두 살이면 한눈을 팔 수 없는 시기이기 때문에 어머니가 무심결에 늘 동생에게만 마음을 쓰기 쉽습니다.

네 살이 되면 어느 정도 자기 둘레 일은 할 수 있기 때문에 혼자서 하게 하는 일도 늘어납니다. 그러나 네 살 시기에는 어린이집에서 동무들과 함께 할 수는 있지만, 집에서는 아직도 어머니에게 기대서 하고 싶어합니다.

어머니가 동생에게만 관심을 기울이기 때문에 그 마음을 자기에게로 돌리고 싶어서 아이는 손가락을 빱니다. 또 집에서는 손가락 빠는 일 말고는 할 일이 없다고 생각하여 갑갑해서 손가락을 빨기도 합니다. 보통 처음에는 이렇게 해서 손가락을 빨지만, 그렇게 하고 있으면 마음이 놓여 이미 버릇이 되어 버렸을 수도 있습니다.

네 살 어린이는 누구에게라도 인정받고 싶어하고, 어른이 격려하면 열심히 해 보려고 하고, 어른이 하는 일을 거들어 주고 싶어합니다. 이런 특징을 알고 어린이를 대하면 손가락 빠는 것을 나무라는 것보다 훨씬 효과가 좋을 것입니다.

낮에는 자신이 중심이 되어 동무들하고 노는데, 집에 가면 어머니가 저녁 준비하느라 바쁠 때 텔레비전 앞에 붙어 앉아 손가락을 빠는 아이도 있습니다. 이것은 텔레비전에서 영향을 많이 받기 때문입니다. 텔레비전을 보면 일방으로 방영하는 것을 가만히 받아들이기만 하므로 손이 심심해지기 때문입니다. 이럴 때는 아이와 함께 저녁을 준비하거나, 아이가 어린이집에서는 어떻게 생활하는지 들어 보고 마음을 쓰도록 해야 합니다.

어머니가 늘 옆에 붙어서 놀아 주지 말고 아이가 계속 놀 수 있도록 말을 걸어 줍시다. 손과 손가락을 움직여 마음껏 놀 수 있게 하면 좋겠습니다.

손가락 빠는 것을 처음 보았을 때 어떻게 대처하느냐가 중요합니다. 버릇이 되지 않도록 어머니가 아이와 확실히 관계를 맺으면서 이겨 내게 해 줘야 합니다.


**질문 ⑥** 신문이나 잡지에서 자주 "네 살은 이미 늦다."고 하는 문구를 봅니다. 대뇌를 발달시키기 위해서는 조기 교육을 시키는 것이 좋다고 하는데 정말 그렇습니까?

부모는 네 살은 이미 늦다고 하는 문구를 보고 무심결에 내 아이는 몇 살인지 세어 보고, 이미 늦었다면 어떻게 해야 할까 하고 불안해하며, 또 네 살이 아직 안 되었다 하더라도 과연 무엇을 어떻게 하면 좋은지 알고 싶어서 허둥댑니다. 이것은 자연스러운 부모의 마음일 것입니다. 그러나 네 살까지는 특별히 대뇌를 발달시키기 위해서 자극을 주는 방법을 찾지 않아도 됩니다.

왜냐하면 건강한 몸으로 활발하게 놀고, 자기 신변에 일어나는 일을 혼자서 처리할 수만 있다면 일상 생활이 되풀이되면서 자연스럽게 대뇌가 발달합니다.

그런데 어린이가 스스로 먹고 싶어하는데 더러워지거나, 음식을 흘리면 뒤처리하기 힘들다는 것만 생각해서 어른이 미리 손을 써서 먹여 주는 경우가 있습니다. 그러면 스스로 손을 움직여서 대뇌가 발달하는 기회를 어른이 뺏는 것이 됩니다. 보통 네 살 어린이는 스스로 즐겁게 밥을 먹을 수 있는데, 먹여 주지 않으면 못 먹는 것은 늦어도 한참 늦게 발달하는 것입니다.

걷는 것도 마찬가지입니다. 걷는 것은 사람에게 아주 중요하고 역사에 남을 일이라는 것을 알고 있으면서도 걷고 싶어하는 아이를 안거나, 유모차나 자전거에 태워서 데리고 다니면 좋지 않습니다.

도시뿐만 아니라 오늘날은 환경이 좋지 않은 것이 문제이지만, 그래도 아이가 집에서는 되도록 자유롭게 걸어다니게 하고, 돌아다닐 수 있는 곳을 만들어 주어야 합니다. 돌아다니는 곳이 높낮이가 있어도 대뇌는 거기에 걸려 넘어지지 않으려고 열심히 생각하고 있기 때문에 위험하다고 해서 높낮이를 없애 버리면 오히려 좋지 않습니다. 손, 발, 입과 머리가 서로 연관을 맺고 발달하기 때문에 몸의 모든 기관이 활동해야 머리도 활발하게 활동합니다. 그러므로 텔레비전 앞에 붙어 앉아 있으면 대뇌 발달에 좋을 리가 없습니다.

아무튼 네 살까지는 뭐니뭐니해도 몸을 만드는 게 기본이라고 생각합니다. 건강하게 일찍 자고 일찍 일어나고, 푹 자고, 잘 먹고, 똥오줌을 잘 누어 생활의 기초만 닦여 있다면 일찍 글자를 쓰거나, 수를 세거나 하는 겉보기만 좋은 쪽으로 발달하지 않고, 이 시기부터 왕성해진다고 하는 지적 능력이나 정서가 더욱 튼실하게 발달합니다. 그러나 그렇다고 해서 크면 다 할 수 있다고 생각하고 내버려 두면 좋지 않습니다.

네 살 시기는 아주 중요한 발달의 질적 전환기라고 합니다. 평소에 거의 다른 사람에게 손을 빌리지 않고 옷을 입고 벗을 수 있고, 밥도 먹을 수 있고, 당당한 한 사람으로 이야기도 잘 합니다. 그렇기 때문에 그렇지 않은 아이는 발달이 늦어 스스로 하려는 마음이 자라나 있지 않은 아이라고 치부해 버립니다. 어린이가 착실하게 발달할 수 있도록 부모와 교사가 뒷받침해 줘야 합니다. 그것이야 말로 진정한 조기 교육이라고 할 수 있습니다.

**질문 7** 우리 어린이집에서는 부모 모임에서 이야기를 나누기도 하면서 일찍 자고 일찍 일어나는 생활 리듬을 만들려고 애쓰고 있습니다. 그런데 우리 반 부모 가운데는 "사생활을 간섭받고 싶지 않다. 늦게 일어나도 사는 데는 별 지장이 없다."고 하는 사람이 있습니다. 어떻게 하면 좋을까요?

지금 어린이들은 몸과 마음이 크게 비틀려 있고, 어린이집 아이들부터 대학생에 이르기까지 생활 리듬이 혼란해지고 있다고 합니다. 어린이집이나, 유치원은 말할 것도 없이 초등, 중등, 고등 학교 부모 모임에서도 먼저 생활 리듬을 만드는 것이 중요하다고 말하고 있습니다. 어린이가 더욱 건강하고, 기운차게 생활하기 위해서는 생활 리듬을 먼저 몸에 익혀야 합니다.

그런데 일찍 자고 일찍 일어나는 것도 자기 집안의 문제라고 따지면여러 가지 어려운 일이 생깁니다.

"일찍 재우는 것이 중요한 줄은 알지만, 아이 아버지가 늦게 집에 돌아오기 때문에 일찍 재우면 아버지하고 놀 시간이 없어요. 인간 관계, 더구나 부자 관계를 지금부터 잘 다져 놓아야 앞으로 살아가는 데 보탬이 되지요." 하고 말하는 어머니, "가게 문 닫는 시간이 오후 7시 반이에요. 아무리 애써도 밤 10시나 돼서야 재웁니다. 늦게 자는 만큼 아침까지 푹 자게 합니다." 하는 어머니, 그 밖에 여러 핑계를 대는 어머니들이 있습니다. 여러 집안과 저마다 생각이 다른 부모들과 만나는 곳이 어린이집입니다.

아무리 해도 도무지 알아 주지 않는 어머니를 상대하고 있으면 우울해지고 기가 쏙 빠져 버립니다. 하지만 어린이를 키우는 데 책임을 다하려는 교사는 그런 상황을 그냥 내버려 둘 수 없습니다. 어머니들과 서로이해할 수 있도록 노력할 수밖에 없습니다.

먼저 부모들이 평소에 "저 선생님은 우리 아이에 대해서 잘 알고, 내이야기도 잘 들어주는 좋은 선생님이야." 하고 믿을 수 있게 노력해야 합니다. 어린이의 좋은 점을 작은 것이라도 찾아 내어 부모에게 열심히 전해 주어야 합니다. 더구나 그 어머니가 자기 아이에게만 눈을 돌리는 것이 아니라, 다른 아이들 속에서 자기 아이의 좋은 점을 발견할 수 있도록 해야 합니다.

그렇게 해서 다른 어린이들과 같이 생활하기 때문에 아침 일찍 어린이집에 와야 한다는 것을 깨닫게 해야 합니다. 예를 들면 "9시에 나들이 가니까 8시 45분까지 밥 먹고, 화장실도 갔다 온 다음에 모이자." 하거나, "오늘 '한 손 잡은 도깨비' 재미있었지. 내일 모두 일찍 와서 체조하기 전까지 놀고 있어요." 하며 어린이가 스스로 일찍 오고 싶게 만들고, 일찍 오게 하기 위해서는 일찍 자고 일찍 일어나야 한다고 생각할 수 있도록 합니다. 이렇게 꼭 일찍 나올 수밖에 없는 생활을 만들어 가야 합니다. 네 살 어린이는 '다 함께 이런 것을 하고 싶다.'고 생각할 수 있으면 부모가 자기 마음대로 하지 못하게 할 만큼 힘을 가질 수 있습니다.

이렇게 해서 아침 일찍 어린이집에 와서 모두 다 함께 즐겁게 지내는 모습을 어머니에게 전해 줍니다. 그렇게 하면 어머니들도 어린이의 기쁨과 교사의 기쁨을 서로 알 수 있는 관계를 만들고 싶다고 생각하고, 적극 노력합니다.

또 어린이들이 적극 나서서 생활하는 모습을 반 소식지나 모임에서 이야기하면 어머니들이 자기 자식을 포함한 어린이 집단에 관심을 기울이고, '다른 어머니들도 열심히 하고 있구나, 우리도 열심히 해야지.' 하고 마음먹을 수 있습니다.

**질문 8** 우리 아이는 네 살입니다. 이제 조금씩 집단 생활에 익숙해지는 것이 좋다고 생각하고 가까운 어린이집에 보내기로 했습니다. 그런데 지금까지 엄마하고만 지내다가 갑자기 집단에서 생활해야 한다고 생각하니 왠지 불안합니다. 어떻게 하면 좋을까요?

이제까지 계속해서 엄마와 아이가 붙어 있다가 규칙대로 생활하는 어린이 집단에 들어가 일정에 따라 움직이고 교육을 받으면 부모도 아이도 불안해합니다. 그렇지만 그 시기가 빠르든 늦든 어차피 모든 아이가 한 번은 넘어야 하는 산입니다.

어린이는 언젠가는 부모 품을 떠납니다. 천천히 당당한 한 사람으로 자립해 나갑니다. 어린이집에 가는 것은 어린이가 자라기 위해 발걸음을 내딛는 것으로 받아들여야 합니다. "컸으니까 어린이집에 갈 수 있는 거야. 형(언니)이 됐네." 하고 부모 자식이 서로 자란 것을 확인하면 어린이는 자신감을 갖습니다. "어린이집에 가야 해." 할 것이 아니라, "어린이집에 갈 수 있을 만큼 컸네." 하고 부모도 아이도 그 기회를 적극 받아들입시다.

하지만 그 때까지 엄마와 많이 붙어 생활했다면 어린이집에 들어가서 한동안은 아침마다 울고 떼를 씁니다. 그래서 부모는 더욱 불안할 것입니다.

어린이 자신은 생활 환경이 바뀌기 때문에 기대가 크면서도 불안해합니다. 이 시기에 중요한 것은 어린이의 앞날을 내다보면서 현재 어린이가 불안해하는 모습도 여유 있게 받아들이는 것입니다. 부모가 어리둥절해하거나 불안해하면 어린이는 바로 동요합니다. 어린이는 울기도 하면서 새로운 환경에 적응하지 못하는 것은 잠깐이고, 또 잠깐 동안만 불안해합니다. 언제까지나 이렇게 생활하지는 않습니다. 이러한 사실을 믿어야 합니다.

그런데 어린이한테는 느긋하게 대하면서도 부모 자신은 아무래도 걱정이 되면 이미 경험이 있는 동무들에게 상담하는 것도 좋습니다. 어린이가 어린이집에서 빨리 동무를 만들고, 생활을 즐기게 하기 위해서는 부모도 어린이집에서 새로운 동무를 만들어 가야 합니다. 부모가 다른 어머니들과 즐겁게 사귀면 어린이들은 반드시 생기발랄하게 생활할 것입니다.

**질문 ⑨** 저는 민간 어린이집에 근무하고 있습니다. 얼마 전에 원장이 교직원 회의에서 내년부터는 나이에 따라 나눈 반을 없애고, 네 살부터 여섯 살까지 합반을 만들자고 했습니다. 어린이는 어린이들 속에서 자라는데 지역에서 나이가 다른 아이들을 섞어 만든 집단이 없어지고 있으므로 어린이집에서는 이런 반을 만들어야 한다고 주장합니다. 현재 우리 어린이집 교사들은 원장 의견에 찬성하는 교사와 반대하는 교사로 나뉘어져 있습니다. 저는 어느 쪽도 괜찮을 것이라고 생각하는데, 어떻게 하는 것이 좋을까요?

요즘 이런 이야기를 자주 듣습니다. 많은 어린이집에서 정원이 넘쳐 반을 쪼개고 나누다가 다섯, 여섯 살을 섞어 반을 만듭니다. 이것은 어린이집에서 경영을 편리하게 하려고 생각해 낸 방법인데, 마치 어린이를 생각해서 만든 것처럼 말하는 경우가 있으므로 조심해야 합니다.

우리 선배들은 '보육은 아이를 지키는 것'이라고 생각하던 시대부터 나이에 꼭 들어맞게 아이를 키우고, 보육 기관에서 교사 정수를 채우기 위해 노력해 왔습니다. 이런 역사를 거꾸로 흘러가도록 내버려 두지 않기를 바랍니다. 유아기는 살아가는 힘을 만드는 바탕을 마련하는 시기이므로, 네 살은 네 살에, 다섯 살은 다섯 살에, 여섯 살은 여섯 살에 꼭 들어맞게 키워야 합니다.

그러기 위해서는 어린이 나이에 꼭 들어맞게 일상에서 활동을 펼쳐 가야 합니다. 전국 규모로 여는 행사나 활동 같은 경우에는 나이가 서로 다른 어린이들을 한 집단으로 꾸려 어린이가 눈에 띄게 발달할 수 있는 기회를 만들어 주는 것도 필요합니다. 그러나 현실에서는 굳이 나이가 서로 다른 집단을 중심으로 활동하지 않아도 자연스럽게 나이가 다른 아이들이 같이 놀고 있습니다. 나이에 꼭 들어맞게 아이를 키우는 것과, 나이가 다른 아이들을 섞어 만든 집단에서 아이를 키우는 것을 생각해 봅시다. 또, 질문을 보면 원장이 "지역에서 나이가 다른 아이들을 섞어 만든 집단이 없어지고 있으므로 어린이집에서는 이런 반을 만들어야 한다."고 주장하는데, 이것은 오늘날 어린이를 둘러싼 상황을 생각한다면 당연히 필요한 것입니다.

어린이집을 '지역 아이를 키우는 중심 노릇을 하는 곳'이라고 규정하는 운동은 이런 문제를 생각하고 있습니다. 그런데 원장이 생각하는 방법을 무조건 강조한다면 지역에서 왜 교육력이 쇠퇴했는지, 어떻게 해서 어린이 집단이 해체되었는지, 지역 속에서 그 문제를 어떻게 극복할 것인지, 그렇게 하기 위해서는 어린이집들끼리 어떻게 관계를 맺어야 하는지 하는 문제들을 모두 지나쳐 버릴 수 있습니다. 지역에서도 나이가 다른 아이들을 섞어 만든 집단을 꾸리기 위해 노력하고, 어린이집에서도 어린이들이 착실하게 발달할 수 있도록 활동을 펼쳐 나갈 때 지역마다 참교육이 살아날 것이라고 생각합니다. 반을 해체하여 실천한 사례가 여러 연구 발표회에서 보고되고 있습니다. 하지만 이것을 새로운 보육 형태라고 말하고 있는 점도 걱정스럽습니다. 이렇게 하면 또래 어린이들이 서로 가르치고 배우는 데 무조건 의지하기 때문에 교사의 지도성은 무시되고, 교사의 자리가 소극적인 곳으로 내려가기 쉽습니다.

또래 어린이들이 서로 배운다고 해도 교사가 어린이 하나하나를 섬세하고 치밀하게 배려하고 지도해야만 합니다. 그러기 위해서는 말할 것도 없이 나이에 꼭 들어맞는 반을 만드는 것이 기본이라고 생각해야겠습니다. 어린이들은 한 살부터 어린이집에 들어옵니다. 교사는 육 년 동안 아이들을 정확하게 이해하고, 아이들이 어떻게 반응하는지 확실하게 살펴보면서 마침내 졸업을 시킵니다. 그런 뜻에서도 나이가 다른 아이들을 섞어 반을 만들면 아무래도 활동이 거칠어지기 쉽습니다. 지금은 어린이 하나하나를 친절하고도 조심스럽게 키우는 시대입니다. 그러므로 어린이집에서는 집단의 기초는 나이라고 생각하고, 긴 흐름 속에서 그때그때 상황에 맞춰 나이가 다른 아이들을 섞어 집단을 짤 수 있습니다. 어린이집 규모에 따라 다섯, 여섯 살을 섞어 반을 만들어 활동해야 할 경우도 있습니다.

교사, 부모, 연구자 들이 쓴 어린이집 실천 기록

# 네 살, 우리 아이 어떻게 키울까?

2007년 7월 12일 1판 1쇄 펴냄 | 2014년 3월 6일 1판 4쇄 펴냄 | **글쓴이** 오사카보육연구소 | **옮긴이** 이학선 | **표지 그림 · 사진** 강우근, 권혁도, 윤봉선 | **펴낸이** 윤구병 | **편집** 신옥희, 심명숙, 한유경 | **교열 교정** 이송희 | **디자인** 비마인 | **제작** 심준엽 | **영업 홍보** 백봉현, 안명선, 양병희, 이옥한, 정영지, 조병범, 최민용 | **누리집** 위희진 | **경영지원** 유이분, 전범준, 한선희 | **인쇄** (주)미르 인쇄 | **제본** (주)상지사 | **펴낸곳** (주)도서출판 보리 | **출판 등록** 1991년 8월 6일 제 9-279호 | **주소** 경기도 파주시 직지길 492 우편 번호 403-832 | **전화** (031)955-3535 | **전송** (031)955-3533 | **홈페이지** www.boribook.com | **전자 우편** bori@boribook.com

값 12,500원

ISBN 978-89-8428-441-8  04370

978-89-8428-444-9  (전 6권)

이 책의 국립중앙도서관 출판도서목록(CIP)은 e-CIP 홈페이지(http://www.nl.go.kr/cip.php)에서 볼 수 있습니다. (CIP 제어번호 : CIP 2007001860)